风险管理哲学

PHILOSOPHY OF RISK MANAGEMENT

林存吉 著

中国商务出版社
CHINA COMMERCE AND TRADE PRESS

图书在版编目（CIP）数据

风险管理哲学 / 林存吉著. -- 北京 ： 中国商务出版社，2017.12

ISBN 978-7-5103-2190-0

Ⅰ．①风… Ⅱ．①林… Ⅲ．①风险管理－哲学－研究
Ⅳ．①F272.35-05

中国版本图书馆 CIP 数据核字(2017)第 304218 号

风险管理哲学

PHILOSOPHY OF RISK MANAGEMENT

林存吉　著

出　　版：中国商务出版社

地　　址：北京市东城区安定门外大街东后巷 28 号　　邮　编：100710

责任部门：财经事业部（010-64515163）

责任编辑：汪 沁

总 发 行：中国商务出版社发行部　（010-64266193　64515150 ）

网　　址：http://www.cctpress.com

邮　　箱：cctp@cctpress.com

排　　版：泽世企划

印　　刷：济南东润印刷有限公司

开　　本：700 毫米×1000 毫米　　1/16

印　　张：18.5　　　　　　　　　字　数：257 千字

版　　次：2018 年 1 月第 1 版　　　印　次：2018 年 1 月第 1 次印刷

书　　号：ISBN 978-7-5103-2190-0

定　　价：58.00 元

习近平同志指出

　　马克思主义哲学深刻揭示了客观世界特别是人类社会发展一般规律，在当今世界依然有着强大生命力，依然是指导我们共产党人前进的强大思想武器。我们党自成立起就高度重视在思想上建党，其中十分重要的一条就是坚持用马克思主义哲学教育和武装全党。学哲学，用哲学，是我们党的一个好传统。

——2013 年 12 月 3 日，习近平同志在中央政治局
第十一次集中学习时的讲话

　　增强驾驭风险本领，健全各方面风险防控机制，善于处理各种复杂矛盾，勇于战胜前进道路上的各种艰难险阻，牢牢把握工作主动权。

——2017 年 10 月 18 日，习近平同志"十九大"报告

　　有风险没有及时发现就是失职，发现风险没有及时提示和处置就是渎职。

——2017 年 7 月 14 日至 15 日，习近平同志在全国金
融工作会议上的讲话

一个民族要想赢得世界尊重，就必须具有哲学思维。一个没有哲学思维的民族是一个没有希望的民族。只有学哲学，用哲学，拥抱哲学，才能自立于世界民族之林，成为一个真正意义上的最伟大的民族。

按照习近平同志在"十九大"报告中对风险管理的要求，要树立风险管理意识，补齐风险管理短板，建立风险管理制度，形成风险管理体制。

德国人贝克说，当一个决定能够毁灭世界，就标志着人类已经进入风险社会。如果这个论断成立，人类进入风险社会已经很久了。在风险社会每个人都坐在文明的火山上，四周都被风险所包围。只有研究风险管理，人们才有生路和出路，才能梦醒时分见曙光。

风险管理是从技术到艺术，从艺术到哲学。风险管理的最高境界就是哲学。

——林存吉

序

  历史就是必然性与偶然性的统一。这种统一在特殊的时空条件下，对特殊的人或事，有时就是巧合。比如说本人在完成这个书稿的时候，抬头一看日历，今天正是本人 60 岁生日。完成书稿与生日本不是一回事，但今天就巧遇在一起了。回想风风雨雨的 60 年，心潮澎湃，思绪万千，最后形成了一个挥之不去的想法，这就是要给新老朋友和广大读者说几句心里话。是为序。

  初始动因。我于 20 世纪 70 年代末 80 年代初在中国人民解放军南京政治学院学习哲学，毕业后又在部队院校教授哲学课程。后来从部队转业到机关，从机关又到社会组织和企业。几十年下来，我深深地体会到马克思主义哲学对我人生的启迪和指导。我之所以能够发展到今天，得益于马克思主义哲学的阳光雨露，它使我懂得如何用科学的世界观和方法论去认识人生、认识生活、认识世界。令人遗憾的是，近 30 年来，人们对马克思主义哲学的重视程度有所不够，马克思主义哲学对社会生活的指导有所降低。好在十八大以来，习近平同志坚决倡导马克思主义哲学对整个社会科学和经济政治社会的统领作用，坚决倡导用马克思主义哲学的科学的世界观和方法论来认识世界和改造世界。习近平同志作为马克思主义哲学的坚决捍卫者，在处理内政外交重大国际事务上，纵横捭阖，挥洒自如，高瞻远瞩，彰显了一代哲学大师的风采。

近十年来，本人在潜心研究风险管理理论，总结风险管理实践。在研究总结的过程中，越来越深切地体会到，对风险管理研究得越深入，就越感到风险管理就是哲学，就是世界观和方法论。单从管理学的角度进行研究，很难将风险管理理论提升上来，深化下去，扩展开来。只有从马克思主义哲学的高度才能深入探究风险管理的精神实质，才能使风险管理理论成为认识世界和改造世界的有力武器。从另一方面说，只有从风险管理的研究实践中，探讨马克思主义哲学的精髓，才能使马克思主义哲学成为当代社会落地实操的科学理论。马克思主义哲学与风险管理理论在现实生活中是融为一体的，是一般与个别的辩证关系。从二者的结合上来进行深入探讨，既能使马克思主义哲学发扬光大，又能使风险管理理论普遍实用。这就是本人写《风险管理哲学》的初始动因。

逻辑框架。本书在马克思主义哲学的指导下，针对风险管理最核心的问题展开系统论述。其逻辑线索是，从风险的本质是不确定性对目标的影响开始，论述风险管理的指挥、协调、控制职能，然后充分揭示风险管理的基础、特点、原则、框架、过程、文化、规律、趋势、应用等，是在最本质的层面上针对风险管理最核心的问题，前后有序、环环相扣、深入揭示，这是从横向流程上来讲的。从立体动态上来看，风险管理的基本框架是从授权承诺开始的，然后是总体规划、管理过程、监督评审、完善改进，在持续的建立环境和沟通咨询基础上，完成一次既闭合又开放的框架运行过程。这个过程是波浪式前进、螺旋式上升的否定之否定过程。横向的逻辑发展线索与纵向的框架流程模式相结合，构成了风险管理生动活泼、欣欣向荣的图景。这个图景只有建立在马克思主义哲学的基础上才能够实现。

突出贡献。说本书有突出贡献有些牵强。在这里所理解的突出贡献，只能是与别人有不一样的一些观点和要点。具体地讲，主要是首次论述了风险管理的唯物论、辩证论、认识论、历史论的哲学基础。明确了当代社会就是风险管理社会，在风险管理社会有三大效应，六大特点。揭示了风险管理价值至上、融合整体、构成决策等七大原则。简述了风险管理框架运行的五大步骤。分析了风险评估三大输出清单。总结了风险应对八大策略。探讨了风险文化四大内容。提炼出了风险管理八大规律。揭示出了风险管理五大趋势。同时，在十个方面通过理论与实际的结合，对风险管理具体项目和应用进行了落地实操性的调查研究。有些调查研究项目已经被相关机构采用，有的已进入决策层。由于社会组织风险管理是整个社会风险管理短板中的短板，所以在本书的取舍上对这方面内容略加倾斜。

发展方向。学无止境，书无穷尽。本书所列 17 章，其研究都处在初始阶段，应该说每一个问题都是研究的重点和方向，都需要下大力气去深入挖掘。但是没有重点就没有工作，没有重点就没有方向。本人认为，风险管理哲学在研究上，其方向还应该侧重于风险管理框架的完善，风险管理流程的提高，风险管理规律的把握，风险管理趋势的预测，风险管理技术的运用。

由于本人才疏学浅，又因为风险管理哲学是一个新的课题，所以本书的错误和缺陷在所难免。希望各位专家学者、新老朋友、广大读者，不吝赐教，多多提出宝贵意见。本人一定虚心接受各方面的批评指教，与大家一起共同促进风险管理事业的发展，为实现中国梦和世界梦尽一份力。

林 存 吉

二〇一七年九九重阳节于京城

目　录

第一章　风险基本要义

　　风险的基本定义是什么？为了引起大家的高度重视，我想从我本人总结的人生第一定律说起。什么叫定律？符合事物的本质联系和必然趋势就是定律。例如，毛主席说，枪杆子里面出政权。一切反动派都是纸老虎。就是符合事物本质联系和必然趋势的定律。经过40多年的研究，我总结的人生第一定律就是：人活着的目的就是活着。包括三个方面的内容：活得要长；死得要快；每天都高兴。首先，人必须活得长。今天生明天死，尽管有过程，但不是人生目的。人活着的目的就两个字：活着。过程就是目的，目的就是过程。世界上就是这一个事，过程和目的是统一的，并且过程越长越好，活得越长越好。在旧社会，皇帝被称为万岁，王爷被称为千岁，老百姓自称百岁。见了皇帝称呼"万岁"，祝福皇帝长寿，过程越长越好。其次，人必须死得快。一个人即使活了100岁，但90多年在病中，在死亡的道路上痛苦至极，这不叫幸福，更不算理想人生。生理健康，无疾而终，低头老死，才是修来的福。最后，人必须每天都高兴。活得再长，死得再快，每天不高兴也不是幸福人生。怎么样才能每天都高兴？高兴不是天上掉下来的，也不是别人赠予的，高兴是争取来的。要争取高兴就要有目标，有目标就要有过程，有过程就有风险，有风险就不会高兴，不会幸福。为了高兴，为了幸福，每个人必须掌控风险。人类为了高兴和幸福与风险战天斗地了多年。一个人为了高兴和幸福与风险必须战天斗地一辈子。那么，什么是风险呢？

古今中外，对什么是风险，对风险定义如何界定，众说纷纭，莫衷一是。毫不夸张地说，有多少个国家说风险，就有多少个国家的风险定义；有多少个区域说风险，就有多少个区域对风险的定义；有多少个人说风险，就有多少人对风险的定义。自从人类社会产生到现在，世世代代都在说风险。说了多少代，说了多少年，对风险都有不同的理解和概括。从哲学的高度，总结人类历史所有对风险的理解，不外乎两个方面：一是负面威胁；一是中性变化。仔细分析，概莫能外。人类社会发展到今天，应该对风险进行最普遍意义的界定，这就是在世界范围内，提炼出统一认可并普遍接受的定义。确定这样的定义，是我们讨论风险管理的基础和前提。从学科建设上讲，风险的定义是风险管理理论的基石。这个基石是在哲学意义上的最高概括。一切风险管理理论的扩展和延伸，都是建立在这个基石之上的。下面我们就来理解风险这个基石所特有的本性和特点。

第一节　风险基本定义

风险的基本定义是：不确定性对目标的影响。怎样理解风险这一定义？风险定义中有三个关键词：目标、影响、不确定性。这是构成风险定义的三个变量要素。三个变量要素的大小变化及其相互作用，决定了风险是否存在以及存在大小的客观必然性。准确、全面掌握三个变量要素的内涵，是正确、深入、全面、科学认识风险定义的基础。

一、没有目标就没有风险

没有目标，不确定性就失去了影响的对象。没有影响对象的不确定性就构不成风险。目标是风险概念的重要组成部分。看有没有风险，首先要看有没有目标。没有目标就没有风险。有了目标，为了保证目标的实现，就必然要对风险进行防范。世界上的任何人、任何组织都是有目标的，所以都是有风险的。这就是在哲学上为什么说风险具有绝对性的根本原因。

二、没有影响就没有风险

有不确定性，有目标，但不确定性对目标没有影响，也不构成风险。影响是不确定性和目标的桥梁。失去了这个桥梁，不确定性和目标这两个变量要素就无法联系，就无法相互作用。实际上风险就是不确定性、影响、目标三个变量要素相互联系、相互作用、此消彼长的结果。只有不确定性对目标产生影响时，对于目标相对应的管理主体而言，才构成了风险。这时管理主体就成为风险的所有者，风险对管理主体就构成了重要作用。由此可见，影响是构成风险的重要变量要素。

三、没有不确定性就没有风险

只有不确定性对目标产生影响才是风险。确定了就不会产生风险。不确定性是指全部缺乏或部分缺乏对事物的认识。不确定性表现在四个方面：时间上的不确定；空间上的不确定；造成的后果不确定；发生的可能不确定。不确定性是风险概念的核心。正是客观世界中存在诸多的不确定性，才导致了风险的存在。

在认识世界和改造世界的现实过程中，如果对不确定性不清楚，或不十分清楚，就贸然行事，无论是谁，无论他多么强大，多么伟大，原先多么成功，结果都是以失败而告终。比如，1950年6月26日美国发动朝鲜战争，杜鲁门总统、美国国防部、麦克阿瑟上将对中国是否出兵不确定，认为中国不会出兵。结果，在错误的时间，在错误的地点，与错误的对象，打了一场错误的战争，打破了美国有史以来不可战胜的神话。朝鲜战争成就了一个到目前为止也称得上奇迹的咨询公司，这就是美国兰德咨询公司。它的研究报告：中国出兵朝鲜，六个字名震世界。朝鲜战争后美国国防部用重金买了这个过时的咨询报告。再如，1935年1月28日，遵义会议确立毛主席领导地位后，打的第一仗是土城镇以东青杠坡战役。由于对川军的兵力不确定，结果失败。原来认为川军郭勋祺师只有4个团6000多人，而实际是6个团1万多人，后续部队源源不断。又如，2014年中国3级以上地震703次，为什么没有预报？全世界对地震为什么是只预测，不预报？原因是地壳变化，能否引起地震不确定，短则几秒，长则几千年。

还比如，2008年8月中国400多家企业上光伏电（多晶硅组件）项目，由于原料和市场两头在外，但对外面的市场前景不确定。到2009年3月4日，有350家倒闭歇业，幸存者只有50余家，而后全军覆灭。无锡尚德董事长施正荣是这批失败案例的典型代表。

另外，不确定性是人类有史以来一个经久不衰的产业。经营不确定性能够产生暴利。世界各地的赌场，如美国的拉斯维加斯、荷兰的阿姆斯特丹、马来西亚的云顶、中国澳门的博彩业、中国香港的赌马等，经营的都是不确定性。它们是靠经营不确定性引发人们一夜暴富的赌性心理而获得高额利润的。

同时，我们必须清醒地认识到，不确定性是全世界共同的难题和共同的研究课题。2016年9月4日至5日在杭州召开G20峰会，在此之前本人参加了7月5日至6日在青岛召开的C20峰会，两大峰会的主题都是创新、活力、联动、包容，其共同的核心是研究、探讨整个世界生存和发展的不确定性。不确定性伴随组织生存和发展的始终，如影随形，挥之不去，是必须认真对待的问题。

第二节　风险基本组成

风险是由潜在风险原因、直接风险原因、风险事件、风险后果四个方面组成的风险链条。四者的逻辑顺序和因果关系确定不变。由潜在风险原因导致直接风险原因；由直接风险原因导致风险事件；由风险事件导致风险后果。在这个过程中，要有一定条件下内外催化因素发生作用，才能触发转化，完成风险过程。比如，全球气候变暖是潜在风险原因，冰山融化是直接风险原因，海水淹没城市是风险事件，造成财产损失是风险后果。再如，缺乏交通安全意识是潜在风险原因，醉酒驾车是直接风险原因，追尾撞车是风险事件，车毁人亡是风险后果。任何风险都是由以上四个部分组成的动态过程，概莫能外。由于客观世界的复杂多样性，风险链条也是多种多样、千变万化的。有单一链条的，有一因多果的，有一果多因的，有多因多果的。稍微复杂一点的风险链条，基本上都是复杂的网状交叉结构。要充分把握风险链条的复杂多样性和网状交叉结构，它对风险分析和风险应对至关重要。

第三节　风险基本特点

德国哲学家戈特弗里德·威廉·莱布尼茨说，世界上没有完全相同的两片树叶。有一次，皇帝让他解释一下哲学问题，莱布尼茨对皇帝说，任何事物都有共性。皇帝不信，叫宫女们去御花园找来一堆树叶，莱布尼茨果然从这些树叶里面找到了它们的共同点，皇帝很佩服。这时，莱布尼茨又说："凡物莫不相异，天地间没有两个彼此完全相同的东西"。宫女们听了这番话后，再次纷纷走入御花园去寻找两片完全没有区别的树叶，想以此推翻这位哲学家的论断，结果大失所望。因为粗粗看来，树上的叶子好像都一样，但仔细一比较，却是形态各异，都有其特殊性。这个故事揭示了哲学关于世界统一性和多样性关系的原理。这一原理告诉我们，统一的物质世界以多种多样的形式存在和发展。组成物质世界的丰富多彩的不同个体各有其特殊性。对于统一性基础上一事物有别于它事物的特殊性，毛泽东同志在《矛盾论》中有最为精彩的论述："对于物质的每一种运动形式，必须注意它和其他各种运动形式的共同点。但是，尤其重要的，就是说，成为我们认识事物的基础的东西，则是必须注意它的特殊点，就是说，注意它和其他运动形式的区别。只有注意了这一点，才有可能区别事物。任何运动形式，其内部都包含着本身特殊的矛盾。这种特殊的矛盾，就构成一事物区别于它事物的特殊的本质。这就是世界上诸多事物所以千差万别的内在的原因，或者叫作根据。自然界存在着许多的运动形式，机械运动、发声、发光、发热、电流、化分、化合等等都是。所以这些物质的运动形式，都是互相依存的，又是本质上互相区别的。每一物质的运动形式所具有的特殊的本质，为它自己的特殊的矛盾所规定。这种情形，不但在自然界中存在着，在社会现象和思想现象中也是同样存在着。每一种社会形式和思想方式，都有它的特殊的矛盾和特殊的本质。"风险作为人类社会的一种基本现象，也具有与其他任何现象所不同的基本特点，概括地讲，主要有如下五个方面：

一、风险的绝对性

风险具有绝对性。风险无处不在，事事有风险；风险无时不在，时时有风险。风险的绝对性是由矛盾的绝对性决定的。矛盾无处不在，无时不有。矛盾的对立统一，相互依存，相互作用，导致了事物的运动和发展。有运动发展，就有过程。有过程就有不确定性对目标的影响，有影响就导致风险的产生。风险是与过程发展紧密联系在一起的。有运动发展就有风险，否定风险就否定了运动发展。认识风险的绝对性具有非常重要的意义，因为只有认识风险具有绝对性，我们才能下决心管理风险，掌控风险，而不是主观臆断地消灭风险。本人作为多个组织聘任的创业导师，每年都参与创业创新项目评审。2014年9月24日，参加"富乐资本，你就是奇迹"创新项目路演评选大赛活动。有十个项目路演，六个项目的组织者声称项目是零风险。这是完全错误的，完全是对风险无知的表现，这样创业是非常危险的。是项目就有过程，就有不确定性，就有对目标的影响，就有不可避免的风险。最近20年来我参加了多个国内外社会组织项目的评审和执行。有很多社会组织在执行项目时存在极大风险而不知，造成了严重的不可挽回的损失，教训令人痛心。这其中有政治风险，比如与敌对组织合作，接受经费，开展活动，危害国家安全；也有财务风险，没有专款专用，挪作他用，产生腐败；还有能力风险，项目执行不了，半途而废。2003年某大型国际项目，中国有多家社会组织执行一半，无法继续，经过审计，全款退回，损失巨大。2015年4月11日，我帮助朋友考察一个美国项目。这个美国项目是用自己的细胞进行培养，再注射到面部延缓衰老。销售人员反复声明，用自己的细胞培养后，再注射到面部是零风险。我说，有操作就有操作风险，有储存就有储存风险，有治疗就有治疗风险，怎么能说没有风险呢？他说，现在一万例临床没发现风险。我说，一万零一例，就有可能是"黑天鹅"。到2017年，该项目已资金链断裂，人去楼空。但是在本人着手写作本书时，又发现该项目负责人在做骨密度增加项目。

二、风险的两重性

风险具有两重性。风险的两重性是由影响的偏差性决定的。影响作为变量，受内外各种因素的制约，对目标的作用不是均衡的平行的直线的，而是存在各种变数的不规则的作用。这就导致了风险的方向不是一重性，而是两重性。即正面性，存在发展机会；负面性，存在生存威胁。老子的祸福依存转化论和"塞翁失马焉知非福"，指的就是风险的两重性。在现实生活中，绝对的正面性风险或绝对的负面性风险是不存在的，二者总是如影随形地依存在一起，不可分割。我们分析风险，就要把握风险的两重性，在威胁中看到机会，在机会中看到威胁，唯物辩证地避免威胁，抓住机会，实现预期目标。2014年，滨州某集团因赊销，应收账款5亿元人民币，这是巨大风险。就是这样巨大的风险也具有两重性。目前，中国工商企业的应收账款总额是20万亿左右。不赊销占领不了市场，赊销有可能血本无归。环境所逼，竞争激烈，企业只能赊销。滨州这家企业目前应收账款5亿元是风险，如果要回来，就占领了市场，有了效益，是发展机会；如果要不回来，破产倒闭，是生存威胁。这说明，赊销具有风险的两重性。2015年2月27日，本人组织专家团队，用一天时间，培训该集团300名高管应收账款风险管理，帮助企业想办法把钱要回，渡过难关。1995年山东省政府把旧县乡由济南市平阴县划归泰安市东平县。这是省政府的行政区划决策，但只要是决策就有风险，只要是风险就两重性：一方面，如果规划好了就可以促进东平湖发展，另一方面，如果规划不好就会造成群众事件。而我当时在省政府办公厅给主要领导当秘书，亲历事件的全过程，看到的是30个村的群众把平阴县委、县政府大楼砸烂，造成了震惊全国的暴力事件。

三、风险的突发性

风险的产生、存在和发展有其自身的逻辑和规律。风险事件的爆发，按照唯物辩证法的基本原理，有一个从量变到质变的过程。现在问题的关键是，人们确定了发展目标后，对不确定性的影响，具有认识上的局限性、意识上的松懈性、管理上的疏忽性。由于以上三性的存在，人们往往不能把握风险的量变过程，做好事前预测、预警。当风险发生质变，突然爆发，就会感到措手不及，惊慌失措，难以应对。2015年的长江游轮翻沉事故是对局部风暴认识局限造成的恶果。2013年青岛输油管道爆炸是管理疏漏造成的重大责任事故。司机因开车门前没有观望而造成的他人受伤则是安全意识松懈导致的交通事故。

四、风险的可测性

客观世界的纷繁复杂性决定了风险的具体多样性。就大千世界各具特色的风险来讲，它的产生具有偶然性、不可测性，人们对每一个具体的风险，由于认知的局限性，不可能完全彻底地测知它的发生和发展。但是世界上的任何事物都具有规律性，都具有本质的联系和必然的趋势，人们通过发挥主观能动性，总结实践经验，运用丰富的知识和科学的手段，就能够发现风险存在的本质联系和发展的必然趋势，就能够掌握风险运行的规律，预测风险发展的趋势，消除风险发生的不利因素，实现既定的目标。从这个意义上来说，风险和世界上任何其他事物一样，都是可知的，都是可预测的，都是可掌控的。从哲学上讲，不可知的、不可预测的、不可掌控的风险是不存在的。

五、风险的发展性

唯物辩证法告诉我们，世界上任何事物都是发展变化的，绝对静止不变的事物是不存在的。风险作为一个客观存在，和世界上任何事物一样都是发展变化的。不同时期、不同层面、不同方向的风险各不相同。在此基础上，又因为其内外条件的不同，发生着各具特色的变化。这些变化有快有慢、有大有小、有强有弱、有隐有显。无论它表现出什么样的形态，也无论人们是否对它有足够的认识，它的发展变化性是绝对的、普遍的，不以人的意志为转移。

第四节　风险基本形式

风险的种类纷繁复杂，千差万别。风险的分类众说纷纭，莫衷一是。

到目前为止，国内外对于风险分类没有统一标准。如果一定要分类，从哲学角度看，不外乎是：内部风险与外部风险；主观风险与客观风险；主要风险与次要风险；纯粹风险与机会风险；可控风险与不可控风险。

一、内部风险与外部风险

从范围上分，在组织内部发生的风险为内部风险，在组织外部发生的风险为外部风险。由于组织范围界定的相对性，同一风险既是内部风险又是外部风险。主要看从哪个角度去理解，影响到哪个范围。2015年"东方之星"客轮在长江倾覆，事故遇难者共计406人。这既是企业内部风险，又是行业风险，地方风险，还是国家风险。钓鱼岛问题、南海问题、台海问题既是区域风险，又是国家风险。国家作为一个组织，其内部的每一个成员都应该成为风险的主体。但是，在处理钓鱼岛风险、南海风险、台海风险时，主要责任组织却由外交、军事以及相关地方和部门等负责。由此可见，内部风险与外部风险的区分是相对的，没有绝对的界限。针对具体风险，要区分内外，必须具体情况具体对待，不能形而上学。

二、主观风险与客观风险

从产生上分，由主观意识原因产生的风险为主观风险，由客观环境原因产生的风险为客观风险。主观风险是由思想上的不确定性、心理上的不确定性、行为上的不确定性造成的。客观风险是由不以人的意志为转移的自然环境的内部作用造成的。这两种风险虽然产生的原因不同，但造成的危害有时都是巨大的。1995年有233年历史的英国巴林银行倒闭，是由利欲熏心的内部职员违规操作造成的主观风险所致。2008年汶川地震造成40多万人的死伤，直接经济损失近万亿元，是由地壳内部运动造成的客观风险所致。主观风险和客观风险，可能分别出现，可能同时出现，还可能相互转化。人为作用，可以造成自然环境破坏，空气河流污染。这是主观风险转化为客观风险。大的自然灾害出现，造成人心动荡，社会秩序混乱，经济波动下滑，这是客观风险转化为主观风险。无论是主观风险转化为客观风险，还是客观风险转化为主观风险，都加大了风险的深度、广度和危害程度。

三、主要风险与次要风险

从影响上分，能够造成组织生死存亡的风险为主要风险，对组织生存和发展有一定影响的风险为次要风险。1993年史玉柱在珠海开发建造巨人大厦，头脑发胀，将规划从38层发展到70层，不考虑市场前景，不考虑资金承受能力，凭想当然办事。结果巨人大厦没盖起来，引发巨人集团财务危机。这样巨人集团遭受的风险就是主要风险。主要风险80%出现在战略决策阶段。三联商社曾经高居全国家电连锁企业第一位，其董事长张继生搞多元化战略，鼎盛时期有160多家公司。由于没有抓住主业，没有抓关键、抓核心，平均用力，五个指头都动作。结果，主业不突出，市场遭挤占，被国美、苏宁扼杀在市场的滚滚洪流之中。张继生及其经营近30年的三联集团，遭受的也是主要风险。主要风险决定生死存亡，所以要特别关注。在一个大型组织中各种风险11000种以上，其中绝大部分是次要风险，只有前十几位的风险是主要风险。但问题的关键是，主要风险解决好了可以降为次要风险，而疏忽次要风险，有可能上升为主要风险。吴炳新执掌的三株集团最昌盛时有15万名员工，年销售额80亿元，但1996－1998年期间的一个小官司没有处理好，次要风险上升为主要风险，导致三株集团这颗民营企业的新星瞬间陨落。教训是深刻而沉重的，但是，历史不能重演，三株不能重生，后人只能惋惜。

四、纯粹风险与机会风险

从后果上分，只有损失可能而无获利机会的风险为纯粹风险，既有损失可能也有获利机会的风险为机会风险。1999年11月24日，山东烟大轮船轮渡有限公司"大舜"号滚装船载客304人，汽车61辆，由烟台地方港出发赴大连，途中遇风浪，于15时30分返航。调整航向时船舶横风横浪行驶，船体大角度横摇。由于船载车辆系固不良，产生位移、碰撞，致使甲板起火，船机失灵。经多方施救无效，于23时38分翻沉，造成290人死亡，5人失踪，直接经济损失约9000万元人民币。船上共有旅客船员312人，最后生还者仅有22人。这起事故震惊全国，是这条黄金航线上最惨痛的记忆。"大舜"号翻沉就是典型的纯粹风险。2015年中国股市新一轮行情牛起，千军万马投资股市，开户炒股。有的赚钱，有的赔钱，有的先赚后赔，有的先赔后赚。总之是有赚有赔，不是光赚不赔，或者光赔不赚。这就是机会风险。

五、可控风险与不可控风险

可控风险是可以预测和人为控制的风险。不可控风险是不易避免无法控制的风险。目前我国道路交通事故死亡人数居世界第一。根据全球各交通和警察部门统计，2012年全世界交通事故死亡人数为50万人，其中，中国为10.4万人，印度为8.6万人，美国为4万人，俄罗斯为2.6万人。全世界每天发生火灾1万多起，造成数巨大人员死亡。近几年，我国每年发生火灾约4万起，死亡2000多人，伤残3000～4000人，每年火灾造成的直接财产损失10多亿元。以上这些风险都属于可控风险，遗憾的是有的没有控制，有的没有控制好，所以造成了极大的不可挽回的损失。我国每天发生地震数万次，绝大部分太微弱而不为人所感知，5级以上的地震10次左右。我国由于海岸线较长，濒临太平洋，所以台风灾害较多。台风的破坏力主要有强风、暴雨和风暴潮三个要素组成。一次台风登陆，降雨中心一天之中可降下100～300毫米的大暴雨，甚至可达500～800毫米。台风暴雨造成的洪涝灾害，来势凶猛，波及范围广，破坏性极大。这些属于不可控风险。但是，随着科学技术的发展和征服自然能力的提高，不可控风险在一定条件下可以转化为可控风险。我国是一个干旱灾害十分严重的国家，千百年来农业靠天吃饭。近年来，随着对降雨成因和规律的认识，把握了人工降雨的时机。在大旱之年，照样能促使喜雨天降，润泽万物。这是干旱这个不可控风险，通过人力转化为可控风险的例子。人类历史就是这样从不可控风险不断转化为可控风险的历史。

思考讨论题：

1.怎样理解风险的基本概念？

2.怎样理解风险的基本特点和形式？

第二章　风险管理内涵

一部波澜壮阔的人类社会发展史，就是一部惊天动地的风险管理史。人类社会是在战天斗地的惊涛骇浪中发展至今的。有发展就有风险。只有风险管理才能促进人类社会的稳步发展。研究人类社会的发展史，就是研究人类社会的风险管理史。人类社会发展理论体系的建立和完善，促进了风险管理理论的建立和完善。风险管理理论的建立和完善，同样促进了人类社会发展所有学科理论体系的建立和完善。不对风险管理理论体系、框架、流程、技术手段等加以研究，就很难保证人类社会的协调、和平、稳定、健康。研究风险管理理论，既是历史的必然，又是现实的需求。历史的必然和现实的需求形成强大的合力，促进风险管理实践和理论，在世界范围内逐步融合到社会经济生活的各个层面。谁掌握了风险管理理论，谁实践了风险管理理论，谁就掌握了生存和发展的主动权，谁就有能力赢在当下和未来。

第一节　风险管理概念

什么是风险管理？风险管理是指一个组织针对风险所采取的指挥、控制、协调的活动。

一、风险管理是指挥活动

风险管理是一个有组织的活动。有组织的活动就需要统一指挥。组织的领导机构就是风险管理的指挥机构。风险存在于组织的各个方面，没有科学、快速、统一的指挥就达不到高效管理风险的目的，就会造成极大的损失。2011年日本地震导致核泄漏，引发我国部分地区食盐抢购风险，某市盐务局在市政府领导下，高效决策，果断指挥，避免了一场较大的社会动荡风险。案例具体情况如下：

2011年3月11日13时46分，日本东部临近海域发生里氏8.9级地震，并引发10米高海啸。12日，日本东京电力公司对外宣布，福岛县第一核电站1号机组发生氢气爆炸，很快确认发生核泄漏。自3月16日，我国南方地区也出现了公众盲目抢购碘盐的情况。公众抢盐的动机主要是为了传说中的防辐射，另外就是受传言影响担心海盐也遭受到污染。3月17日，波及北方某市。为了平息食盐抢购风波，该市盐务局采取的主要措施是：①加强调度，掌握情况，统筹兼顾。3月16日晚，个别超市发生异常购买食盐现象，立即组成多个小组查看市场情况。期间市场出现异动，立即通知下属公司启动食盐供应应急预案，做好各项应对准备，确保市场供应。同时，执行24小时领导值班制度，及时研究、调整应对措施。②积极派员驻场，全力协调货源。市场有所异动，立即安排专人赴盐场驻场督促协调货源，并在全市范围内统一调配，为平抑抢购风潮提供了可靠保障。③多措并举，均衡供应，扩大供应覆盖面。自17日上午9时起，全市陆续发生大面积抢购。市县两级公司在保障大型商场超市主渠道供应的基础上，对持有《食盐零售许可证》的业户和个人用户实行限量供应。同时，派出工作人员与大型商超一道做好宣传解释工作。自19日起，各单位陆续将供应重点转向农村市场，实行限量送销，进一步扩大供应覆盖面。④加强宣传，消除恐慌，稳定城乡居民情绪。市县两级在发生抢购当日即邀请各大媒体进行现场采访，并张贴公告、发放明白纸、安排专人现场向群众解释宣传。17日晚，市政府等网站挂出温馨提示，市电视台等相继播出有关报道，移动、联通、电信向全市所有手机用户发送提示短信。18日，市政府新闻办召集市应急办、市商务局、市卫生局、市环保局、市工商局、市物价局、市盐务局等部门负责人举行食盐供应情况新闻发布会。七部门共同发布了食盐市场的最新情况，并联合呼吁广大市民理智购盐。之后，各宣传媒体，均对平抑抢购工作做了系列报道，迅速消除了恐慌，稳定了城乡居民情绪。⑤大力开展"走千村进万户"调查走访活动，及时掌握市场动态。20日，全市成立30多个小组，由领导带队深入农村特别是偏远山区，带足小包装食盐，走千家进万户，查看存盐情况，认真听取居民的意见和建议。⑥切实做好持续稳定供应工作。抢购趋于平息后，继续派驻专人驻场协调货源，进一步补充短缺库存，力争在短期内达到抢购以前的库存水平。这个平息食盐抢购风潮的案例说明，高效果断的领导指挥，迅速采取有力措施，全力以赴积极应对，是风险管理的核心。

二、风险管理是控制活动

控制不确定性，减少损失，增大效益，实现目标，就是风险管理。风险管理就是由一系列控制活动组成的框架系统。这个框架系统主要由组织控制、制度控制、流程控制、监督控制、目标控制、资源控制、信息控制、利益控制、人员控制、环境控制、文化控制等组成。失去了控制就失去了风险管理。有多大的控制能力就有多大的风险管理能力。控制是风险管理的基础。失去了这个基础，风险管理就成了无源之水，无本之木。因此，要搞好风险管理，必须学会控制，掌握控制。以控制促管理，以管理促发展。

三、风险管理是协调活动

风险管理是一个组织所有人都参加的整体活动，是一个有机系统，所以，要内外协调、上下协调、左右协调、前后协调。协调是风险管理的灵魂。通过协调，能够统一思想、统一步调、统一力量，能够减少风险管理的成本，提高风险管理的成效。协调是风险管理的基本功。要学会协调的方法、要领和技巧，运用到具体的管理实践中去。毛泽东同志可以称得上是绝世的超级风险管理大师，他在管理党和国家的风险命运时，善于运用协调艺术，把各个方面的风险化解在无形之中，把各个方面的积极性充分调动起来。他的主要做法可归为四类：一是积极协调要纠偏。红军长征胜利到达陕北后，组织复杂，人员复杂，关系复杂。山头主义，团体利益，一时间十分盛行，危害极大。毛泽东同志从大局出发，从党和国家命运着眼，反复做协调工作，破除山头，打破局限，纠正偏差，形成了有序发展势头。二是积极协调要全面。毛泽东同志于1956年发表了《论十大关系》，提出了影响国家大组织协调发展的若干方面的矛盾，明确了战略协调的十大关系，充分调动了一切积极因素，为即将开展的全面建设奠定坚实的基础。三是积极协调要侧重。在全面协调的基础上，要找准根本问题，重点协调，解决核心矛盾。1957年2月27日，毛泽东同志发表了《关于正确处理人民内部矛盾的问题》的长篇讲话，提出了正确处理两类不同性质的矛盾，阐明了人民内部矛盾是重点解决的矛盾，要用民主的方法去解决，要讲究策略和艺术。四是积极协调要发展。事物总是发展变化的，旧的矛盾解决了，新的矛盾又出现了，有序中又出现了新的无序。毛泽东同志称之为"多事之秋，矛盾不断"。要用积极的发展的眼光，看待新情况、新问题、新无序，用更科学、更灵活、更艺术的方法去协调。只有这样才能化解风险，整合力量，优化秩序，形成整体发展趋势。

风险管理是一个有主体、有目标、有组织、有过程的活动。风险管理作为活动，有活动前、活动中、活动后三个部分组成。这个活动有它自身的规律和体系，是一门新兴的科学，要认真研究，掌握其精神和实质，才能保证组织的健康稳定发展。

2016年7月18日15时15分，济南气象台预报：受黄淮气旋影响，7月19日傍晚到20日将有一次全市性暴雨过程。本次暴雨过程降雨范围广、雨量大。大部分地区会出现暴雨，平均过程降雨量60～90毫米，部分地区降雨量会超过150毫米。本次降雨19日傍晚开始，20日下午结束，伴有雷电和8级阵风。济南市政府针对暴雨进行一次有效的风险管理活动。一是市政府决定，临时调整上下班时间：7月19日下午提前至15时下班，7月20日上午推迟至10时上班。全市各级各部门主要领导和分管领导要带班值守、一线指挥，全部防汛人员要到岗到位，各防汛抢险队伍要集结到位。二是安排相应人员重点控制市区43处积水路段和重要建筑设施。交通管制在低洼地段实施，市内泄洪闸口全部放开。三是市政、电力、通信等行业要确保正常运行并全力做好应急保障工作。各行各业要切实做好本单位的防汛工作。调集5000多辆公交车救援。协调400多辆越野车志愿救援 。四是号召所有组织包括新闻、机关、社区、企业、学校等各负其责，密切配合，战胜暴雨，生命财产免受损失。济南8·17特大暴雨风险预防后，20日14时人民网山东频道总编辑蔡军在人民网发表评论：济南，对生命的尊重跑赢最强暴雨。一场预测了两天的"最强暴雨"，忙活了两天没来，泉城似乎成了笑话。但不能忘记的是9年前的7月18日，特大暴雨席卷了整个泉城，短时间雨量迅速达到180毫米。暴雨造成生命财产损失，至今是抹不去的黑色记忆。可是这次不是暴雨没来，而是已经做好了应对准备。就是最强暴雨呼啸而来，济南也不会再次发生过去的悲剧。一位网友说："哪怕让一个防患于未然的举措最终变成一幕未被派上用场的喜剧，也不要因为它的缺席而演出悲剧。"

第二节　风险管理目标

一、风险管理具有目标性

世界上任何一项管理活动都是一项有目标的管理活动。管理只有目标明确才能客观有效。否则管理就会盲目，就会流于形式，就会失去应有的意义，就会失去评价其效果的依据。风险管理和世界上任何管理一样，也是具有明确的目标的。风险管理的总体目标就是，管理成本最小化，损失影响最小化，预期效益最大化，最符合组织风险偏好，风险完全可控化。风险管理目标的确定有必要的前提和基本的要求：一是目标的一致性。就是风险管理的目标与风险管理主体的总体战略目标必须一致。风险管理目标是为风险管理主体总体战略目标服务的，要分清二者主要和次要的关系，服务和被服务的关系。这个关系具有主导性，不可更改和变动。二是目标的现实性。就是说风险管理的目标是在具体的时空条件下，是在客观的环境中，具体而又实际的目标。这个目标是客观的、现实的，有相关定性和定量内容的，不是主观臆断的，飘忽不定的。目标的现实性，表明了风险管理的客观性。三是目标的明确性。就是风险管理目标明确无误，选择和实施的各种方案切实可行，对它的评价公开客观。四是目标的层次性。就是从风险管理总体目标出发，根据不同时期，不同节点，综合目标中不同分目标的主次轻重，区分出目标的不同层次，分别实施，逐步实现。

二、风险管理目标具有阶段性

从流程上看，风险管理由两个阶段组成。第一阶段是风险事件发生前，这一阶段的风险管理目标应该侧重于效益合理目标、安全系数目标、社会责任目标等。第二阶段是风险事件发生后，这一阶段的风险管理目标应该侧重于维持生存目标、保持发展连续性目标、稳定效益目标、回复声誉目标、践行社会责任目标等。这两个阶段的目标特点不同，性质特点不同，运行流程不同，但战略方向一致，总体要求一致，实现的价值一致。

2017年1月27日，美国总统特朗普为了保证美国的政治安全、社会安全，签署一份总统令，收紧特定国家的难民与移民入境美国。核心内容有三点：（1）120天内禁止所有难民入境美国；（2）无限期禁止叙利亚难民进入美国；（3）90天内禁止伊朗、苏丹、叙利亚、利比亚、索马里、也门和伊拉克这7个国家普通公民入境美国。总统令一签署即生效，导致100多名拿到机票的人被航空公司拒绝登机，另有100多名登上飞机的旅客入境美国受阻，不得不乘机返还。禁令一出，立即招致美国国内包括前总统奥巴马在内的民主党人士及其支持者的强烈批评，多个城市出现反对特朗普这一禁令的游行示威。反对者均指责特朗普的禁令违背了美国传统价值观。星巴克等多家美国跨国公司明确表示，对某些特定伊斯兰国家公民一刀切的入境禁令，并非解决当前美国所面临挑战的最好办法。1月29日，美国16个州的总检察长联合发表声明谴责特朗普的行政命令违背美国宪法。一天后，华盛顿州总检察长宣布将就移民禁令起诉总统特朗普。美国的西方主要盟友同样对特朗普的这一做法进行了尖锐批评，其中法国、德国和加拿大反应尤其激烈。加拿大总理特鲁多说："对所有逃离迫害、恐怖和战乱的人，不管你们的信仰是什么，加拿大的大门永远对你们敞开。多元化是我们的力量之源。欢迎来加拿大！"受美国禁令影响的伊朗、伊拉克等国家领导人，则严厉批评特朗普对穆斯林的歧视，认为美国这一新的政策，证明了美国标榜的民主、自由、人权是虚伪的，美国已经变成了一个极端自私自利的国家。如何执行特朗普这份总统令，甚至在美国政府内部引发了小小的骚乱。司法部长以及移民和海关执法局代理局长公开抗命，特朗普立马解雇了他们的职务。特朗普本人坚称实行这一新的禁令是为了确保美国的安全，如果在规定期限内经评估这些国家的难民和非法移民对美国并不构成威胁，或者美国已经有了可靠的防范措施与对策，则会重新开放这些国家的难民和合法移民入境。

值得注意的是，特朗普签署这个难民与非法移民禁令后的1月29日星期天休息时间，继续与世界各主要国家领导人通电话，其中最令人注目的是与沙特国王通电话，成功说服沙特出钱出力，两国携手在叙利亚和也门两个战乱地区建立难民安全区。特朗普此举可谓一箭三雕，无论敌友都不得不佩服。首先，证明特朗普并非抛弃了自由、民主、人权等价值观，而是有解决叙利亚和也门难民问题花钱更少、效果更好的办法。有了与沙特联合建立叙利亚和也门难民区的措施，就可以解释特朗普为何120天内不接受难民和终止接受叙利亚难民，因为到时这些难民根本可以不来美国，甚至不用冒险长途跋涉到欧洲和加拿大，而只需要留在接近老家的沙特阿拉伯或也门安全区，等叙利亚和也门局势平静之后即可回家。对于许多不愿意背井离乡的难民来说，这个办法甚至更人道。其次，特朗普关于美国优先的外交思维首战告捷，为美国争取了最大的国家利益。这次达成主要由沙特出钱出力，由美国与沙特联合设立叙利亚安全区的外交成就，不仅让美国免受恐怖分子的渗透，在难民安置上可以少花钱，而且可以为美国在更好的时机，以最少的代价，直接政治和军事介入叙利亚、也门内乱，并一举平息两国内乱埋下伏笔。最后，从签署移民禁令到与沙特达成联合设立难民安全区的共识，特朗普的强势作风和雷厉风行的办事速度再次震惊世界。

综合分析，特朗普在处理美国社会安全风险的整个过程中，第一个阶段，措施有力，出手快速、效果明显，达到了预期目的。第二个阶段，对国内外各种反对和反制措施，迅速有效地予以应对和化解，同时找出了解决风险问题的最佳方式，实现了风险管理目标，令世人叹服。

第三节　风险管理特点

一、风险管理具有嵌入性

风险没有自身产生过程。所有的风险都是在组织自身流程中产生的。风险管理所管理的风险是组织中千差万别、千变万化的由自身产生的风险。风险不能自身产生的特点和组织自身产生风险的特点，决定了风险管理具有嵌入性这一突出特性。风险管理只有嵌入组织内在流程中才能发挥作用。嵌入组织内在流程中的风险管理，主要是风险管理的术语、风险管理的原则、风险管理的框架、风险管理的过程、风险管理的策略、风险管理的技术、风险管理的经验等。被嵌入的组织是一个事前、事中、事后都具有完备系统的逻辑流程。嵌入要具有全面性、深入性、发展性，不能蜻蜓点水，浮在表面，更不能"隔靴搔痒""隔岸观火"，要踏石留印，抓铁有痕，落在实处。

二、风险管理具有未来性

风险的不确定性是未来的，风险的影响是未来的，组织的目标是未来的。风险三大构成变量要素都是未来的，由此决定风险管理是管理未来的科学，具有未来性。一切已经发生的事件，一切已经过去的情况都不是风险的范围，也都不是风险管理的范围。风险管理的未来性，对保证组织发展的有效性、适宜性具有极其重大的作用。现在相当多数的组织由于不懂风险管理，不懂风险管理的未来性，对组织未来缺乏有效管控，所以发展得不稳、不长、不健康。

三、风险管理具有主动性

风险的存在是客观的，它对目标的影响是极大的。由于风险的特殊性，逼迫人们在改造客观世界和主观世界的过程中认识风险，学习风险管理的知识，掌握风险管理的技术，设计风险管理的方案，建立风险管理的模型，调动风险管理的资源，去积极主动地预测风险、预警风险、处置风险。人们去积极主动地管理风险，是在一系列被动接受风险的沉痛教训中认识和总结出来的。人们在战天斗地中，通过积极的管理风险，达到了预期的目标。管理风险取得成功的经验和成果，又鼓励人们发挥主动性，去积极地管理风险。人们管理风险的主动性有多大，所取得的成绩就有多大。现在人们已经认识到积极主动管理风险的成效性和必要性，都能在不同层面和不同时段，发挥主动性，认真积极地去管理各种具体风险，从而实现各自的目标。因此，主动性是管理风险的重要因素，它非常明显地体现在管理风险的整个过程中。

四、风险管理具有系统性

风险管理是一项系统工程，它渗透人们实现目标的整个过程的所有流程、所有节点和所有层面。由于组织发展的系统性和复杂性，决定了风险管理必须具有系统性的特点。风险管理要想达到预期的目的，内部各种要素、各种流程、各种资源、各种配合和沟通，都必须有计划、有组织、有系统地整合在一起，使其发挥最大效益。零散孤立地进行风险管理，头痛医头，脚疼医脚，分散孤立地各自为战，只能浪费人力、物力、财力，增大成本、减少效益，增大损失、减少成果，失去风险管理的真正意义。尤其是现代社会，高度整合、高度联系、高度变化。在这种情况下，风险管理的系统性、整体性、连贯性就体现得更为突出。不充分认识风险管理的系统性，在实践中就很难达到风险管理的预期效果。

第四节　风险管理发展

风险管理是一个古老的话题。说它古老，自从有了人类，便有了风险管理思想。人们在战天斗地的生产实践、社会实践中，深刻地认识到防控风险的重要性。原始人为了防止野兽袭击风险，在居住的山洞口点燃火堆。为了防治病灾，先人神农氏遍尝百草以求良药。我国早在夏朝就有旨在积谷防饥的粮食储备制度。夏朝后期的夏箴中就有了"天有四殃，水旱饥荒，甚至天时，非务积聚，何以备之"的描述。老子在《道德经》第五十八章中说道"祸兮，福之所倚；福兮，祸之所伏"，论述了祸福相互依存和相互转化的朴素的辩证风险观。我国成语典故中的"神机妙算""有备无患""未雨绸缪""防患于未然""塞翁失马焉知非福""城门失火殃及池鱼"等，均体现的是风险管理的预测、预警、预防的思维和忧患意识。约公元前1700年开始，我国长江流域从事货物水运的人们，为了防止意外，降低损失，将货物分装在几条船上，达到分散风险的目的。约在公元前2800年，古埃及平民中开始盛行互助基金组织，进行转移风险。公元前916年和公元前400年，国外就提出了共同海损制度和船货押贷方法。这些都是一些好的风险应对策略。但是，作为系统的科学，风险管理则产生于20世纪上叶的西方工业化国家，至今约80多年的历史。

一、风险管理起源于德国

第一次世界大战之后，战败的德国发生了严重的通货膨胀，造成经济衰退，社会动荡，民不聊生。为了解决生活危机、生产危机和社会危机，迅速恢复社会秩序，从饥寒交迫中重建国家，一部分有先见之明的经济学家提出了包括风险管理在内的企业经营管理问题。由于研究局限于少数部门和行业，没有引起社会的高度重视和广泛支持，所以在20世纪30年代前风险管理并没有形成系统的理论思想。

二、美国推进风险管理发展

1929-1933年，美国卷入了20世纪最严重的经济危机，风险管理问题因此成为许多经济学家研究的重点。1930年美国宾夕法尼亚大学SolomonySchdner博士在美国管理协会召开的一次保险问题的会议上首次提出风险管理的概念。他认为，风险管理是"风险"和"管理"两个概念的整合。因此，风险管理本质上是针对各种风险的管理活动的总称，包括风险识别、风险评估、风险应对和风险控制等。1932年成立的纽约保险经纪人协会，定期讨论和研究风险管理的理论和实践问题。该协会的成立标志着风险管理学科的兴起。20世纪50年代，美国企业界发生了两件大事，促使风险管理快速发展。其一是1953年8月12日美国通用汽车公司的自动变速器装置引发火灾，造成了3000万美元的巨额直接经济损失。如果算上因此引起的公司汽车生产停顿和卫星厂的生产停滞，带来的事故总经济损失达到1亿美元之巨。其二是美国钢铁行业因团体人身保险福利问题及退休金问题诱发长达半年的工人罢工，给国民经济造成了难以估量的损失。这两件大事促进了风险管理在企业界的推广，风险管理从此在美国得到了蓬勃发展。

世界上第一门风险管理课程于1960年在美国的亚利桑那大学企业管理系中开出。到20世纪70年代中期，全美大多数大学工商管理学院普遍开授风险管理课，而且传统的保险系纷纷改为风险管理与保险系，教学重点也相应地转到风险管理方面。美国保险及风险管理协会是专门研究工商企业风险管理的学术团体，会员有3500多家大型工商企业。1983年在美国纽约市的美国风险与保险管理协会年会上，各国专家与学者讨论并通过了《101条风险管理准则》，作为各国风险管理的一般原则。各国视自身的经济情况和风险环境，可对准则予以修正，用于指导本国的风险管理及其实务。准则共分12个部分：风险管理的一般准则；风险的识别与度量；风险控制；风险财务管理；索赔管理；职工福利；退休年金；国际风险管理；行政事务处理；保险单条款安排技巧；交流；管理哲学。

三、西方发达国家全面实行风险管理

西方发达国家如美国、英国、德国、加拿大、澳大利亚、新西兰等，在近几十年都分别出台了适合本国实际情况的风险管理标准。各国企业在20世纪70年代均设有风险管理机构，配备专业风险管理人员，专门负责风险管理工作。日本于1978年成立风险管理学会。现在的日本首相有专门的首席风险官，负责处理国内外重大风险问题。1986年由欧洲11个国家共同成立欧洲风险管理研究会，进一步将风险管理研究扩大到国际交流范围。

四、风险管理已经国际标准化

2009年11月15日，国际标准组织（ISO）正式发布了三个专门用于风险管理的标准：ISO31000:2009《风险管理—原则与指南》、ISO指南73:2009《风险管理—术语》、ISO/IE31000:2009《风险管理评估技术》。ISO的这三个风险管理标准是在总结以往风险管理的理论和实践的基础上，在世界范围内爆发金融危机的大背景下，由28个国家的风险管理专家提出的比较完善的风险管理标准，是全世界范围内实施全面风险管理的依据、基础和指导。从此在世界范围内实施全面风险管理有了统一的标准，在人类历史上具有划时代的里程碑意义。

五、风险管理在我国国内全面启动和标准化

2006年6月6日，国务院国资委下发了《中央企业全面风险管理指引》（国资发改委[2006]108号文件）。2009年10月，全国工商联在中华工商联合出版社出版了《民营企业风险管理手册》。上述文件和手册的正式发行，标志着我国在全国范围正式启动企业全面风险管理。中国国家标准化管理委员会于2009年9月30日和2011年12月30日发布了GB/T24353:2009《风险管理原则与实施指南》和GB/T27921:2011《风险管理风险评估技术》标准，这两个标准参考使用了ISO的对应标准。我国还即将发布"等同采用"的ISO指南73:2009《风险管理—术语》标准。同时即将发布《公共事务活动风险管理指南》。这些标准的发布，标志着我国全社会范围之内实行全面风险管理的标准化时代与国际具有同步性。

思考讨论题：

1.怎样理解风险管理的基本概念？

2.怎样理解风险管理的目标和特点？

第三章　风险管理基础

　　1983年美国风险和保险管理国际协会年会通过了《101条风险管理准则》，一共有101条，其中第95条至101条规定的是风险管理哲学准则。其核心内容是风险管理人员要讲诚信度、公平度，要保证组织最佳利益，最佳安全度，要确定风险偏好，要实现组织主观直觉，风险管理方案与风险偏好的一致性。这是世界上第一次提出风险管理哲学的概念。只不过这里讲的是风险管理哲学准则。这个准则讲偏好，讲诚信，讲效益，是一般意义上的企业管理准则和风险管理准则，它并没有上升到真正意义上的哲学的高度，它并没有论述风险管理的世界观和方法论，因此，从严格意义上说，它不能算风险管理哲学准则，或者说风险管理哲学。但是它提出风险管理哲学这个重要命题，对今天的人们有极其巨大的启发作用。我们现在论述的风险管理哲学，指的是风险管理的世界观和方法论，指的是马克思主义风险管理哲学，指的是用马克思主义的观点和方法来论述风险管理的理论和实践，概括出风险管理的哲学理论和规律。这样能在更高层面上实现风险管理理论的巨大飞跃，形成指导风险管理实践的世界观和方法论。在这里首先要确定的是，马克思主义哲学是风险管理理论的基础。充分认识这个基础的作用，并在此基础上深入探讨，就能够提炼出风险管理的本质联系和必然趋势。那么什么是马克思主义哲学？为什么马克思主义哲学是风险管理的基础？下面展开论述。

马克思主义哲学就是辩证唯物主义和历史唯物主义。马克思主义哲学解释了人类社会发展的历史规律，它是科学的世界观和方法论，它指导人们有效的认识世界和改造世界。它从产生到现在，在一百多年的历史进程中，指导各国人民进行伟大的社会实践活动，产生了具有历史意义的影响。在中国，马克思主义哲学像一盏明灯照亮了苦难民众的前进航程，实现了伟大的历史变革，建立了全新的国家制度，在不断的努力和奋斗中，发展成为强大的世界第二大经济体。当今中国，运用马克思主义哲学原理做指导，深化政治经济体制改革，建立世界社会发展格局，取得了巨大成就。马克思主义哲学指导哪里，哪里就取得成功。哪个地方放弃了马克思主义哲学的指导，哪个地方就会艰难困苦，挫折重重，遭受巨大的失败。今天，我们研究风险管理，必须用马克思主义哲学做指导。没有马克思主义哲学指导的风险管理就会降低格局，肤浅单薄，无法形成真正意义上的科学理论。同时，风险管理不仅是一个管理层面的问题，其本身就是一个哲学问题，只有从哲学的高度来研究风险管理，风险管理理论才能发出它应有的光芒，才能变成人们实践中的世界观和方法论。总之，风险管理就是哲学，应该上升到哲学的高度、广度和深度，按照哲学的思维来总结风险管理的理论和规律，否则，学习和应用风险管理就失去意义。

第一节 风险管理唯物论哲学基础

马克思主义的唯物论是辩证唯物论，它最为基本的观点是：世界是物质的，物质作为不以人的意志为转移的客观存在，具有第一性；意识作为物质产生的客观存在具有第二性。物质是运动的，运动着的物质是在具体的时间和空间中运行的，意识作为第二性具有主观能动作用，物质虽然决定意识，但意识对于物质具有能动反作用，物质和意识是辩证统一的关系。以上这些马克思主义哲学唯物论的基本观点，决定了风险管理具有如下四个特性：

一、风险管理具有客观实在性哲学特点

风险管理作为人们认识世界和改造世界的实践活动，不是主观臆断的唯心产物，也不是外界意志的唯心产物，而是实实在在不以人的意志为转移的客观本体。风险管理的客观性是由它的本质特点决定的。我们只有按照马克思主义哲学的辩证唯物论来认识和理解风险管理，才不会把风险管理当成客观神学和主观算命术。多少年来，许多主观唯心论和客观唯心论的持有者，把风险管理变成上帝意志、神学意志和人的主观意志，认为上帝对人类社会有感应指导作用，诸神对人类活动有感应指导作用，神话了的特殊人物对人类社会有感应指导作用，歪曲了风险管理理论，歪曲了风险管理实践，使人类风险管理从不同侧面走在弯路上。由此可见，坚持马克思主义的辩证唯物论，明确赋予风险管理唯物论的特质，坚持风险管理客观实在性，是人类把握风险管理理论的核心和基础。

二、风险管理具有运动变化性哲学特点

物质世界的运动是客观的，不变化的事物是没有的。风险管理作为客观实在是处在不断地运动变化之中的。风险管理的运动变化是多方面的、多层次的。研究风险管理的变化，梳理风险管理过去、现在、将来的变化传承和历史特点，对发挥风险管理理论具有至关重要的作用。用机械唯物论和形而上学的观点理解风险管理是错误的。大千世界都在运动变化，风险管理在其中必然被动地或主动地变化发展。被动的变化发展，是客观现实提出的重大课题造成的，主动的变化发展，是认识到社会历史发展的趋势所造成的。人们应该在风险管理的实践中变被动为主动，走在时间的前面、历史的前面，与发展对话，与未来对接。只有这样，才能在变化的客观世界中掌握主动权，达到风险管理的目的。

三、风险管理具有时间空间性哲学特点

世界的物质性包括时空的物质性，就是说空间和时间都是不以人的意志为转移的客观实在。任何事物的运动都是在一定的时间和空间之中运行的，风险管理也不例外。从一般意义上说，任何一次风险管理活动，都

处在一定的内部环境和外部环境之中，都具有空间性。进行风险管理实践要充分认识内外环境的影响和制约作用。好的内外环境有利于促进风险管理顺利进行，不好的内外环境就是阻碍风险管理的障碍。有的特殊意义的内外环境本身就是风险，就是风险管理的对象。因此，认识风险管理的空间性，认识风险管理空间性的变化，是十分重要的。任何风险管理都是一个过程，都是由事前、事中、事后三个阶段组成的，都需要一定的时间，都是在一定的时间中进行的活动。没有时间的风险管理和没有空间的风险管理都是不存在的。空间和时间是无限性和有限性的统一。从总体上讲，空间和时间是无限的，但针对一个具体的事物和过程，空间和时间是有限的。认识空间和时间有限性和无限性的统一，对于进行风险管理具有重要意义。在无限的时间和空间之中，风险管理所依赖的时间和空间是具体的、有条件的。这些具体的时空条件，对风险管理的作用也是多向的。有的是积极的正面的机会，有的是消极的负面的威胁，因此认识具体的时空条件是进行风险管理的必备基础。不认识风险管理的时空条件，不光是唯心论，而且还是形而上学，这两者都是错误的，都是违背客观事实根据的，都是马克思主义哲学辩证唯物论所彻底批判的，在实践中造成的危害也是巨大的。

四、风险管理具有主观能动性哲学特点

马克思主义哲学在强调客观实在性的同时，并不否认主观能动性的发挥。认为物质和意识、客观和主观是辩证统一的关系。同时强调，要发挥主观能动性，要发挥意识的反作用，实现认识世界和改造世界的目的。风险管理就是马克思主义哲学关于物质和意识辩证关系的体现。它强调的是主观对客观的认识，意识对物质的适合，改造与被改造的统一。风险管理首先有改造的主题，然后有改造的对象，之间有改造的阶段，是一个主观与客观辩证联系的过程。在这里，如果没有意识的能动作用，没有主观的反作用，就没有风险管理的成效和动因。风险管理在承认客观实在性的基础上，更多的是强调意识的反作用和主观的能动性。

第二节 风险管理辩证论哲学基础

　　马克思主义哲学在辩证唯物论的基础上，进一步揭示客观自然和人类社会的历史，创立了唯物辩证论。唯物辩证论由三大基本规律八大基本范畴所组成。三大基本规律是对立统一规律、质量互变规律、否定之否定规律。八大基本范畴是整体与部分、特殊与普遍、相对与绝对、原因与结果、偶然与必然、形式与内容、现象与本质、可能与现实。唯物辩证论的三大基本规律和八大基本范畴概括了天地万物发展变化的本质原因和必然趋势。风险管理从根本上必须遵循三大基本规律和八大基本范畴。如果剖析风险管理的要素结构和运行动因，其实就是一个唯物辩证论的过程。唯物辩证论认为世界是普遍联系和永恒发展的。有联系就有作用，有相互间的作用就有对立统一的关系。有对立统一的关系，就有运动和发展。风险管理是主观作用与客观的活动，作用就是联系，就是对立统一，就是运动发展，就必须遵循对立统一规律、质量互变规律和否定之否定规律，就必须处理好整体与部分的辩证关系、特殊与普遍的辩证关系、相对与绝对的辩证关系、原因与结果的辩证关系、偶然与必然的辩证关系、形式与内容的辩证关系、现象与本质的辩证关系、可能与现实的辩证关系。如果不遵循三大基本规律，不处理好八大基本关系，风险管理是做不好的。如何在风险管理中运用三大基本规律，处理好八大基本关系，既是一个理论课题又是一个实践课题，是一个理论与实践紧密结合的重大课题。目前，世界范围之内的风险管理理论和实践，绝大部分没有上升到哲学的高度来认识和理解，更没有上升到马克思主义唯物辩证论的高度，从普遍联系和永恒发展出发，遵循三大基本规律和八大基本范畴。因此，在理论研究上，层次上升遭遇阻力，在实践路径上、科学发展上遇到障碍。实践经验再一次告诉我们，研究风险管理理论必须研究马克思主义辩证唯物论和唯物辩证法，离开马克思主义哲学，风险管理的理论和实践要么是瞎子摸象，要么是盲人骑马，不仅不能达到预期的目的，而且还会造成沉重的损失，产生极大的危害。

第三节 风险管理认识论哲学基础

马克思主义哲学运用到人们认识世界和改造世界的过程中，就是辩证唯物主义的认识论。辩证唯物主义认识论，揭示的是认识的根本规律，它是由实践和理论的辩证关系、感性认识和理性认识的辩证关系、绝对真理和相对真理的辩证关系所组成。在认识的整个过程中，一定要坚持实践第一的观点，实践是认识的出发点，是推动认识发展的推动力，是检验认识的唯一标准。认识是在实践基础上，由感性认识上升到理性认识，由实践上升到理论，再由理论到实践的循环往复的不断升高，不断加深的辩证过程。在实践的基础上，所有认识都是由相对真理到绝对真理的过程。人们的实践和认识，要受到客观自然条件和历史具体条件的限制。人们的实践没有穷尽，人们的认识没有穷尽，从相对真理到绝对真理的发展没有穷尽。以上这些马克思主义辩证唯物论的认识论的基本观点，其实质和核心在风险管理过程中都得到了体现。风险管理就是控制不确定性，实现目标。在这个过程中，风险管理的实践是第一位的，是基础和核心，对不确定性的认识也是由感性到理性、由理性到实践的过程。在一定基础上，认识了不确定性，对事物的认识能够确定，实现了目标。但是随着时间的变化和空间的转移，已经得到认识的确定性又变成了不确定性。如此循环往复，风险管理就有低级上升到高级，由现象深入到本质，由此岸达到了彼岸，由必然王国达到了自由王国。总之，风险管理过程就是一个认识的辩证过程。在这个过程中，必须坚持马克思主义的实践观、认识观和真理观。

第四节 风险管理历史论哲学基础

1883年3月18日，恩格斯在马克思墓前的讲话中指出："正像达尔文发现有机界的发展规律一样，马克思发现了人类历史的发展规律，即历来为繁芜丛杂的意识形态所掩盖着的一个简单事实：人们首先必须吃、喝、住、穿，然后才能从事政治、科学、艺术、宗教等等；所以，直接的物质的生活资料的生产，从而一个民族或一个时代的一定的经济发展阶段，便构成基础，人们的国家设施、法的观点、艺术以至宗教观念，就是从这个基础上发展起来的，因而，也必须由这个基础来解释，而不是像过去那样做得相反。"恩格斯在这里指出，马克思主义的辩证唯物论运用到人类历史过程就是历史唯物论。马克思主义历史唯物论揭示了人类历史的两大规律。这两大规律是生产关系一定要适合生产力发展的规律，上层建筑一定要适合经济基础发展的规律。在这两大规律的基础上，概括总结了社会的本质，提出了人民群众是创造历史的真正动力；概括总结了人的本质，是一切关系的总和，并提出了以人为本的唯物史观。风险管理说到底也是适应人类历史的基本规律，解决生产力与生产关系的矛盾、经济基础和上层建筑的矛盾，解决社会方式和社会结构的矛盾。在人类社会的各个不同发展阶段，风险管理都发挥着巨大作用。它是维护社会形态，促进生产力发展，满足人们需求的最根本的方法之一。人类社会的发展，在激烈的社会变革之中，维持社会形态正常运行的，除了发展的根本措施以外，就是风险管理的策略和措施。社会发展中，一个轮子是发展驱动，另一个轮子是风险管理，二者相辅相成，相互依存，共同构成社会平稳运行的基础。人们是在推动历史发展的过程中，总结风险管理的经验，吸取风险管理的教训，创新风险管理的方式，实现风险管理的目的。任何一个社会，只有风险管理的目标和社会发展的目标相一致，只有风险管理的运行与社会发展的运行相一致，才能够平稳和谐，安全稳定，否则就会出现大的社会动荡和大的结构性问题。就世界范围而言，国际社会的平衡发展，也需要建立相应的风险管理体制，否则就会出现局部动荡和整体倾覆。不认识到这点，就会在实践中出现极大的错误，造成极大的危害。

综上所述，风险管理问题就是一个哲学问题。风险管理哲学是马克思主义哲学的一个重要组成部分。认识风险管理的哲学本质，用哲学的观点来阐述风险管理理论，既是非常必要的又是势在必行的。马克思主义哲学的辩证唯物主义和历史唯物主义，为我们揭示出风险管理的本质和要害，提供了世界观和方法论，我们再用融合了马克思主义哲学的风险管理理论，去指导风险管理实践，就能够无往而不胜，就能够取得事业的成功。因此，哲学的风险管理和风险管理的哲学，是我们必须认真研究、彻底领悟、真正把握的。唯有做到这些才是一个真正的风险管理者，否则就需要学习、完善和提高。

思考讨论题：

1.风险管理的哲学基础是什么？

2.哲学基础之间有怎样的内部联系？

第四章　风险管理社会

当今世界，从联合国到欧盟，从二十国首脑会议到名目繁多、大小不等的各种峰会，尽管讨论的内容各不相同，比如有国际政治关系问题，有地区协调发展问题，有经济动力不足问题，有环境保护问题，有防灾减灾问题，有消除贫困问题，有防恐反恐问题，有金融混乱问题等，但万变不离其宗，其核心实质是风险管理问题。风险管理已成为国际对话的主话题，国际关注的主焦点。就是说在全球范围内，人类社会发展到今天，我们已处在风险社会。关注风险、处置风险已成为全世界各国共同面对、研究的核心课题。

随着人类社会的高度发展，科学技术的日新月异，尤其是信息技术成为一种工具、能源和资源，人类社会的结构性矛盾、阶层性矛盾、速度性矛盾日益突出。人类与自然的矛盾不可调和，发展新旧动能的对立日益尖锐。以上这些构成了当今社会风险日益普遍、日益主导显著，形成了带有共性的特点，这就是风险社会。1986年，德国社会学家乌尔里希·贝克在《风险社会》一书中，首次提出风险社会的概念、风险社会的思想，并在该书中系统论述了风险社会的理论。贝克认为，现代社会是一个风险社会。人类正生活在文明的火山口上。他指出，正如现代化消解了19世纪封建社会的结构并产生了工业社会一样，今天的现代化正在消解工业社会，而另一种现代性正在形成之中。工业社会的中轴原理是分配财富，分配好处；而风险社会中的中轴原理是分配风险，分配坏处，分配危险。他所说的风险是指那些业已存在、面向未来的种种有危害性的不确定因素。风险既是可能性，也是现实性；既是本土的，也是全球的。贝克关于风险社会的理论上升到一个全局战略的高度，使人们站在风险社会的格局之中来探讨、研究当代风险问题。他的学说在全世界第一次开启了一种新的风险思维方式，指导人们结合当下实际，提出新的思路和见解。无论人们是否认识到这一点，也无论人们是否承认这一点，当今世界是风险管理社会是不容置疑的。那么当今世界风险管理社会，风险有哪些突出的特点呢？下面简要从六个方面进行论述。

第一节 在风险管理社会风险范围迅速扩大

当今社会，由于高度的专业化和社会化，由于普遍的联系和迅速的传导系统，使风险的爆发具有突然性和迅速扩展性。原先风险影响的局限性被彻底改变，现在某一地点爆发的风险，会迅速扩展到世界的每一个角落，已经没有了组织的限制和区域的限制。传播速度之快、影响范围之大是历史上从来没有过的。现阶段风险具有三大效应，这就是涟漪效应、蝴蝶效应和多米诺骨牌效应。

涟漪效应，形象地说，就是往平静的湖水里扔进一块石头，泛起的水波纹会逐渐波及很远地方。由美国教育心理学家杰考白·库宁提出，其核心是小事件会引起巨大变化。蝴蝶效应最早出现于20世纪70年代，美国一个名叫洛伦兹的气象学家在解释空气系统理论时说，亚马孙雨林一只蝴蝶翅膀偶尔振动，经过空气动力系统的传播与放大，也许两周后就会引起美国得克萨斯州的一场龙卷风。蝴蝶效应的核心是，初始条件十分微小的变化经过不断放大，对其未来状况会造成极其巨大的差别。多米诺骨牌效应产生的能量是十分巨大的。这种效应的物理原理是：骨牌竖着时，重心较高，倒下时重心下降。倒下过程中，将其重力势能转化为动能。它倒在第二张牌上，这个动能就转移到第二张牌上。第二张牌将第一张牌转移来的动能和自己倒下过程中由本身具有的重力势能转化来的动能之和，再传到第三张牌上。所以每张牌倒下的时候，具有的动能都比前一块牌大，因此它们倒下的速度一个比一个快。也就是说，它们依次推倒的能量一个比一个大。哥伦比亚大学物理学家A·怀特海德曾经制作了一组骨牌，共13张。第一张最小，长9.53毫米，宽4.76毫米，厚1.19毫米，还不如小手拇指指甲大。以后每张扩大1.5倍，这个数据是按照一张骨牌倒下时能推倒一张1.5倍体积的骨牌而选定的。最大的第13张长61毫米，宽30.5毫米，厚7.6毫米，牌面大小接近于扑克牌，厚度相当于扑克牌的20倍。把这套骨牌按适当间距排好，轻轻推倒第一张，必然会波及第13张。第13张骨牌倒下时释放的能量比第一张牌倒下时整整要扩大20多亿倍。因为多米诺骨牌效应的能量是按指数形式增长的，若推倒第一张骨牌要用0.024微焦，倒下的第13张骨牌释放的能量就能达到51焦。可见多米诺骨牌效应产生的能量的确令人瞠目。如此推算下来A·怀特海德制作第32张骨牌，那么它将高达415米，两倍于纽约帝国大厦。假如真有人制作了这样一套骨牌，那摩天大厦就会在一指之力下被轰然推倒。因此在一个相互联系的系统中，一个很小的初始能量就可能产生一连串的连锁反应，人们就把它们称为多米诺骨牌效应。

相传，楚国有个边境城邑叫卑梁，那里的姑娘和吴国边境姑娘采桑做游戏，吴国姑娘踩伤了卑梁姑娘。卑梁人去责备吴国人，因语言不恭，杀死吴人。吴国人报复，把卑梁人全家杀了。卑梁守邑发兵反击吴人，把当地吴人都杀死。吴王夷昧派人领兵入侵楚国的边境城邑，攻占夷。吴国和楚国因此发生了大规模的冲突。吴国公子光率军队和楚国交战，大败楚军，俘获了楚军的主帅潘子臣，又攻打郢都，俘虏了楚平王的夫人。从做游戏踩伤脚，一直到两国爆发战争，中间一系列的演变过程，似乎有一种无形的力量把事件一步步推入不可收拾的境地，无可挽回。这种现象，我们称之为多米诺骨牌效应。

以上这三大效应会使一个组织或区域发生的风险迅速扩展和危及整个行业、整个国家、甚至可能会危及整个世界。2008年美国的房地产次贷机构因利率上升和客户还款能力差而纷纷破产，由此导致16家银行倒闭，爆发美国次贷危机。美国次贷危机引发欧债危机，美国次贷危机和欧债危机导致全球金融危机，全球金融危机引起全球经济危机。直到现在危机还没有过去，全球都在过冬，许多国家深陷其中。1995年在非洲刚果一个部落发现埃博拉病毒，到目前已爆发4次，2014年最为严重，现在逐步扩展到全世界。疫情一来，所有与之有联系的国家紧急部署，全民防疫，世界一片恐慌。2012年12月4日中央出台八项规定六项禁令，这是政策风险。一夜之间，高档餐饮、娱乐、会所、高尔夫全面亏损。2008年9月11日，石家庄市三鹿集团出现了婴幼儿奶粉受三聚氰胺污染事件。一个企业出问题，导致整个奶制品行业全面崩溃。现在中国奶制品业相当多的企业不用中国的奶源，而是购买澳大利亚、新西兰奶粉进行二次加工。这又导致养奶牛产业链上的广大奶农全线崩溃，河北、河南、山东的滨州、淄博、潍坊成为重灾区。

第二节 在风险管理社会风险损失迅猛增多

随着科学技术的发展，组织机构的运行资源越来越多，组织机构的运行规模越来越大，保证组织运行的外部机构越来越广泛。一个跨国组织内，少则有几十个国家和地区，多则上百个国家和地区都有运营机构，少则几万人，多则几十万人。一家跨国企业在世界各国，少则有几百个，多则有上千个、上万个、几十万个甚至几百万个分支机构。一个重点科研项目所占用的资金，有的几十亿元、有的几百亿元甚至上千亿元。现在组织所占用的人力、物力、财力资源，比历史上任何一个时期都多、都大、价值都高。这一方面是科学技术发展的成果，是组织运营效益提高的结果，是人类的巨大进步和提升，但另一方面也孕育着极大的风险。一旦操作失误，管理不当，主客观环境发生变化，改善补充措施不到位，就会产生风险。而这种风险由于体量大、价值高，其损失是重大的，有的是灾难性的，惊天动地，根本无法挽回。

1986年4月26日凌晨1时23分，苏联切尔诺贝利核电站4号，因工作人员操作失误，发生爆炸。因为没有安全罩，8吨多强辐射物质混合着炙热的石墨残片和核燃料碎片喷涌而出。核泄漏产生的放射污染相当于日本广岛原子弹爆炸产生的放射污染的100倍。全球20亿人口受到影响，27万人因此患上癌症，其中致死9.3万人。专家估计，消除这场浩劫的影响最少需要800年。2001年9月11日8:40，基地恐怖分子自杀式袭击纽约世贸大厦和五角大楼，死亡3201人，受伤6291人，经济损失1000亿美元。由法兰西·巴林爵士于1762年创立的巴林银行，拥有233年的历史，1995年2月26日倒闭。起因是新加坡分行经理尼克·里森从1994年开始违规交易，购买日经指数期货，越权超额投机失败，损失14亿美元。

第三节 在风险管理社会风险频率逐渐加快

建立在互联网技术基础上的科技水平越高，发生问题的概率就会越大。组织的内部结构越复杂，产生的摩擦就越大。人们认识世界、改造世界的时间越长久，范围越广泛，对自然的破坏和危害就越大。以上这些因素叠加，就造成了主观的错误多，客观的报应多，过程的损失多，由此导致各种风险的产生。现在是风险多发期、连发期、频发期、爆发期。可以说现阶段，风险发生的速度直线上升，直接影响了人类的生存和发展。2014年全国重点企业和行业领域排查风险隐患共计681.5万起。2014年全国火灾39.5万起，死亡1817人，受伤1493人，直接财产损失43.9亿元。近年全国交通事故500万起，死亡20万人，伤50万人，直接财产损失50亿元。

第四节 在风险管理社会风险冲突直线加剧

由于私有制度、阶级利益集团化、区域化、国际化，导致社会矛盾、政治冲突、环境危害越来越大，出现国际动荡、局部战争、区域纠纷、种族矛盾、民族争端、组织对抗、行业罢工等。当今世界是风险冲突集中爆发的时期。从20世纪到现在一百多年的历史，就爆发了第一次世界大战、第二次世界大战、朝鲜战争、越南战争、四次中东战争、阿富汗战争、伊拉克战争、利比亚战争等，以及乌克兰冲突、也门内乱等。中国的周边也不太平，中印问题、东海问题、南海问题、台海问题等构成地缘风险，在国内则有新疆问题、西藏问题、东西部差距问题、城乡差距问题、贫富差距问题、贪污腐败问题、环境污染问题、诚信缺失问题、新旧体制差距问题、新旧动能转化问题等等。

第五节 在风险管理社会风险竞争日趋惨烈

在市场经济的大环境下，组织之间的竞争、行业之间的竞争、区域之间的竞争、国家之间的竞争是你死我活、悲壮惨烈的。这种情况，为了效益最大化，损失最小化，组织会采取各种措施，争取效益，避免损失，强化风险管理，保证组织稳步健康发展，平稳度过经济的低谷期。中国的中小企业平均寿命2.4年，企业集团7年。每年中小企业倒闭300万家左右。30年以上的企业，全国所剩无几。全球经济危机、中国经济放缓、产能过剩、宏观管理乏力，造成钢铁、能源、房地产等多个行业全面亏损。真可谓"死伤遍地，目不忍睹"。但是在日本，长寿公司数量之多、历史之久令人瞩目。创业史超过1000年的日本企业有7家，超过500年的有39家。2008年，韩国央行发布的《日本企业长寿的秘密及启示》报告显示，全世界寿命200年以上的企业中，有3146家在日本，约占总数的60%。东京商工的调查数据称，超过5万家日本企业历史超过百年，为世界之最。株式会社金刚组是一家1400多年的古老企业。众多日本企业之所以长寿，其秘诀是诚信无欺，精益求精。

第六节 在风险管理社会风险意识不断增强

2014年5月10日，习近平同志在河南考察时强调，要高度重视和防范各种风险，早作谋划，未雨绸缪，及时采取应对措施，尽可能减少其负面影响。风险造成的巨大损失和血泪教训是有目共睹的，它唤醒了人们的风险意识，让人们摒弃了"风险与我无关，风险离我很远"的错误思想，消除了"我不可能产生风险"的侥幸心理，提高了学习风险管理理论，掌握风险管理实践的自觉性，认识到了总结风险管理经验教训，建立风险管理制度的必要性。人们普遍感到，事前防控风险比事后处理危机，要科学、智慧得多。只要按科学规律办事，就能防控风险，增加生存空间和发展能力。要促使国家、组织和个人普遍开展风险管理活动，形成风险管理氛围，建立风险管理个人、风险管理组织、风险管理国家、风险管理世界。

综上所述，我们已经到了风险管理社会，进行风险管理不仅是必须的而且是必要的。要充分认识风险管理的作用和意义，扎实认真地把风险管理推向一个崭新的阶段，在风险管理社会管理好社会风险。

思考讨论题：

1.怎样理解风险管理社会的特点？

2.风险管理社会的特点对社会的影响是什么？

第五章　风险管理原则

风险管理作为系统理论体系和运营操作过程，既是实践与理论的联系问题，又是内外结构相互作用的过程，还是输入产出交互作用，资源消耗与功能发挥的闭合循环。在整个风险管理的过程中，要形成统一的意志和统一的行动，必须制定共同遵守的原则。原则就是纲领，就是准则，必须严格遵守，用原则统一风险管理的思想和行动。没有原则就没有风险管理，没有原则就做不好风险管理。必须充分认识原则在风险管理过程中的意义和作用。

第一节 风险管理价值至上原则

风险管理最为基本、最为重要、最为至上的第一原则是创造和保护价值。衡量风险管理是否适宜、是否有效，最根本的标准就是能否产生价值。产生价值有两个方面：

一、保护价值，少受损失或不受损失

通过风险管理整个过程，即将受到损失的组织各方面价值，使其不受损失或受到较少的损失，不影响目标的实现。要做到这一点，在风险管理过程中，必须堵塞各种漏洞，弥补各种短板，完善各种机制，提升各种标准，强化各种运作能力。如果在风险管理中不能保护价值，减少损失，就会失去应有的作用。2008年汶川8级地震，死伤近45万人，受灾群众4625万人，直接经济损失8451亿元。这么大的地震灾害，造成这么大的损失，最根本的原因是风险意识淡薄，风险预防不到位。但也有例外，四川安县桑枣中学55岁的校长叶志平，风险意识强，预防措施到位。五年前逐年加固校舍。从2005年开始，每学期进行全校地震紧急疏散演习，要求2300名师生在1分36秒之内全部冲出教室。地震时有700名师生在最危险的实验楼。第一个地震波过去后，全校师生按照预演紧急疏散，班长领前五排走教室前门，副班长领后五排走教室后门，哪个班级走哪个楼道，谁前谁后，下快上慢，哪个老师在哪个楼梯拐弯处，老师学生在操场的具体位置都规定明确。全校学生都是11～15岁的孩子，非常难管，但经过预演，都能令行禁止。全校师生撤出后，校舍全部倒塌，人员无一伤亡，堪称奇迹。唯一与演练不同的是，几个高年级的男同学扶着几个怀孕的女老师最后撤出。这在地震史上堪称奇迹。校长叶志平通过前期校舍加固的风险防控措施和地震预演紧急疏散等，在大震来临之际，统一指挥，统一组织，有条不紊，达到了风险预防的目标，保护了全校师生的生命安全，其事迹广为传播。如果全震区的干部群众能够像校长叶志平一样，心里装着生命，组织科学严密，就肯定可以减少损失。可惜大多数人都没有做到。谁说大震不能防控？只要搞好前期预测、预警、预防，就能够减少物质损失，保证生命安全。这就是风险管理的价值所在。

二、创造价值，实现价值最大化和最优化

如果认为风险管理只是消除危害，避免损失，那只是理解了风险管理的一个方面。其实，风险管理更为重要的另一个方面是认识机会，发现价值，优化运作流程，实现各种效益的最大化和最优化，这才是风险管理的最高境界。2014年5月，某企业请我给他的黄河甲鱼养殖场进行风险诊断。这家企业利用修高速路留下的废坑700亩养黄河甲鱼。但是中央出台八项规定后，市场萧条。原先每斤售价60-100元，现在仅有20元，而成本是28元。原先提前订货，现在无人上门，3万只甲鱼无人要。企业发展遇到瓶颈，资金链马上断裂。经过风险诊断我提出了三个办法：一是保持不倒。饲料由从黑龙江购买变为自己生产，所有成本由28元下降并控制在18元以内，36条狗继续看水塘，6名看水塘工人轮流生产饲料。二是迎难发展。取消中间商，直销产品。虽然公款吃喝被禁止，但吃甲鱼的群体还在。只要降低价格，加大销售力度，度过冬天，就可以胜券在握。三是股权融资。敞开大门，保证资金链不断。过了一段时间，公司董事长给我打电话说，已融资500万，直销渠道打开，渡过难关。养殖场又来了14只天鹅，一共28只。

风险管理在整个组织运营中，有两方面的巨大作用，这就是保护价值和创造价值。这两大作用，既是风险管理本身所具有的功能，又是对风险管理最基本的要求。这个要求用原则的形式固定下来，促使人们去认识它、理解它、遵守它。离开了这个原则，风险管理既没有存在的必要，也没有发展的必要，因为它失去了最根本的价值。

第二节 风险管理融合整体原则

组织是由不同的系统、结构、层次、要素有机结合，联系成为一个运行的整体的。这个整体在相互作用中生存和发展。在组织的整个生存和发展过程中，风险管理不是一个独立的、完整的、游离于组织整体之外的部分。风险管理没有独立存在性和外部运作性。世界上没有独立的风险，所有的风险都是组织当中一个部分和一个方面的风险。因此风险管理不能管理组织外部与组织无关的风险，只能管理组织内部与组织有关的风险。这样风险管理就必须融合到组织的整体之中，渗透进组织的所有流程中，嵌入组织的所有节点中。只有这样，风险管理才能在组织中发挥作用。由此说明，风险管理是组织整体的一个有机组成部分，风险管理与组织的整体是不可分离的。任何分离的观点、单独运行的观点都是错误的。认识风险管理是组织整体有机组成部分是非常重要的，必须坚持二者的融合性和有机统一性。否则就会出现组织整体是一张皮，风险管理是另一张皮，这两张皮各行其是、各走其道、无法交集。造成的结果是组织整体由于没有风险管理而受损失，风险管理由于失去组织整体作为对象而丧失存在的价值。坚持二者的统一性和融合性，组织整体就找到了保证健康发展的医生和医院，风险管理就找到了用武之地的对象和天地。坚持二者的统一性不是愿意不愿意的问题，而是必须确定好、必须坚持好，这是根本原则。

由于没有坚持风险管理融合整体原则，吉林化工厂爆炸，就差一锨土，引起了城市恐慌，甚至引发国际纠纷。2005年11月13日，吉林省吉林石化公司双苯厂的苯胺装置硝化单元着火，并发生连串爆炸，6死22伤。化工区数以万计的居民需要紧急疏散。初步查明原因是，装置发生堵塞，循环不畅，因处理不当而发生爆炸。由于工厂门口没有堵住含苯毒水，使其流入松花江，污染水源。11月23日哈尔滨停止供水，居民抢水。市政府对纯净水购销实行日报制。随后污染水流入俄罗斯，遭到俄方抗议。追根溯源，如果有职工铲上一锨土堵住大门口不让毒水外流，后续的水源污染事故就不会发生。但是谁都没有想，谁都没做。结果，引起了哈尔滨城市的恐慌，导致了国际事件。如果全场每个职工都能够把风险管理融合在思想里，落实在行动上，就不会出现如此重大的事件，酿成无法挽回的国际影响。

由于没有坚持风险管理融合整体原则，就差一句话，青岛输油管道爆炸，导致惨重血案。2013年11月22日上午10时25分，位于青岛经济技术开发区秦皇岛路与斋堂岛街交叉口处的东黄输油管道原油泄漏现场发生爆炸，造成63人遇难、156人受伤，直接经济损失人民币7.5亿元。经中石化东黄输油管道泄漏爆炸特别重大事故调查组认定，事故发生的直接原因是：输油管道与排水暗渠交汇处管道腐蚀变薄、管道破裂，原油泄漏流入排水暗渠，现场处置人员采用液压破碎锤在暗渠盖板打孔破碎，产生撞击火花，引发暗渠内油气爆炸。这时如果有人劝一句，通一下风，也不会造成如此重大的灾难。11月30日青岛市黄岛区人民法院对被告人邢玉庆等8人重大责任事故、被告人李本哲等6人玩忽职守系列案件做出一审判决，分别判处4案14名被告人有期徒刑五至三年不等的刑罚，48人受到严重处理。

第三节 风险管理构成决策原则

　　组织的实践活动在漫长的发展过程中，在很多情况下，输入的成本大，输出的价值小，有的还造成极大的损失。由于人们对输出结果的不满意，由此导入风险管理，对事后的风险结果进行评估和总结，以此分析总结出过程的成败，作为下一个运作过程的经验教训加以吸取，这就是事后风险管理，它也可以发挥较大的作用。人们在事后风险管理中发现，有许多风险是在事中发生的，如果事中进行风险管理，效果会更好，由此风险管理在事后管理的基础上推进到事中风险管理。加强事中风险管理比单纯加强事后风险管理成效更为显著，这样，风险管理就变成了事后风险管理和事中风险管理。当加强事后和事中风险管理后，还有许多风险无法防控，因为这些风险是发生在事前的。事前的风险对组织的影响更大，造成的损失更多，由此推动人们在事后、事中风险管理的基础上，往前推动一步，形成事前风险管理。这就是全面风险管理发展的历程，其逻辑顺序是，由事后风险管理推进到事中风险管理，由事中风险管理推进到事前风险管理。事前、事中、事后风险管理形成全面风险管理的完整体系。具体区分它们的地位和作用，事前风险管理大于事中风险管理，事中风险管理大于事后风险管理，三者有机联系，不可分割，是一个系统整体。问题的关键是事前风险管理管什么，怎样管。概括地讲有以下两点，一是管发展方向，二是管决策正确。在这两点中，把风险管理融入决策之中，是最为关键的核心。要保证决策的成功，必须纳入风险管理的理论和实践。一个组织的决策，主要是决定组织发展的战略方向、优先次序、运作路径和达到的目标。在这些决策内容中，只有对其进行科学具体的风险评估，才能够优化决策方案，保证决策执行，实现决策价值和效益。因此风险管理是决策的重要组成部分，风险管理与决策不可分割。离开了风险管理，决策就会失误。决策失误，一错百错，整个组织运行就会失败。因此，在任何时候、任何情况下都要把风险管理融入决策的过程之中，都要把风险管理作为决策的有机组成部分。只有这样，决策才具有准确性和时效性。

南辕北辙的典故，讲的就是决策拒绝风险管理的悲剧。从前有一个人要从魏国到楚国去。他带上很多的盘缠，雇了上好的车，驾上骏马，请了驾车技术精湛的车夫，就上路了。楚国在魏国的南面，可这个人不问青红皂白让驾车人赶着马车一直向北走去。路上有人问他的车是要往哪儿去，他大声回答说："去楚国！"路人告诉他说："到楚国去应往南方走，你这是在往北走，方向不对。"那人满不在乎地说："没关系，我的马快着呢！"路人替他着急，拉住他的马，阻止他说："方向错了，你的马再快，也到不了楚国呀！"那人依然毫不醒悟地说："不打紧，我带的路费多着呢！"路人极力劝阻他说："虽说你路费多，可是你走的不是那个方向，你路费多也只能白花呀！"那个一心只想着要到楚国去的人有些不耐烦地说："这有什么难的，我的车夫赶车的本领高着呢！"路人无奈，只好松开了拉住车把子的手，眼睁睁看着那个盲目上路的魏人走了。那个魏国人不听别人的指点劝告，仗着自己的马快、钱多、车夫好等优越条件，朝着相反方向一意孤行。那么，他条件越好，他就只会离要去的地方越远，因为他的大方向错了。

从这个故事中我们可以得到这样的启示：当你做出一个战略决策时，战略方向是否正确？战略目标是否科学？战略措施是否得力？战略行动是否落地？这些都是至关重要的因素，都需要风险管理。在这里，风险管理的主要任务是风险评估，具体地讲就是评估战略方向是否正确，达到战略目标的各种资源是否具备，组织在发展的过程中是否既能达到目标，又能健康平稳的发展。

在现实生活中，很多人不懂得用风险管理来管理决策，凭主观臆断、拍脑袋决策，或者对未来评估不够，凭想当然决策，其结果只能是以失败而告终。柯达集团在1991年时拥有领先世界10年的先进技术，是世界500强企业，但2012年公司破产。实际上公司已经发明出了数码相机。但是是发展胶卷还是数码相机？公司在战略决策时没有引入风险管理，没有对战略决策进行科学的风险评估，结果是自己的发明把自己埋葬。巨人集团董事长史玉柱在珠海盖巨人大厦，决策时，拍脑袋，偏听偏信领导的话，而不懂风险管理，把大厦规划由30层加到近70层。结果导致资金链断裂。三株集团董事长吴炳新拥有15万职工，企业年销售收入80亿元，曾是民企纳税第一人。但是因为没把风险放在眼里，更没放在决策里。结果被湖南常德的一张小报打败。一夜之间，所有产品下架，15万职工作鸟兽散。我曾对一家企业做风险诊断，企业有八个服装店不做，却跟风、跟趋势，改为做会所，决策风险极大。首先选址错误，在一个排洪沟边上；约客户成本大；自打井不允许；污水排泄不规范；餐饮经营无执照；在泄洪坝旁建会所，洪水威胁大。其次舍品牌代理之长，做私人订制之短。大家都说，做会所很时髦，私人订制很时尚，企业老板脑袋一热，没经过风险评估就干了。结果只能是自毁前程。有人说，只要跟风，风口上的猪会飞起来。问题的关键是，就是在风口上，也不是所有的猪都能飞起来。就是飞起来也是猪。飞起来的猪肯定飞不远，而且一旦摔下来，肯定粉身碎骨，一败涂地。

第四节 风险管理不确定性原则

风险管理的核心是揭示不确定性对目标的影响。这其中的关键是阐明不确定性。把不确定性阐明了，对性质的不确定、时空的不确定、后果的不确定、频次的不确定研究透彻，集中起来研判这些不确定性对目标的影响，区分正向的影响和负向的影响，找出发挥正向影响的办法，限制负向影响的措施，并加以实施。这样，不确定性尽管从哲学上讲，由于事物的无限性，不能完全阐释清楚，但在保证实现目标上都能够得到有效的掌控。风险管理说到底就是认识不确定性，理解不确定性，掌控不确定性，使其影响目标的因素在一定时空条件下能够确定。这是一个由不确定性到确定性，由新的不确定性再到新的确定性的循环往复的闭环过程。风险管理就是在这个闭环过程中，紧紧抓住不确定性，为实现目标提供条件和环境。这条原则说明了风险管理的核心内容，必须认真加以对待。

第五节 风险管理系统适时原则

风险管理是一个结构完备的有机系统。坚持风险管理的结构功能和系统运作是保证成功的关键。从总体上讲，风险管理有决策授权系统，计划协调系统，执行操作系统，监督检查系统，沟通报告系统等。这些系统纵向组成有机流程，横向构成架构结点。横向作用，纵向联动，有机运作，才能够达到风险管理的效果。因此，我们必须坚持风险管理的系统性和结构性。简单地把风险管理理解成一项活动，一个独立的运作项目，这是错误的。我们要认真研究风险管理的系统性和结构性由此产生的标准、功能、制度、机制、策略等，才能在全局上和整体上把握风险管理，认识其科学性和使用价值。由于风险管理是面对未来的不确定性，管理的是风险的变动性，因此风险管理在坚持系统性和结构性的基础上，还要坚持适时性的原则。要随时根据变化了的风险和有可能出现的新的不确定性，随时调整风险管理的目标，随时变化风险管理的策略。只有这样，才能够将风险真正掌控住。否则，风险变化了，不确定性转移了，还墨守成规的在原地不动，死板教条，这样就会失去风险管理应有的作用。在任何时候任何情况下，风险管理都要坚定不移地坚持系统原则、结构原则和适时原则。

第六节 风险管理信息基础原则

风险管理是以信息为基础的。没有信息就无法进行风险管理。信息作为风险管理的输入，主要包括历史数据、行业现状、组织内外各种关联、组织内部的结构、流程结点、方针办法、经验教训、专家判断等。把一切有关组织风险的信息梳理、集中起来进行风险识别、风险分析和风险评价。没有这些信息，风险管理就是无源之水，无本之木，就缺乏去伪存真、去粗取精、反复提炼加工的基础。搜集信息，整理信息，按照风险管理的流程消化加工信息，就能够明确风险的后果、风险的原因、风险的可能、风险的频次。信息作为风险管理的基础，会随着时空条件的变化而变化发展，要注意梳理新情况和新信息，更替失去作用的旧情况和旧信息。组织发展到哪一步，信息的搜集、梳理、加工就发展到哪一步，并将这些信息及时有效地进行评估和处置。只有这样，才能实现风险管理的目标。总之，信息是风险管理的基础，风险管理必须牢牢抓住这个基础，运用好这个基础。运用信息是一个过程，也是从低级到高级，从初步到深入，从局部到全面，从个性到共性。要把握信息基础的这些特点和过程性，为我们在风险管理中科学有效地掌握信息奠定基础。

第七节 风险管理透明包容原则

风险管理是组织内外相关方所有人员共同的任务。因此，对风险管理的一切信息，针对不同的层次，在一定的时空条件下，对相关人员应该全部公开，增加风险管理的透明度。在这个过程中，根据不同层次，风险管理的不同目标，允许相关人员发表不同的建议和意见。要做到知无不言，言无不尽。在一定范围内对风险管理现状、运行和目标，允许展开各种不同形式的沟通讨论，分析研究，归纳总结。允许百家争鸣，百花齐放。决不能控制信息，堵塞言路。在这个过程中，由于人员知识结构的不同，专业方向的区别，要有一个提高风险管理水平，达成共识的途径和渠道，不能家长制、一言堂，只有一个声音。但是，风险管理是分层次、分方面的，在什么层次、在什么方面讨论什么问题，要有所区别、有所划分，不能一概而论，暴露和传播不该暴露和传播的信息。由于组织的发展是一个过程，要保持组织发展过程中，风险管理的透明度和包容度，要适应组织内部环境和外部环境的变化，使风险管理过程能够适应变化的组织过程。另外，风险管理过程是一个循环往复、不断发展的闭环形态，要坚持风险管理的变化性和方向性，要采取一切办法对风险管理过程进行定期或不定期的检查评审，发现问题及时有效科学地进行改进完善。坚持风险管理的持续改进，是保持风险管理适宜性和有效性的保障。改进了的风险管理过程还要按照风险管理的框架流程，持续地监督评审，不断改进。只有这样，风险管理才能从低级走向高级，从初始走向成熟。在这里，坚持风险管理的透明原则、包容原则、循环原则、监督原则、改进原则，都是非常必要和重要的。

思考讨论题：

1.风险管理有哪些基本原则？

2.风险管理原则体现的精神实质是什么？

第六章　风险管理框架

　　风险管理是一个完整、闭合的循环系统。这个系统表现为风险管理框架。所谓风险管理框架是指：为设计、执行、监测、评审和持续改进整个组织的风险管理提供基础和安排的一组构成。基础包括方针、目标、授权和对风险管理的承诺；组织的安排包括计划、相互关系、责任、资源、过程和活动。风险管理框架被嵌入到组织的所有战略、运营方针及实践中。在人类社会的发展史上，在全世界范围内，明确揭示风险管理框架是一个伟大的创举和具有历史意义的里程碑。它从总体上阐述了全社会所有风险管理的动态过程。这个框架揭示了风险管理构成的基本要素、闭环运行的路径，各结构要素相互作用的动态关系，先后次序和每一步作用与运动的内容、标准和制度安排。它按照事物发展的一般规律，科学揭示风险管理的内在本质关系和必然趋势，符合马克思主义的认识规律、真理规律，符合马克思主义唯物辩证法。其具体运行就一个框架的闭环运行周期来讲，是由肯定到否定、由否定到肯定，周而复始，波浪式前进，螺旋式上升，是唯物辩证法否定之否定规律的具体体现。

　　风险管理框架作为内部相互依存、相互作用的闭环运行，是由五个方面的职能机构和运作结点构成的。它的运行有机联系不可分割。一是决策机构的授权与承诺。在风险管理原则作为输入的基础上，风险管理的决策机构必须明确阐明，授权与承诺的总体方向和根本要求，这是风险管理框架运行的基础。二是策划机构的总体设计。在决策机构授权与承诺的基础上，经过策划机构对风险管理框架和运营的精心策划，通过与决策机构的反复沟通与讨论，形成风险管理框架的总体策划思路和具体运营路径。三是执行机构实施风险管理，具体由两方面组成：一方面从总体上实施风险管理框架，另一方面从具体上实施风险管理过程。从总体上实施风险管理框架是对一个组织整体而言的，从具体上实施风险管理过程，针对的是组织内部不同层次和方面的风险管理流程。四是监督机构的监督评审。在实施风险管理的总体框架和风险管理的具体过程中，监测机构要对总体框架和具体过程进行事前、事中、事后的监督与评审，并且根据实际需求，定期或不定期地进行总体和局部的监督和评审。五是改进机构的持续改进。在风险管理框架的整体运行和风险管理过程的具体实施中，不断反复的监督与评审，在发展的过程中会出现许多新情况、新问题。对这些新出现的情况和问题必须进行反复的持续的改进，使之符合风险管理的要求。在持续改进的基础上，一个风险管理框架运行结束，就是下一个风险管理框架运行的开始。这样，一个循环接着一个循环，一个过程接着一个过程，无限地循环往复运转下去，就会使风险管理框架得到优化和提高，完成风险管理的历史使命。

第一节　风险管理框架的授权承诺

授权与承诺是风险管理框架的基础。一切的风险管理运行都是在这个基础上建立的。同时它又是风险管理框架的总体决策。这个总体决策是否正确，既关系风险管理框架的基础，又关系风险管理框架的大局和方向。因此，决策者对风险管理框架的授权与承诺至关重要。具体来讲，授权与承诺的主要内容有：

一、阐明风险管理方针

风险管理方针指的是一个组织在风险管理方面的所有意愿和方向的陈

述。授权和承诺进行风险管理时，必须从总体上明确组织在风险管理方面总体的意图、发展的方向、基本的路线、遵守的方针等。这是进行风险管理的第一步，也是最根本的一步，也是最关键的一步。

二、使组织文化与风险管理一致

任何一个组织都有区别于其他组织的独特的文化背景、文化内容、文化层次、文化方向、文化范围和文化传递。这些是保证组织正常运行的内生聚力。它是在主观作用于客观的过程中产生和发展起来的。不了解一个组织的文化，就难以和这个组织融合在一起。风险管理方针是建立在组织文化的基础上的，它只有和组织的文化相融合，才能够共同促进组织的运行和发展。因此，决策机构在制订风险管理方针时，必须首先明确风险管理方针与组织的文化是否融合，怎样融合，融合到什么程度。不与组织文化相融合的风险管理方针，在风险管理过程中不会起任何作用。

三、决定风险管理全部绩效指标

风险管理必须具有有效性，必须创造和保护价值。决策机构在授权和承诺时，必须清楚地制订风险管理的标准和考核指标。要有绩效方面的明确要求。不进行绩效考核，风险管理是没有任何意义的。决策者在制订风险管理绩效考核指标时，要与组织的绩效考核指标相一致。两个指标考核体系，表现形式尽管不同，其本质内容是一致的。割裂二者的一致性，二者都不会达到考核的目标。

四、风险管理与组织目标相一致

风险管理根本目的就是保证组织目标的实现，保证组织战略任务的完成。决策者在制订风险管理目标时，必须始终瞄准组织的目标和战略。风险管理目标的实现既与组织目标实现相一致，又是组织目标实现的有力保证和补充。保证和补充的作用与意义重大。没有它，组织的目标就难以实现。

五、 全力确保法律法规的符合性

要保证风险管理框架运行的科学性和有效性，决策者在授权与承诺的时候，必须明确法律法规的范围、框架。所有的风险管理活动必须在法律法规的范围框架中进行，必须与相联系的各级各类各个方面的法律法规相符合。这是建立风险管理框架的底线。超出了这个底线，授权承诺就是错误的。如果风险管理方针是错误的，那么风险管理框架就也是错误的，风险管理的过程更是错上加错。法律法规既是红线又是底线，还是笼子。所有的一切，风险管理都必须在这个范围之内进行，不可越过雷池半步，否则，做任何意义上的风险管理都会失去应有的价值和作用。

六、组织内部分配管理责任职责

风险管理框架在运行过程中，有五个方面的层次需要区分。这五个层次都要建立相应的机构，赋予相应的责任和权利。职责不明，职权不清，分不清义务和权利的关系，就会产生风险管理内部职责作用的摩擦与内耗。这是在风险管理的过程中产生的风险。这是风险管理的绩效难以达到期望目标的原因。风险管理框架五个方面的层次主要是：决策机构的责任和职权、策划机构的责任和职权、执行机构的责任和职权、监督机构的责任和职权、改进机构的责任和职权。这五个层次职责和职权各不相同，又紧密联系，必须实现其既能分工又能合作，分能分得开，合能合得起。只有这样，风险管理框架才能有效运行。建立风险管理内部不同职责、不同层次的责任和职权，是风险管理决策机构的任务。建立得科学不科学、合理不合理，是检验风险管理决策机构授权与承诺水平的主要标志。

七、确保风险管理必要资源配置

做任何事情都是有成本有消耗的，没有资源的投入就没有效益的输出。决策者在进行授权和承诺时，必须配置相应资源，主要包括人力资源、物力资源、财力资源，保证风险管理框架的正常运行。资源配置在风险管理中作用巨大。资源配置不够就会影响风险管理的成效，资源配置过多就会形成新的浪费，过犹不及，它本身就产生损失和风险。因此，合理配置资源时，需要决策者做大量的调查研究工作。另外，决策者在资源配置时，还要充分考虑组织自身的资源承受能力。巧妇难为无米之炊。有什么样的资源情况，就进行什么样的资源配置。绝不可好大喜功，贪大求洋，超出承受范围。

八、与利益相关方沟通风险情况

风险管理是一个牵涉到内外相关方各方面利益的活动。由于组织内部结构的复杂性，外部联系的广泛性，因此要组织其利益方的各个方面，同心协力进行风险管理，做好各个方面的工作。决策者在授权与承诺时，一项重要的任务就是阐述风险管理的有效性，宣传风险管理对利益相关方的有益性，使各方面利益相关方充分认识风险管理的积极作用，积极支持，认真拥护风险管理各方面工作的开展。同时，各尽其能，各用所长，共同参与到风险管理的过程中来，把风险管理变成各利益相关方都必须认可和积极参加的活动。只有这样，决策者的授权与承诺才算达到了目标。否则，失去利益相关方支持的风险管理，就会变成不成熟的风险管理，失去任何意义，没有任何价值。

九、确保风险管理框架持续适宜

风险管理框架的建立是一个艰难曲折的过程，需要方方面面的努力才能取得成效。决策者在授权与承诺时，首先要保证框架基础的建设。在此基础上调动人力资源，建立不同的层次机构；调动物力资源，实现各项保障措施的到位；调动财力资源，保证各项活动顺利进行。在整个过程中，以上这些是最为基本的。在此基础上，随着内外环境的变化，各种因素的此消彼长，要随时对框架结构进行检查梳理、整顿调整，使其适应变化了的新情况、新环境，使其适应发展了的组织的现状和要求。决策者的授权和承诺，必须保证风险管理框架的适宜性，必须保证变动的风险管理框架适应变动的组织结构和环境条件。风险管理框架失去了适宜性就从根本上失去了存在的价值和意义。

第二节 风险管理框架的总体设计

在风险管理框架中，决策者的授权与承诺作为输出，是风险管理框架总体设计的输入。设计机构根据决策机构关于风险管理的意愿和表述，进行风险管理整体框架的全面设计。设计这个环节在风险管理这个框架中是最为核心的结点，设计的好坏关系着框架的成败。在总体设计过程中，设计机构和决策机构在核心问题上，要反复磋商，达成一致。总体设计是对风险管理框架不断认识，再次反复认识的过程。设计机构要付出大量的心血，搜集各方面的信息，反复酝酿计划。这个计划在制订的基础上，要经过决策者的审批，要经过实践的检验，在不断的反复中达到最优化。具体地讲，有如下六个方面：

一、了解组织内外环境

设计机构在进行总体设计时，首先必须了解和掌握组织的内部环境和外部环境，明确和理解组织的内部结构所有信息和外部因素与影响条件。只有把组织的内外情况把握深刻，才有可能在此基础上制订组织的整体风险管理计划，才能设计出科学的风险管理框架，才能够适应组织生存和发展的要求。

（一）要了解和把握组织外部环境的主要内容

主要包括但不限于：社会和文化、政治、法律法规、金融、技术、经济、自然环境、竞争环境等。以上这些因素既包括局部的区域性的，也包括国内的国际性的。要特别了解和把握对组织目标实现，对风险管理发展有重大影响的关键因素和趋势，要了解和把握所有外部利益相关方的关系，它们的价值观、行为取向、对组织文化的感知、对风险管理的认识差别。了解组织外部情况，要既讲全面又讲重点，既讲一般关联又讲紧密联系。是重点性和全面性的结合，是一般性和个别性的结合。

（二）要了解和把握组织内部环境的主要内容

主要包括但不限于治理结构、组织层次、岗位和责任；组织的方针、目标、战略；能力、资本、过程、系统和技术；信息系统、执行系统、决策系统及其他系统；组织所采取的标准、指南、模型、工具、合同；组织的生存文化、发展文化；组织内部各利益相关方相互之间的认知观、价值观、法制观等。组织的内部环境是设计机构总体设计的重要基础。不同的组织有不同的内部环境和结构，有不同的运行方式和发展路径。只有把组织的内部情况完全彻底地掌握，与外部环境相结合，共同作为总体设计的基本信息，设计机构才能够做好符合组织实际情况的总体设计方案。

（三）要了解和把握组织内外环境的重要意义

环境是组织存在和发展的基础，同时也是风险管理的基础。没有对内外环境的建立和掌握，风险管理就没参考的背景。只有建立环境，掌握环境，适应环境，顺应趋势，风险管理才能发挥作用，否则，就会成无源之水，无本之木，最终的结果，只能是死路一条。称霸地球1.6亿年之久的恐龙，就因为不适应环境而灭绝。英国生物学家达尔文在1859年出版了《物种起源》一书。这本书最为核心的观点，就是物竞天择，优胜劣汰，适者生存。就是说万事万物都在竞争，但是能选择留下来生存和发展的，不是物种自身，而是环境。只有适应环境才能生存。恐龙称霸地球1.6亿年之久，有800余种，生活在距今大约2亿3500万年前的中生代，又被称为恐龙时代。但是到了6500万年前，小行星撞击地球，气温下降，植物减少，恐龙无法适应，全部灭绝。国家和组织也是如此。2015年3月27日，我会见美国培普丹大学教授克瑞斯博士。他说，美国现在看起来很强大，其实就是恐龙。如果不适应多极发展的全球环境，不适应中国崛起的现实，就会衰败下去。适者生存，这是铁的不二法则，是不以人的意志为转移的客观规律。

国家税收既是生存环境又是经商环境，其对人民生活和企业生存发展有重要影响。"苛政猛于虎"的故事讲的就是生存环境问题。《礼记·檀弓下》中有《苛政猛于虎》一文，记载孔子和弟子子路路过泰山时，遇到一名身世凄惨的妇女的故事。当地虎患严重，可就是因为其他地方有国君苛刻的暴政，所以她和亲人宁愿一直住在这里。以至于后来竟有多人连同她的亲人都被老虎咬死，只剩下她一人对着亲人的坟墓哭泣。全文以叙事来说理，深刻揭露了暴政对人民的残害。后来从这个故事中引申出了"苛政猛于虎"的成语，意思是反动统治者的暴政比吃人的老虎更加可怕。"今日无税"的故事讲的就是经商环境问题。"今日无税碑"是位于现在的山东省淄博市周村区大街的一块六角形石碑，为清朝李化熙所立。清朝初年，这里是商业中心，但苛捐杂税沉重。清朝刑部尚书李化熙建议皇帝下令免除周村市税。顺治皇帝说，免一天市税。一日无税怎么能保长期繁荣呢？于是，李化熙改为"今日无税"，刻成石碑，立于市中，晓谕众人，奉谕立碑，违令者严办。一时间，无人再敢收税。周村街上做买卖不收税的消息越传越远，四面八方的商人都赶来周村设立铺号，贸易越来越兴盛。数年后，李化熙辞官还乡。他看到周村街市面繁荣，心里非常高兴。看到那"今日无税"的石碑，又有些后怕，他心里最清楚这四个字的来历和内涵。为了不使周村街商家再受欺负，他慷慨解囊，代替商家纳税。他还向商人们承诺，在离周村二百里遇上路劫，由李府找回财物，分文不取。李化熙死后，他的儿子李溉之、孙子李斯佺、曾孙李可淳又是一辈接着一辈代完市税。李氏家族代完市税持续了至少七代人，大约二百年时间。周村无税的佳誉风传遐迩，四方商人相约结伴径奔周村。周村成了商贾云集的"旱码头"。据史料记载，1723年（雍正元年）周村一个月的税收额曾相当于山西省一年的税收。康熙年间周村已拥有72条商业街，八大专业市场。丝市街、绸市街、油店街、棉花街、银子市等专业市场命名的街道就有36条之多。今天，仍然能够看到"今日无税"碑立于大街的北首，这块六角形石碑见证了周村成为中国历史上第一个"保税区"的历史。

天气环境对战争的影响至关重要。这是自然环境问题。1941年6月22日德国进攻苏联，不到半年苏联损失数百万军队。11月德军推进到莫斯科附近，古德里安的先遣营用望远镜能看到红场的楼顶。这时，苏联冬季提前到来，严寒的冬天零下四十度，德军没有做好冬季作战的准备，士兵穿的都是单薄的衣服。中央集团军冻死8万人，冻伤15万人，共计23万人，坦克装甲车大多数被冻住不能动弹。没有了解自然环境，直接导致德军在苏联战场的失败。

不建立环境、掌握环境、适应环境，对外合作只能以失败告终，这是投资环境问题。改革开放30多年来，无论是国有企业，还是民营企业，无论是国内投资，还是国外投资，75%以失败而告终。原因就是不建立环境、掌握环境、适应环境。比如中国某电力公司在伊拉克建电厂，快建成了，武装部队也打到厂门口。没有办法，只能动用国家力量撤退，丢下数亿元设备物资，好在人员没有伤亡。这是不掌握政治环境导致失败。再如中国某公司到某国家修铁路，一切手续都办好，就是开不了工。原因是法律规定，每年10月到次年3月是青蛙冬眠期，不能动土。要等到次年3月才能动土，而且还必须先修好青蛙穿越铁路的天桥。另外，修路工人必须是不吃猪肉的，在国内又找不到这么多工人，工期延误，违背合同，损失惨重。这是不掌握法律、宗教环境导致失败。

二、建立风险管理方针

决策机构在建立风险管理框架授权和承诺中，具有制订和审批风险管理方针的职责。在这里决策者只是从总体上提出方针的框架和总体意愿，他们更多的职责是审核方针的科学性和有效性，批准方针的贯彻执行。设计机构主要职责是在领会决策机构基本意图的基础上，通过广泛深入的信息搜集和整理，结合内外环境现状，具体制订风险管理方针。风险管理方针应该清楚地表述组织的目标对风险管理的根本要求，风险管理实施对组织目标的保障和促进作用，具体有如下内容：组织风险管理实施的历史依据、现实依据、发展依据；组织的目标与风险管理的目标，组织的方针与风险管理的方针之间的联系；风险管理的各个层面的责任和职责；处理风险管理过程中，各利益方之间冲突的方式和路径；对风险管理不同层次、不同活动、不同过程提供必备资源的各种保障；测量和报告风险管理绩效的方式方法和路径渠道；评审改进风险管理框架的机制、方式和标准；与各个方面进行沟通报告的规定要求，实效时限等。

三、明确责任配置资源

设计机构要根据授权和承诺，具体而又完整的设计出风险管理总体框架的组织构成，并将不同层次组织构成的权利和义务、责任和权限划分清楚，规定明确。针对职责和权限，要制定出各自不同的绩效考核的量化标准和测量流程，实现对风险管理不同责任人的有效考核、监督和提升，实现奖优罚劣、鼓励先进、鞭策后进的奖惩机制。同时要根据不同层次的风险管理机构职责权限、工作性质、工作标准，配备与之相适应的各种资源，实现活动与职责、职责与资源的最优配比。这个配比要有量化标准，要有考核机制，要有验收流程，要有检查监督制度。

四、嵌入组织所有过程

设计机构在设计风险管理总体框架时，要树立全面融合、全面嵌入的思想。要根据组织的总体框架，把风险管理框架融合嵌入其中。要根据组织的运行过程，把风险管理过程融合嵌入其中。要根据组织的结点、层次，把风险管理的具体方式、方法融合嵌入其中。设计机构在进行总体设计时，解决的重点和难点问题是，如何融合嵌入，融合嵌入到什么程度，融合嵌入的标准和流程有哪些。解决了这些重点和难点问题，才能将风险管理科学地融合嵌入组织的所有方面，实现无缝对接，零距离有机整合。

五、建立内外沟通机制

风险管理的过程是一个指挥、控制、协调的过程。在这个过程中，无论是框架还是过程，无论是整体还是部分，无论是内部还是外部，都是一个通过沟通报告实现的问题。沟通和报告是风险管理的灵魂。只有通过沟通和报告才能够统一思想、协调融合、解决纷争、形成合力。在总体框架设计阶段，就必须建立沟通制度、报告流程。要建立沟通和报告机制，并形成有效的监督。风险管理任何一个结点和层面出现问题，都需要通过沟通和报告来解决。在沟通和报告过程中，要区分内部沟通报告制度和外部沟通报告制度；向上沟通报告制度和向下沟通报告制度。这四个方面的沟通报告制度各有特点，各不相同，不能混淆，在设计时就必须做出明确的区分和清楚的规定，使之标准化、制度化和有效化。

六、制订风险准则计划

风险管理准则是评价风险程度的参考依据和衡量标准。组织应确定风险管理准则，用于评价风险的重要性。风险管理准则应反映组织的价值、目标和资源。某些风险管理准则，直接或间接反映法律法规要求和组织需要遵循的其他要求。风险管理准则应与组织的风险管理方针一致，并应在开始任何风险管理过程之前确定，同时要得到持续评审。制订风险管理准则，主要包括如下九个方面的内容：（1）测量风险原因后果。（2）

确定风险发生可能。（3）确定风险发生时限。（4）确定风险不同等级。（5）利益相关方面意见。（6）风险接受容忍程度。（7）多个风险组合方式。（8）遵循内外法律规范。（9）符合组织战略方针。

制订风险管理计划，主要是实现风险管理的操作落实。组织的任何风险管理活动都要制订科学严密的具体计划。这个计划主要包括如下七个方面的内容：（1）风险管理预期目标实现。（2）风险管理组织人员落实。（3）风险管理活动组合流程。（4）风险管理资源需求分配。（5）风险管理绩效测量奖惩。（6）风险管理报告监测要求。（7）风险管理时机日程安排。

第三节 风险管理框架的具体实施

实施风险管理主要包括两个方面：一是实施风险管理框架，二是实施风险管理过程。实施风险管理框架是针对组织整体运行而言的，实施风险管理过程是针对组织内部一个侧面或一个流程而言的。二者一个是整体，一个是部分。但在实施风险管理时，对风险管理的整体框架和具体过程都要同时进行。

实施风险管理整体框架时，组织应该重点把握以下内容：一是为实施框架确定适当的时间安排和战略。实施风险管理整体框架是一个复杂的过程，对时间安排、日程区分要有整体统筹的计划。什么时间开始实施框架？不同的组成部分在实施过程中有哪些不同的计划要求？不同时间长度的具体安排是什么？什么时间实施完框架？也就是说，开始阶段、进行阶段、结束阶段要有总体的安排和计划。在实施风险管理框架时，要始终把握实施框架的长远目标和战略发展。要结合组织的自身实际情况，按照总体设计的要求，扎实有效的往前推进。在这里要处理好时间与进度的关系、战略目标与不同阶段的关系、计划与变化的关系。要稳中求进、进中求胜。二是要将风险管理方针应用到组织的过程之中，要符合法律和监管的要求，要符合风险管理的总体意愿和表述。只有将它融合嵌入到组织运行的整个过程当中，才能够达到风险管理的目的。风险管理方针的落地操作是一个艰苦细致的工作，必须切实认真地做细、做实、做好。同时，组织运行中要遵守一系列的法律法规和各个方面的监管要求。由于实施框架的过程性、具体性和复杂性，落实风险管理方针、法律法规和监管要求，会有诸多的困难和阻力。不用管有什么困难和阻力，都必须在法律法规范围内实施，都必须符合各方面监管的要求，决不能跨越界限，闯入雷区，造成损失。三是确保实施框架时所有决策与风险管理的目标相一致。在落实框架时，要做出一系列的行动决策和具体安排，要协调各方面不同利益群体的关系，要制订适应实际需求的策略和方法。这一切都必须符合框架的总体设计要求和组织战略方针的要求，都必须与风险管理要求的结果保持高度的一致。因此，在整体框架实施过程中，根据具体情况做出的各种决策，必须与总的要求和原则相对照、相检查、相修正。只有这样，才能确保结果的一致性。四是提高素质，掌握信息，加强沟通，确保风险管理框架的适宜性。在实施风险管理框架时，要搜集和占有大量的时刻在变化着的基础信息。要将有用的信息提炼加工、补充丰富到框架的实施之中。要对实施框架的所有人员进行有针对性的理论培训、实操培训，使其整体素质适应实施框架的要求。由于人员素质参差不齐，或者基本素质不高，很有可能使非常科学的框架难以有效的实施。人的问题是实施框架的根本问题。必须提高他们的认识，提高他们的能力，否则就会事与愿违、事倍功半。另外，要加强框架实施过程中的沟通、咨询、报告，要及时发现实施框架的各种问题，研究实施框架的各种情况，调整实施框架的各种策略方法，保证实施框架在组织发展中具有适宜性。

在实施风险管理整体框架的同时，要实施风险管理过程。风险管理过程是在组织的各个层面、各个条线进行的。对这些具体的风险管理过程，组织要在各个层面和各个条线上制订出具体详尽的计划。要组织相关人员，调动相关资源，认真加以推进和落实。实施风险管理过程尽管是实施风险管理框架的一个组成部分，但它也有独立的体系、阶段和流程，它具有独立的运行路径和操作策略。由于在下面的章节中还要详尽论述，在这里简略。

第四节 风险管理框架的监测评审

在按照总体设计实施风险管理框架的过程中，必须进行监测和评审。监测是指持续检查、监督、观察或确定状态，以识别所要求或期望的绩效水平的变化。评审是指为实现所建立的目标而进行的确定适宜性、充分性、有效性所采取的活动。监测与评审都可应用于风险管理框架、风险管理过程。监测和评审在风险管理过程中主要的作用是：第一，确保风险管理的有效性。风险管理应用于组织的全部过程，是否有效，要通过监测与评审来实现。监测机构要定期或不定期地按照风险管理的各项指标来监督和评审，在实际的风险管理过程中是否达到标准和要求？如果没有达到，是什么原因造成的？应该怎样才能达到？在组织运行过程中，实现风险管理目标是一个漫长的过程。这其中有许多变量影响目标的实现。监测和评审就是致力于解决二者的关系问题，弄清情况，找出根源，提供办法。第二，防止风险管理的偏离性。监测机构要密切跟踪风险管理的进度，一方面要帮助组织按计划推进行程，在风险管理的时间上要有确切的保证，另一方面要监测评审风险管理的发展方向，测量评价实际的发展方向与计划的发展方向是否有偏离，偏离程度有多大，是什么原因造成的偏离，怎样解决这些偏离。第三，报告风险管理的进展状况。通过监测和评审，确定风险管理的进展状况，明确风险管理的各项发展指标，找出风险管理实施中的各种问题。在此基础上，要按要求形成不同的报告，与上级和下级相关机构、内部和外部相关利益方进行有效的沟通和汇报，使整个风险管理的所有相关联的方面，对风险管理的进程、目标实现的情况、其他相关的问题，有个明确的了解和认识，为在风险管理过程中做出新的计划和安排奠定坚实的基础。第四，确保风险管理的适宜性。所有的监测和评审，在风险管理的整个过程中都是为了一个目标，这个目标就是确保风险管理对组织的整个运行具有适宜性。如果不相适宜，或快或慢，或左右摇摆，或前后相差，或内外紊乱，都达不到风险管理的目标，都会出现这样和那样的问题，造成或大或小的损失。风险管理为组织运行保驾护航，监测评审为风险管理拾遗补阙，保驾护航。离开了监测评审，风险管理很难保证在正确的道路上，在有效的时限内到达目标，完成任务，做出贡献。

概括以上内容，监测就是持续的观察、监督。评审就是定期的评价、审核。二者结合使用，目的是观察监督、评价审核风险管理的适宜性、充分性、有效性。其核心：一是监测评审风险管理绩效；二是监测评审风险管理进展；三是汇总报告风险管理结果；四是提出风险管理改进意见。风险管理的基本原理告诉我们，一个组织全面风险管理的纵深防御有三道防线：第一道防线是一线广大的员工；第二道防线是风险管理部和相关部门；第三道防线是监督与评审部门。监督与评审作为第三道防线，也是最后一道防线，责任重于天，责任大于天。但是，我们国家在风险管理的监督与评审方面，在诸多领域存在重大的制度设计缺陷。有的方面有制度设计，但在执行上乏力，有的形同虚设。世界上其他国家在某些方面，与中国的情况也基本类似。需要改进的空间较大。

以世界航空业为例，现在世界各国航空灾难频发，有各种原因，其中对关键岗位人员缺乏有效监督与评审是非常重要的原因。2015年3月24日，德国之翼航空公司坠机造成150人死亡其真正原因是，患有抑郁症的副机长卢比茨独自驾驶飞机故意撞上阿尔卑斯山。有抑郁病史，且近期正在接受精神治疗的人，医生已给卢比茨开具了不适合飞行的诊断书。航空公司由于缺乏有效的监督与评审，造成大祸，149名无辜冤魂陪葬。

中国政府对官员缺乏全面有效的监测与评审。2015年3月26日中央启动"天网"抓捕外逃贪官重大行动。目前外逃官员61577人，贪官家属亲属等国外定居120万人，出境资金2万亿元以上。自2014年7月以来已抓回780人。原天津市公安局长武长顺没有外逃，但涉案金额74亿元，家人名下70余家公司，有连带的公司40余家。是什么原因造成塌方式腐败？根本原因之一，在于缺乏有效的监督与评审机制。中央通过巡查，揭露并查处辽宁贿选案。截至2016年9月19日，辽宁省102名全国人大代表中的45名"当选无效"，619名辽宁省人大代表中523名涉嫌贿选而辞职或被罢免，含6名副省级干部。辽宁省十二届人大常委会62名委员，其中38名代表资格终止。辽宁省人大常委会已不足半数，无法正常履行职责。这在中华人民共和国的历史上前所未有。全国人大常委会委员长张德江将辽宁贿选概括为三个"挑战"：一是对我国人民代表大会制度的挑战，二是对社会主义民主政治的挑战，三是对国家法律和党的纪律的挑战。并且，辽宁贿选案触碰了中国特色社会主义制度底线和中国共产党执政底线。从2013年的湖南衡阳破坏选举案，到2015年的四川南充贿选案，再到2016年的辽宁贿选案。贿选呈现蔓延、升级态势。中央直面贿选，一查到底的决心没有变。反腐没有禁区，即使牵涉省级人大的正常运转，即使可能影响一时的地方时局，反腐依然"零容忍"。专家学者提出，应该借助反思辽宁贿选案，通过法定程序和实践操作，进一步细化当前的选举流程，杜绝可能的漏洞。严惩治标，治本也要跟上。

杭州公安局对商城抢红包进行有效的监督与评审，避免了一场灾难。2014年12月31日12时，杭州城西银泰商城抢红包现场直播，3000人抢1000个红包，出现了哄抢踩踏、致死人命的危险。当地派出所干警巡查至此，迅速监督与评审，发现危险苗头，及时制止。只要到场都发给礼物，避免灾难。如果不及时制止，预计可能会造成上百人的死伤。

公益明星陈光标的公司被搜出170枚假章，这一案件暴露了有效监督评审的缺失，造成极大损失。2016年8月8日下午，陈光标为法定代表人的江苏黄埔再生资源利用有限公司被曝搜出大量假章。8月8日晚，陈光标回应称，涉嫌伪造公章事件是公司原高管所为，涉及金额达3亿多元。事发后，公司原副总经理蒋某被警方刑拘。一个公司做这么多假章，从风险管理角度来看，陈光标尽管是受害者，但管理漏洞较多。缺乏有效监督评审，是陈光标致命的错误。目前，黄埔公司已经采取法律途径追索损失。如果及时挽回损失，陈光标表示会将追回的财产全部用于慈善事业。

德国19岁马蒂亚斯·鲁斯特架民用飞机私自飞停在苏联红场，暴露了苏联全方位立体防御体系的漏洞，震惊世界。1987年5月28日傍晚，一架单引擎"塞斯纳"172运动飞机，在世界闻名的莫斯科红场离克里姆林宫几十米的地方降落，机尾上涂着联邦德国的国旗。飞机从何处而来?好奇的游客围上去，又是拍照，又是录像。红场警察一时不知所措。这时，舱门打开，一个春风满面的年轻小伙子跳下飞机，热情地向围观者挥手致意。他掏出一些名片分发给游客，还为几个人签名留念。有人高声问他："你从哪儿来？"小伙子回答："赫尔辛基。"过了好一阵，苏联警察才如梦方醒，带走了年轻人，封锁了飞机，禁止游人对飞机拍照。苏联警方迅速查明，这个自天而降的年轻人名叫马蒂亚斯·鲁斯特，汉堡航空俱乐部成员，仅飞行过40多小时。5月13日，鲁斯特从航空俱乐部租来一架小型飞机，开始到欧洲各国旅行。5月28日，他从赫尔辛基马尔米机场起飞，原定目的地是斯德哥尔摩。飞机按预定航线飞行了几分钟之后，突然向东折去，从机场控制雷达的屏幕上消失。导航人员认为他迷航，或出了意外事故，直到鲁斯特出现在电视新闻中时，人们始知他已到了莫斯科。鲁斯特并非迷航误入苏联领空，而是经过周密准备有意飞往莫斯科。他向东掉转机头之后，以225公里的时速飞越芬兰湾，在科赫特拉雅尔维地区神不知鬼不觉地进入苏联领空，然后超低空飞行，长驱直入500多公里，悄然飞抵莫斯科，戏剧性地降落在红场上。这个红场飞机事件轰动一时，引起国际军事专家的浓厚兴趣。苏联当局惊出一身冷汗，举世公认，苏联拥有世界上最严密的空防体系。据美国估计，苏联拥有14000个地对空导弹发射架，10000台防空雷达和2100架随时待命起飞的喷气式截击机。这些武器装备构成了难以逾越的空中屏障。在莫斯科周围，更有一个几乎滴水不漏的"橡皮套鞋"空防系统，足以抵御核打击。1960年5月，美国一架U2高空侦察机曾深入苏联境内，被苏联导弹击毁。1983年8月，一架韩国航空公司波音747客机偏航闯入苏联领空，被苏联飞机发射的导弹击中，机毁人亡。而这次，号称世界上最严密、最广泛的苏联防空网竟让一个仅有40飞行小时经历的业余飞机爱好者轻易越过，而且畅行无阻地突破了天衣无缝的莫斯科空防，安然降落在首都的心脏地区，这不能不使苏联当局惊出一身冷汗。西方一位军事评论家说："没有什么比这次飞行事件更使苏联当局难堪的了。"军事专家们从鲁斯特的飞行中得出两点结论：其一，对一个国境线深长的国家来说，空防系统再严密，也难免有漏洞。

其二，体积小、飞行速度慢而宜作超低空飞行的轻型飞机不易被雷达发现，更具隐蔽性，在未来战场上大有用武之地。红场飞机事件发生后不到两天，5月30日，苏共中央政治局召开紧急会议讨论此事，撤销了国防部副部长兼空军总司令亚·科尔杜诺夫的职务。75岁的国防部长索科洛夫元帅也被撤职。64岁的亚佐夫大将出任国防部长。这种决然措施在二战后的苏联历史上极为少见。同一天，苏联外交部发言人宣布，鲁斯特的举动是"侵犯苏联领空"的行为。他已被拘留审查。5月31日，苏联新闻社社长法林表示，红场飞机事件不会影响苏联和联邦德国的关系。他还说："应该感谢他提醒我们注意到防空系统存在的漏洞。"9月4日，苏联最高法院审理鲁斯特一案，以非法进入苏联国境、违反国际飞行规则和恶性流氓罪判处鲁斯特有期徒刑4年。1988年8月3日，鲁斯特被提前释放，驱逐出苏联国境。

第五节 风险管理框架的持续改进

实施风险管理框架，在监测评审的基础上要进行持续改进。持续改进对实施风险管理框架是一个常态化的举措。这个举措的基础就是监测评审。监测评审是持续改进的输入，持续改进的输出就是风险管理框架的有效性和适宜性。在整个管理框架实施过程中，由五个相互联系和各有特点的阶段组成。持续改进是风险管理框架五个不同阶段的最后一个阶段。它的结束表明一个完整的风险管理框架实施的结束，同时开启另一个风险管理框架的实施。在风险管理框架实施的过程中，这种结束和起始是没有完结的。这种不完结性促进了风险管理框架由低级到高级的发展和上升。

在监督评审的基础上，持续改进的主要工作是：首先要确定持续改进的目标。持续改进的目标是与风险管理的目标相一致的。由于实施过程中的偏移影响了目标的实现，组织才确定改进目标，以此实现风险管理的目标。其次要确定持续改进的内容。持续改进的内容主要有：一是原先没有发现的风险现在发现了；二是组织运行出现新的风险；三是管理风险时造成了新的风险。以上三个方面的风险是剩余风险，或者叫遗留风险。这个剩余风险是不可容忍的风险。需要持续改进。

持续改进的内容与持续改进的目标是紧密联系在一起的。由于运行的目标有偏移，就需要通过改进风险管理的方针、改进风险管理的机制、改进风险管理的标准制度、改进风险管理的考核测量办法、改进风险管理的政策策略，来实现改进的目标，达到风险管理的要求，实现组织的远景，提升组织的文化，完善组织的整体素质。在这个过程中要有反复的检查、评审、测量、评估，要有与内外利益各方反复不断的沟通交流、通报报告等。持续改进是风险管理框架中非常重要的环节，它需要框架体系内各相关机构和相关人员通力合作，来确保持续改进的科学性和有效性，否则越改进离目标越远，越改进方针政策越错误，越改进绩效水平越差，这样就达不到改进的目的，也就失去改进的意义。因此，对持续改进要慎重策划、慎重决策、慎重执行，要提供一系列有效的保证措施和资源，只有这样才能实现改进的目的。

不可容忍剩余风险的持续改进，是一项非常艰难的过程。它考验的是改进者的智慧和胆量，它需要的是改进者的哲学思想和打破常规的创新思维。田忌赛马的故事出自《史记》卷六十五:《孙子吴起列传第五》，是中国历史上有名的揭示如何善用自己的长处去对付对手的短处，从而在竞技中获胜的事例。齐国的大将田忌和齐威王赛马，上马对上马，中马对中马，下马对下马。由于齐威王每个等级的马都比田忌的马强一些，所以田忌失败。孙膑改进马的排列组合，下等马对上等马，上等马对中等马，中等马对下等马。比赛结果，三局两胜，田忌赢了齐威王。同样的马匹，改进排列组合，调换比赛顺序，转败为胜。中国女排主教练郎平在第31届巴西里约奥运会上，运用与田忌赛马类似的策略，不断调整排列组合，赢得冠军。奥运女排的比赛中只要队员达到一定水平，比赛拼的就不是队员的实力，而是教练的指挥水平。美国、巴西、荷兰、塞尔维亚、中国，这五个队都是世界一流的水平，旗鼓相当，谁胜谁负就看教练的临场指挥和排列组合。中国队队员实力并不占优势，但郎平通过高超的指挥和排列组合，根据赛场情况和对手特点，调动12个队员的优势，巧妙安排，精心策划，经过顽强拼搏，取得了最后胜利。

全国人大代表、中国银监会消费者保护局局长邓智毅在接受《法制晚报》记者专访时表示，近几年全国电信诈骗平均每年损失100亿元，年均受骗人数达40余万人。有专家说，电信诈骗猖獗根源在于破案率低下，刑侦技侦难度较大。又有专家说，在于电信企业管理不严，技术规范手段落后导致。还有专家说，应该大力推进保护个人隐私安全的法治进程。其实，想要根治电信诈骗，一招就可以了。先看看民国时期的周西成是如何治理贪官和土匪的。1926年，周西成担任贵州省省长。贵州有两个特点，一是贪官凶，捞起来不要命，二是土匪猛，几百年来没人治得了。周西成一上任，就召集省县官吏，去城隍庙磕头。到了城隍庙，周西成就让省县官吏们对着城隍爷宣誓，表态说坚决不贪污。第一个是独山县知县张五丰，向城隍爷发誓，如果敢贪污，就死于九子枪下。第二个是遵义县知县拓泽忠，向城隍爷发誓，如果敢贪污，利箭穿耳，遍游州县示众。每个人都宣誓罢，周西成将他们的誓言写在纸上，誓师大会结束。没多久，独山县知县张五丰贪污大洋100枚事发，周西成拿出他的誓言，找了支九子枪，打死张五丰。然后周西成拿张五丰的誓言纸，焚化在城隍爷面前，向城隍爷销案。接下来，遵义县知县拓泽忠贪污300枚大洋事发，周西成拿出他的誓言纸，削了根竹箭，贯穿拓泽忠的左右耳，披枷带锁，开始游遍全省81县。才刚刚游19个县，拓泽忠就已气息奄奄。两起事件下来，贵州的吏治焕然一新。官员其实不怕周西成，也不怕惩罚，但是他们害怕苍天有眼，自己说过的誓言应验，这种心理冲击让他们魂飞魄散，从此洗心革面，不敢再像以前那样任性胡来。接下来，是治理几百年之久的匪患。周西成还是老办法，省县官吏集合，去城隍庙宣誓。到了城隍庙，周西成让官吏们宣誓。然后他公布了一条政策：以后境内，但凡百姓财物遭劫，损失先由辖区官吏掏腰包补偿，等案子破了，再行返还官吏的补垫。听到这个政策，官吏们全都惊呆了，内心几乎是崩溃的，可是他们不敢抗议。无奈何，大家打道回府。回去之后，贵州就发生了一桩奇事，几百年没人治得了的土匪，竟然全都消失了。土匪哪儿去了？周西成虽然没文化，可是他有见识。他明白贵州的匪都是官养的，至少是官故意纵容的。如果没有匪，老百姓安居乐业，官吏们怎么能够浑水捞钱？周西成治政给我们的启示是，要解决问题，就必须知道问题是什么。贪腐的问题，症在官吏，当然要治官治吏。匪患问题看似与官吏无关，其实症结还是在官吏。官吏掌控着所有的资源，如果他稍微用点心，何至于局势一坏如斯？联系到当今的电信诈骗案，一旦把犯罪分子理解成匪患或是诈骗犯的个人问题，那么这个问题几百年也解决不了。因为开错了方，吃错了药，只会越治病情越严重。就人的天性而言，对于他人的损伤通常会比较淡漠，对于自己的损失则异常敏感。贵州匪患严重，一旦让官员承担损失，匪患立刻消散无踪。同理，当今电信诈骗频发，如果让警政系统、地方官员以及电信运营机构承担起相应责任，对政绩一票否决，出问题引咎辞职，或者让电信运营商先把被骗的钱给受害者补上，破了案再把追缴的钱返还给运营商，如果这样，还会有虚拟号、黑卡、技术难题等问题吗？电信诈骗现在到了该出狠招治理的时候了。

利用鲶鱼效应，改进鱼死价低的风险。挪威人喜欢吃沙丁鱼，尤其是活鱼。市场上活鱼的价格要比死鱼高许多。所以渔民总是想方设法让沙丁鱼活着回到渔港。可是虽然经过种种努力，绝大部分沙丁鱼还是在中途因窒息而死亡。但有一条渔船总能让大部分沙丁鱼活着回到渔港。船长严格保守着秘密，直到船长去世，谜底才揭开。原来是船长在装满沙丁鱼的鱼槽里放进了一条以鱼为主要食物的鲶鱼。鲶鱼进入鱼槽后，由于环境陌生，便四处游动。沙丁鱼见了鲶鱼十分紧张，左冲右突，四处躲避，加速游动。这样沙丁鱼缺氧的问题就迎刃而解了，沙丁鱼也就不会死了。这样一来，一条条沙丁鱼活蹦乱跳地回到了渔港。这就是著名的"鲶鱼效应"。把死鱼变成活鱼，改进的方式，就是在鱼槽里放一条鲶鱼。

英国政府想办法改进商船运输犯人死亡的风险。当初英国将澳大利亚变成殖民地后，那里地广人稀，缺乏人力。英国政府就租用私人商船运送犯人到澳大利亚。起初，上船按人数付运输费用，犯人死亡率很高，最高时死亡35%。反复采取各种措施都不行。最后改进付款方式，改为下船时按人数支付运输费用。这样减少了犯人死亡，最后死亡率只有1%，大部分船还配备了医生。

七个人分粥不均而闹矛盾，这个风险如何改进？七个人住在一起，每天分一大桶粥而不够喝。开始，抓阄分粥，只有自己分粥那一天喝饱，不公平。后来，改成由德高望重的人来分，但时间一长，权利不受限制，只有自己喝饱，大家都讨好他，搞得乌烟瘴气。再后来，改成三人分粥委员会，四人监督委员会，集体讨论决定分粥。集体讨论决定完了，粥也凉透了。最后，改进为谁分粥，谁最后拿粥。谁最先使用权力，谁最后享受权力。分粥人为了自己不少喝，尽最大努力分匀。

降落伞合格率只有99.9%，这个风险如何改进？第二次世界大战时期，美国空军军方验货，商家提供的降落伞合格率只有99.9%，0.01%不合格的问题无法解决。这就意味着，从概率上说一千个跳伞的士兵中会有一个因降落伞不合格而丧命。商家也说没有办法。据说是美国将军巴顿改进验货方式，由军方验货改为商家验货。让生产商的高管验货，每次随机抽出几个产品，让生产商的高管试跳降落伞。结果从此以后，降落伞的合格率每次都是100%。

职工没有工作积极性，改进这个风险得办法是从给别人干活改进为给自己干活。海底捞餐饮公司董事长张勇采取的办法是，权力下放到底，充分授权，变店长说了算为员工说了算，每个员工都有店长的权力，都可以送菜、加菜、优惠、免单。谁争取的客人奖励谁。张勇的做法在中国餐饮业刮起一阵风暴。据说肯德基400名高管2014年年会就是在海底捞召开的。

综上所述，风险管理原则作为输入，确定风险管理框架的基础。在此基础上，决策机构通过授权与承诺，策划机构通过整体策划，执行机构具体运作执行，监测机构进行监督评审，改进机构进行持续改进，由此形成一个完整的风险管理框架运行的整体景象。这个整体景象内部结构越来越优化，运行流程越来越顺畅，运作机构越来越高效，运作结点越来越强化。各种因素交互作用，按照共同的目标，根据各自的职责共同发力，通力合作，实现风险管理框架的良性运转，达到风险管理的目标。

思考讨论题：

1.风险管理框架由哪些部分组成？

2.框架运行流程的特点是什么？

第七章　风险管理过程

　　建立在风险管理原则和框架基础上的风险管理过程，是组织运行的有机部分，是风险管理框架整体运行的有机组成部分，同时又是一个立体完整的各要素相互作用、动态发展的独立体系和系统。认真研究风险管理过程各组成要素之间的相互关联，精深剖析风险管理过程动态发展的路径及规律，是做好风险管理工作的前提。风险管理过程作为一个完整的动态体系，首先从沟通和咨询开始，并贯穿整个过程的始终。在沟通咨询的基础上，建立风险管理过程的环境。以成熟有效的环境做基础，展开风险评估。以科学精准的风险评估做基础，实施风险应对。在整个风险管理过程中，除了沟通咨询贯穿全程以外，对整个过程进行科学有效的监测评审，也如影随形地融合在整个风险管理过程中。由此可见，风险管理过程是一系列沟通咨询，一系列监督评审，一系列环境建设，一系列评估应对组成的。掌握这个过程就理解了风险管理的基本内涵和有效作用。

第一节　风险管理过程的沟通咨询

　　在风险管理过程开始之前，就需要组织专门沟通咨询团队，制订风险管理的沟通咨询计划，展开风险管理各个方面的沟通和咨询工作。按照事前、事中、事后风险管理的三个不同阶段，开展与利益相关方各方面的沟通，开展与风险管理过程各方面问题与情况的专业咨询。通过沟通和咨询，达到以下目标要求：

一、确保建立环境的适当性

进行风险管理首先必须建立内部环境和外部环境。由于内外环境的广泛性、复杂性和动态性，因此，要恰当地为风险管理过程提供环境基础并不是一件容易做成的事情，它既需要与利益相关方广泛的沟通，更需要与各方面的专家进行深入的咨询，提供专业性极强的结论。并且沟通和咨询是一个反复深入的过程，没有这个过程所建立的风险管理环境，就有可能是肤浅的、片面的，就无法承担起风险管理过程的基础作用。

二、确保利益相关方的利益得到理解和考虑

通过广泛深入的沟通和咨询，将利益各方面对风险管理的认知观、价值观、期望值、容忍度、利益需求范围、目标期望值，全面地调查了解清楚。在制订风险管理计划时，就能够将利益各方面的关切值融入各方面的具体安排之中。这样就能够反映他们的需求，调节他们的需求，实现他们的需求。

三、确保风险评估和应对顺利实现

进行风险评估时，要进行深入的沟通和咨询，实施风险评估和应对时也应该需要进行深入的沟通和咨询。风险评估和应对，是在不断反复的、广泛的、深入的沟通咨询中实现的。离开了科学有效的沟通咨询，就不能识别风险、分析风险、评价风险，就难以做出风险应对计划，就难以进行有效的风险应对。

四、确保改进措施的科学性

在风险管理过程中，需要发现新问题、研究新情况、采取新对策、调整新方向，以此适应组织的战略需求和风险管理的战略目标。要做到这一点，也需要进行各方面的沟通，进行多层次的咨询。在沟通咨询中，不断提炼加工，揭示事物的本质和风险的发展趋势，找出改进的措施和策略。同时要对这种措施和策略再进一步沟通咨询，以实现其科学性、适宜性，

达到完成风险管理的目的。

第二节 风险管理过程的基础安排

在沟通咨询的基础上，要建立风险管理过程的环境。这个环境主要包括三个方面：一是风险管理过程的外部环境，二是风险管理过程的内部环境，三是风险管理过程的环境。这三个环境，从外部范围到内部结构，层层深入，紧扣风险管理的主题。在这里外部环境和内部环境与框架中所指的外部环境和内部环境，大的方向和范围是一致的，但比框架中外部环境和内部环境更具体、更深入、针对性更强。它针对的是一个具体的风险管理过程，不是对组织的整体的风险管理框架。由于论述的逻辑和方式与框架基本相同，在此不再赘述。这里对风险管理过程的基础安排加以简述。风险管理的基础安排随组织的需求而变化，它包括但不限于以下五个方面：一是确定风险管理活动的目标。在风险管理过程中，首先要确立目标，这是风险管理过程的前提。没有这个前提作基础，就没有整个风险管理过程。二是确定风险管理过程的职责。风险管理是由不同的组织机构共同运作而成的，这其中包括决策机构的职责、策划机构的职责、实施机构的职责、监审机构的职责、改进机构的职责等。这些职责在风险管理开始前就需要明确制订好。没有职责的确定，风险管理也无法正常进行。三是确定风险管理过程的范围。风险管理在什么范围内进行？在什么层次上进行？范围的广度是什么？层次的深度是什么？包括什么样的内涵和外延？在这里都必须规定明确、划分清楚、测算细致。四是确定风险管理过程的时空条件。风险管理过程从什么时候开始？到什么时候结束？在什么地点开始？到什么地点结束？通过哪些具体流程？执行哪些具体计划?做好哪些活动?针对哪些载体？都必须做出明确的计划和安排。五是确定风险管理过程的方式方法。风险管理采取哪些评估的方式方法?采取的依据是什么?在实施过程中怎么样运用？都要有明确的表述。风险管理中的绩效考核用什么方式方法进行？进行到什么程度？明确的数量界限在哪里？都要做出切实可行的决定。总之，风险管理过程是在健全科学的基础安排中进行的。艰巨复杂的任务，绝大部分是在风险管理过程开始以前完成的，并在风险管理过程中，不断补充、完善、改进和提高。没有以上五个方面风险管理的基础安排，风险管理过程的实施就难以得到保证。因此，要重视风险管理过程的基础安排工作，这是保证风险管理过程顺利的首要前提。

第三节 风险管理过程的评估应对

风险评估和风险应对是风险管理过程的核心组成部分。在风险管理基础安排的前提下，首先要进行风险评估。风险评估由风险识别、风险分析、风险评价组成。风险评估的这三个子过程环环相扣，依次推进，最终识别出风险，阐述清楚风险原因、风险事件、风险后果，测量出风险发生的频率和可能，通过与风险准则对照，评价出风险的等级和水平。在风险评估时，一定要抓住三个重点：一是风险识别的全面性。如果有一个风险没有识别出来，它就会游离于风险管理的体系之外，成为威胁组织的重大风险。一定要坚持风险识别的全面性，绝不能漏掉一个风险。同时还要关注正在出现的风险和将来有可能出现的风险。二是风险分析的彻底性。要完全彻底地把风险分析透彻，搞清楚后果和可能的关系，以及二者相结合所产生的风险水平。三是风险评价的准确性。要准确测量出风险的大小等级、优先顺序，集中全力抓住最大的风险和最重要的风险。如果风险评价不准确，风险管理就会失去目标，就会拣了芝麻丢了西瓜，组织就会遭受巨大损失。

风险应对是在风险评价的基础上，根据组织的风险喜好和风险容忍度，选择风险应对的策略，制订风险应对的方针，落实风险应对的措施。风险应对过程中，要对风险应对的计划进行反复评估，要对风险应对的措施进行反复评估，要对风险应对的进度进行反复评估，要对风险应对的结果进行反复评估。只有反复评估风险应对，才能保证应对的有效性。在现实生活中，组织的风险评估和风险应对，尽管有先后顺序，但实际上在一个结点和具体的时空条件下，风险评估和风险应对是交织在一起，各自按照各自的逻辑顺序，在风险管理的过程中同时往前推进。也就是说，在评估的过程中有应对，在应对的过程中有评估。把二者截然分开，在组织的实际风险管理过程中是不存在的。

第四节 风险管理过程的监督评审

在风险管理过程中，监督评审是贯穿始终的。一个组织在计划进行风险管理时，从筹备成立沟通咨询机构开始，监督和评审就已经渗透到各项工作之中。它首先要对沟通咨询机构进行监督评审，以确保人员构成的水平和素质。如果达不到相应的水平素质要求，就要重新选配达到要求的人员。在此基础上要对外部环境、内部环境、风险管理过程中的环境、风险准则进行监督评审，保证环境的真实有效，各项标准的科学合理，各项安排的统筹兼顾，各项活动的落地实操。没有这个监督评审，就很难保证过程真实有效，发挥应有的作用。对风险评估和风险应对的监督评审，是重中之重，是一个反复连续、不断深入、不断提高、不断完善、不断优化的过程。总之，监督评审是风险管理过程的重要组成部分，它贯穿全程、覆盖全局、不间断、不片面。唯有此才能保证风险管理过程的顺利完成。如何监督评审在第六章第四节中已有论述，在此略过。

思考讨论题：

1.怎样理解风险管理过程的实用性和有效性？

2.沟通咨询与监督评审发挥怎样的作用？

第八章　风险识别简论

怎么样识别风险才能够完全彻底？在理解透彻风险识别概念的基础上，要建立风险识别框架，上下左右全方位地发掘风险识别内容。然后根据风险严重程度建立风险识别清单。在这个过程中运用千变万化、各具特色的风险识别方法是最为关键的。好的风险识别方法可以达到事半功倍的效果。这些好的风险识别方法可以借鉴、可以引进、可以独创。但不管怎样，都要符合风险识别的实际需求。

第一节 风险识别概念

风险识别就是发现、辨认和表述风险的过程。风险识别包括对风险源、风险事件、风险原因和潜在原因的识别。风险识别可包括历史数据、理论分析、有见识的观点、专家的意见以及利益相关方的需求。风险识别是一个系统性、连续性、制度性、反复性的过程。风险识别是风险评估三个阶段的第一阶段，也是基础阶段和前提阶段。只有风险识别完全彻底，全面系统，才能为风险分析、风险评价、风险应对提供坚实的基础。风险识别的目的就是把组织的全系统风险、全方位风险、全人员风险、全制度风险、全机制风险、全标准风险、全体制风险、全结构风险等识别出来，表述出来，呈现出来，实现风险评估第一阶段的完全彻底，无死角、无遗漏。

第二节 风险识别框架

为了保证风险识别的全面性、系统性、准确性、科学性，必须建立符合客观实际的、符合识别要求的、可操作性强的框架。

一、以法规为导向的风险识别框架

风险识别是一个多层次逻辑框架。就一个组织来讲，处于一个统一完整的政体之中，受一系列法律法规、政策规定等制约。这一系列的法律法规、政策规定是保证组织健康稳定发展的外部环境和基础。没有它，组织既不能生存也不能发展。一个组织最大的风险是法律法规方面的风险。任何的违法违纪，无论大小都是严重的风险。组织要遵纪守法，以法律法规为导向，建立风险识别逻辑框架。把任何违纪违法行为都视为重大的风险，把它们识别出来，统一规范地改正掉。只有这样，组织才有一个健康稳定发展的政治环境。由于社会发展变化较快，各种新的力量和因素不断出现，改变了人们的生活环境和生产方式，这样就导致了两种情况的出现：一是法律法规、规章制度陈旧落后，由保证组织发展的政治环境变成了束缚组织发展的因素和力量，而完善补充丰富又有一个过程。在这个过程中，要识别出组织发展与法律法规不和谐、不完善的风险。二是组织及社会发展了，而法律法规和政策的制订出现空当，造成无法可依、无规可循的局面。这个局面也能够形成组织的风险。综上所述，按照法律法规导向来识别风险，要动态、辩证、唯物地处理好组织风险与法律法规之间的关系，不要形成片面的观点、主观的观点、机械的观点和形而上学的观点。

目前，随着"一带一路"倡议的推行，就我国大中型企业来讲，法律风险的识别主要表现在国际合作当中。由于对外投资国别法律千差万别、各具特色，不研究国别法律和各种规章制度，盲目地按照国内通行的做法去运营，就会造成一系列法律风险。有的对国别法律有认识、有研究、有遵循，但是由于国别法律体系庞大，政策法规众多，很难在较短的时间内消化吸收，具体运用，这样也造成了很多不应该出现的法律风险。总结我国企业国际合作的项目，出现问题最多、造成危害最大的风险，绝大多数是法律风险。只有按照国别法律体系和政策规定系统，彻底全面地进行研究，找出与投资项目有交集的条文加以系统认真的研究，制订出切实可行的行动方案，同时征询国际相关法律专家、当地相关法律专家的意见和建议，谨慎小心、具体细致地往前推进项目，才能够避免法律风险的沉重打击。因此，任何进行国际合作的组织都要建立法律风险识别框架，对可能遇到的法律风险认真识别，积极应对，只有这样才能取得预期的成功。

二、以目标为导向的风险识别框架

任何组织都有其生存和发展的目标。确定目标、实现目标是组织的愿望和诉求。围绕着实现目标，建立风险识别框架，对那些影响目标、损害目标、反对目标的风险，统统识别出来，进行有效的管控，较好地实现风险管理的过程。这样就能够扩大机会和正面力量，缩小和消除负面力量以及威胁，从而保证组织目标的实现。然而，人们在现实生活中往往不能够把影响目标实现的风险全面识别出来。这其中有各种原因，主要是对影响目标的风险维度分析不够，本来是影响目标实现的重大风险，但由于知识经验的缺乏，内外环境的陌生而识别不出来，由此造成巨大的损失。在"一带一路"的建设中，缅甸作为重要的战略支点，是需要下大力气进行合作和开发的，但是由于我们识别风险能力有限，使许多重大项目被迫停工流产，缅甸密松水电项目、皎漂港建设项目等，由于投资方没有识别出民间组织反对是对项目具有重大影响的风险，结果在政府等其他方面全力支持下，民间组织的反对造成了项目的被迫停工，损失惨重，影响重大。这些惨痛的教训，又一次提醒人们，全面识别风险，不漏掉任何风险维度和风险因素是多么重要。

三、以流程为导向的风险识别框架

任何组织的行为都有其流程。只要组织发展就会建立流程，已建立流程的随着组织的发展会完善更新流程。流程是组织生存和发展的基本逻辑。按照流程建立风险识别框架，在流程的各个节点，辨析各种风险，就能够较为彻底地把各种风险因素寻找出来，实现流程的优化和各个节点的合理化。在风险管理的过程中，最基本的要求就是把风险管理的过程嵌入组织的各个流程之中，并在嵌入中识别风险，检验流程的有效性。

四、以标准为导向的风险识别框架

组织发展在流程的基础上是要建立标准的。流程靠标准支撑，标准靠流程实现，二者都不能出现问题。按照标准来识别风险，形成识别框架，就能够较好地处理标准与目标的关系。有利于实现目标的标准就是正向推动力，不利于实现目标的标准就是风险。始终关注标准的正向作用，任何影响目标实现的标准都把它归类为风险，并加以控制、改进、补充和提高。这样就有利于风险管理过程对目标的积极促进作用。

五、以制度为导向的风向识别框架

制度是保证组织发展的基础。没有完善的制度，任何组织都无法良性运转。按照制度的架构，梳理组织的各个方面，建立识别框架就能够较快地识别出组织运行中的各种风险。另外，制度本身既有保证组织发展的作用，同时也有影响组织发展的因素。通过制度识别风险，其中一个很重要的方面就是制度自身存在的风险。制度是随着组织的发展而不断变化的。在变化的过程中，肯定有这样或那样的风险存在。按照制度的框架识别这些风险，应该是风险识别中很重要的一个方面。要在制度和组织的相互依存和相互对立中，经常地、不间断地识别出各种风险。

六、以项目为导向的风险识别框架

任何组织在发展的过程中，都是由各种各样、大小不一的项目组成的。小的项目维持组织的正常发展，大的项目其实就是战略目标和方向。项目中存在的风险，有时是巨大的，甚至会关乎组织的生死存亡。按照项目事前、事中、事后管理的流程和要求，建立项目风险识别框架。首先识别出项目中的各种风险，其次识别出项目与组织运行之间的风险，最后识别出项目与外部环境的各种风险。这样就能够既快又好地把正在运行中的最重要的项目风险全部识别出来，纳入风险评价和风险应对之中。

七、以效益为导向的风险识别框架

组织的正常生存和发展，主要依赖于效益。这个效益是多层次和多方面的，有内部效益和外部效益，有经济效益和社会效益。无论哪种效益都体现了组织正常运行的作用。没有组织的正常运行就没有良性效益的产出。以效益为导向，建立风险识别框架，凡是有利于效益的因素和方面都大力发展，凡是不利于效益的环节和机制都纳入风险识别的框架，找出产生的根源和造成的后果及其后果的影响范围。只有这样才能较好地保证风险管理过程的顺利实现。

八、以技术为导向的风险识别框架

在风险管理过程中形成了一系列有效的管理技术。这些技术能够较好的帮助我们识别风险、分析风险，我们要运用这些技术来识别风险、辨析危害，建立系统有效的技术框架，科学快速地将各种风险识别出来。任何技术既有积极的作用也有历史的局限性，以技术识别风险本身就存在巨大的风险。我们以技术为导向，建立风险管理框架，并不影响我们对技术风险的识别。只有把技术风险识别出来，控制恰当，才能发挥以技术为导向风险识别框架的真正作用。

九、以经验为导向的风险识别框架

人类发展的历史是认识自然、改造自然的实践过程。在这个过程中，人类积累了丰富的实践经验。凡是被实践经验证明，能够推动社会和组织发展的就是历史的动力，反之就是历史发展的阻力。实践是检验一切真理的标准，是推动社会发展的动力。以实践经验为导向，建立风险识别框架，符合辩证唯物主义的认识论、辩证唯物主义的实践论、辩证唯物主义的真理论。一切的风险在实践经验面前都会原形毕露。我们拿了实践经验这面镜子，就能够分辨出推动社会的进步力量和阻碍社会发展的风险因素。另外，实践经验也是一个由低级到高级、由感性到理性、由现象到本质的过程。这本身也是识别风险、处置风险、优化效益、促进发展的过程。

第三节 风险识别内容

风险识别是一个不断反复不断深化的过程。风险识别的是一组以风险事件为主的组成要素。这些要素横向具有结构范围性，纵向具有因果持续性。只有纵横结合，掌握范围和过程，把握现象和本质，实现感性和理性的循环往复，才能够完全彻底地把组织的所有风险全部识别出来。

一、识别潜在风险事件

识别风险从识别风险事件开始。组织的各个系统和层面，相关利益方和关联方，共同识别出组织所存在风险的事件。没有事件的风险是不存在的。只有识别出潜在的风险事件，才能往前探寻它的产生根源，往后识别它的危害、性质和范围。要利用历史事件、大数据统计、行业档案、组织风险事件历史记录、外部发展趋势和变化等，梳理出可能发生的潜在的风险事件。把它分类整理，登记编号，以此作为全面风险识别的基础。

二、识别潜在风险原因

识别风险是一个艰难的过程，最为艰难的是识别风险的潜在原因。所有的风险都是由潜在原因发展为直接原因，直接原因发展为风险事件，导致风险后果。识别出风险的潜在原因，弄清楚其发展的机理，就为防止风险事件造成的危害奠定了基础。识别潜在风险原因，要通过全组织所有人员的共同努力，深入研究和挖掘。正常情况下，要聘请外部风险管理专家、行业专家、相关科研院校和机构的专家共同完成。现在，人类在识别风险潜在原因上具有较大的突破。人们正是在发现原因、解决问题中前进上升的。但是局限性也很大，需要做出不断的努力。

三、识别直接风险原因

直接风险原因承前启后，它既是潜在风险原因发展的结果，又是导致风险事件的前因。识别直接风险原因意义重大。众多的风险事件造成了不可挽回的损失，就是人们对直接风险原因重视不够的结果。识别直接风险原因，分析直接风险原因，认识导致风险事件的主客观条件和内外因素，是风险管理过程的重要环节和节点。

四、识别风险后果

识别风险、掌控风险主要是看风险的后果。风险后果的大小多少，严重危害程度，是组织能否生存、能否健康发展的关键。如果风险后果危害小而轻，无碍大局，我们可以采取加强管理的措施，监控它。如果危害大而急，就必须马上采取紧急处置措施。风险的后果是衡量风险管理采取什么样措施的尺度。识别风险后果的大小，是风险管理过程中重要的任务之一。我们在识别风险时，在抓住了风险事件之后，就要迅速识别风险后果，如果风险后果危险性大，就不要等到风险评估结束后再采取措施，而应马上果断地加以管控和处置，否则就会贻误时机，造成重大的损失。

五、识别风险后果范围

识别风险要重点识别出风险后果影响的范围。一定要弄清楚风险后果影响的范围，是局部的还是整体的，是短暂的还是长久的，是组织内部的还是组织外部的，是行业内部的还是行业外部的，是国家内部的还是世界范围的。现在有些风险，发生在组织内部但影响到组织外部，发生在系统内部但影响到系统外部，发生在国家内部但影响到国家外部。一定要把风险发生后果的范围界定清楚，否则就无法有效的应对和处置。有些看似较小的风险事件，是一个组织内部的问题，由于没有识别出它影响的范围，没有采取有效措施，就有可能搞垮一个系统，甚至几个系统。有些看似个体的风险事件，由于不认识它影响的范围，就可能牵动整个世界，影响到多个国家和地区。这样的风险事件，在当今社会屡见不鲜。

六、识别风险后果性质

识别风险后果的性质也是至为重要的。风险是分多重性质的，有的性质是正面的，有的性质是负面的。在正面性质中有负面的成分，在负面性质中有正面的因素。在事物发展中，绝对的正面和绝对的负面是不存在的，无非是哪一方占主导地位，哪一方处从属地位。目标确定以后，不确定性影响目标，是通过机会和威胁来实现的。在机会中有威胁，在威胁中有机会，二者相互依存并相互转化，由此促进事物的发展。我们要在机会中坚持正面力量，识别负面力量，在威胁中消除负面力量，扩大正面力量。这一切都是建立在对风险后果性质的正确识别的基础之上。没有对风险性质的正确识别，分不清正向和负向，弄不清机会和威胁，就会错把正向、机会当成负向和威胁，或者错把负向、威胁当成正向和机会。以上两种倾向都是错误的做法，都是有百害而无一利的。因此，识别风险后果的性质是至关重要的，它是一个方向问题，是一个目标问题，坚决不能出错。

七、识别控制措施

一个组织在发展的过程中，为了趋利避害，实现目标，会在长期的实践中，在总结经验教训的基础上，制定一系列管控风险的制度标准和流程措施。这些制度标准和流程措施具有历史局限性，针对当时当地的风险，也许能够起到管控作用，但组织发展了，目标长远了，风险变化了，新的发展阶段新的风险出来了，有的管控措施就会出现漏洞和缺位。这样原先认为能够管控住风险的措施，有的能够有效地发挥作用，有的就会失去应有的效力。我们在风险识别中，就要把这些失效的管控措施识别出来。因为它本身无法管控风险，它本身就是风险，对它的识别至关重要。如果对它识别不清、识别不全、识别不深、识别不透，肯定会对组织的健康发展产生重大的负面影响，有的甚至影响组织战略目标的实现。所以在风险识别时，一定要重视对原有风险防控措施是否有效进行重点识别。

第四节 风险识别输出

一、风险识别输出的是风险清单

风险识别的最后阶段是组织的各个组成部分，汇总所有识别出的风险，按照不同需求分类，建立风险清单。一个风险管理过程可以建立一个风险识别清单。如果过程构成复杂，可以在不同侧面建立各自的风险清单。如果一个组织比较庞大，结构层次比较多，可以在不同的层次上建立风险清单。相近的层次，相同的结构，相似的项目可以建立统一的风险清单。就一个组织来讲，除了各个层面和各个结构的分风险清单以外，还应该从总体上建立一个总的风险清单。分风险清单和总风险清单相统一、有区别。这个区别主要体现两个清单，在风险程度上和层次上的不同。每个组织要根据各自的特点和需求，要建立或分风险清单或总风险清单。

二、风险清单在结构上具有完整性

识别出的风险清单所呈现出来的是一个完整的结构，各要素不能缺少。就一个风险管理过程风险识别清单来讲，主要包括风险事件、潜在风险原因、直接风险原因、风险后果、风险范围、风险性质、防控措施等。在这一组识别出的风险要素中，其内部联系和外部作用是有机的，具有共同本质。我们识别风险，就是为了分析风险，处置风险，不把一个风险产生、存在、爆发、后果等研究清楚，就很难从根本上掌控风险。在识别风险时，潜在原因和直接原因，有的时候是分离的、各自独立的；有的时候是统一的、合二为一的。有的时候是分离的，而我们没有分开。有的时候是合二为一的，而我们没有看清楚。更有甚者，有很多风险，我们只看到风险事件、风险影响和风险性质，而识别不出风险的直接原因和潜在原因。有些风险的原因来自组织内部，但由于各种原因，我们识别不出来。有些风险的原因来自组织外部，由于科技水平所限，也识别不出来，但它造成的危害对组织影响极大。这是需要全组织、全社会共同攻克的难关。风险的后果影响范围和性质，有些当时能够识别出来，有些过几十年甚至几百年才能够显现出来。这是人们认识的局限性造成的，也是需要全组织、全社会努力提高认识水平才能够解决的。有诸多风险是组织内部管控措施缺位、失效、不全面造成的。还有的是文化、习惯造成的，习以为常，很难识别出风险。所以对风险管控措施的再认识，发现风险、识别不足也非常重要。就风险识别各组成要素而言，情况千差万别，内外原因纷呈，科学认识局限，所以要建立完整的风险识别清单，这是一个组织、一个群体、一个社会最为重要、更是最为艰难的事情。人类社会就是在识别风险、掌控风险中发展的。现在出现的社会危机和人类风险，从根本上说是由识别风险的局限性造成的，克服这种局限性是一个长期的反复的过程。

三、风险清单在整体上具有全面性

风险识别在风险要素结构上要具有完整性。就一个组织来讲，从整体上分析，必须具有全面性。风险分散在组织发展的各个方面，又在动态发展中产生着各种各样的变化。由于它此消彼长，变化莫测，潜伏期长，隐蔽性强，爆发突然，所以全面识别风险，就显得格外困难。风险识别最大的特点和本质要义是全面性。只有组织的所有风险全面识别出来，才能够变成输出，进行风险分析和评价。只有识别出来的风险，才能够进入下一步的风险管理过程。没有识别出来的风险，无法进入下一步的风险管理过程，游离在风险管理之外，组织不认为它是风险，不加管控，这才是最大的风险。由于风险具有特殊性，在不同的时空条件下，什么是风险，什么不是风险，界限是变化的。那些不认为是风险的事件、作为和过程，往往是导致组织毁灭的根本风险。这样的实例在企业、政府、社会组织中都比比皆是。在风险识别阶段，如果有要求的话，第一个和最后一个都是全面性。人类历史的经验教训反复证明一条真理：没有识别出的风险是最大的风险。

1822年发生的人类金融史上最离奇的波亚斯骗局中，英国人没有识别出风险，造成了迄今为止无人超越的巨大陷阱。衡量骗局大小，不能光看损失的金额。这场诈骗的"精髓"是构建起不应有的信任，让人们坚信某种子虚乌有的东西存在。麦格雷格尔虚构出一个"波亚斯"国家，宣称自己是王子，在中美洲的黑河附近，就是今天的洪都拉斯境内。麦格雷格尔精心策划的宣传攻势大获全胜。人们不仅争相购买这个虚构政府的债券，甚至还有人欣然"移民"到这个并不存在的国家。移民凑满了7艘船。两艘船打前站，约250人。去后有2/3的移民病饿而死。消息传到了伦敦，英国派军舰追回另外5艘船。1823年麦格雷格尔如法炮制去法国诈骗，有60人同意成为"波亚斯"的新移民。当这些法国移民者申请护照前往一个子虚乌有的国家时，当局开始调查。最终麦格雷格尔锒铛入狱。时至今日，被称为波亚斯的地区仍然是一片蛮荒之地。

风险识别最困难的是风险边界的变化。也就是说，在一个时空条件下不是风险，在另一个时空条件下就是风险，反之亦然。很多人不懂这个变化，导致出现大的危机。以开车门这个最简单的动作为例，它在车库一般人不认为是风险，但在马路上就是最大的风险之一。现在因在马路上开车门造成的交通事故，每年以15%的速度在上升。最普通的微笑在生活中是最常见的表情，但在事故现场就是最大的风险。2012年8月26日延安发生36人遇难的特大交通事故。有网友在新华社拍下的现场图片中，发现陕西省安监局长杨达才在微笑。结果经调查发现杨达才500多万元非法收入，因而被判14年刑期。网友称：杨达才是以不恰当的身份，在不恰当的地方，展示了不恰当的表情，结果被揪出绝对不恰当的尾巴。最常见的饭桌上谈笑有时就会酿成大的风险。2015年4月6日，央视主持人毕福剑在饭桌上唱评《智取威虎山》视频流出，在全国引起轩然大波，央视表态将严肃处理。毕福剑在错误场合给错误的人唱评了错误的唱段，犯下了一生最大的错误。

第五节　风险识别方法

风险识别要达到目标要求，实现认识的深入彻底，必须在总结前人经验教训的基础上，运用一系列科学的模型、工具和方法。由于事物千差万别，组织结构各具特色，发展样式各不相同，目的要求差别较大，所以在运用这些模型、工具和方法时，要因地制宜，因时制宜，因人制宜，因需制宜，不能形而上学，机械搬用。风险识别的方法主要有：头脑风暴法、案例分析法、问卷调查法、标杆分析法、情景分析法、检查表法、故障树分析法等。以下列举几个事例以供参考。

丙吉问牛通过调查研究识别风险。《汉书·丙吉传》记载，西汉宣帝时期丞相丙吉在暮春的一天外出，遇到行人斗殴，路边躺着死伤的人。丙吉不闻不问，驱车而过，掾史感到奇怪纳闷。过一会儿，当看到老农赶的牛步履蹒跚、气喘吁吁时，丙吉却让车夫停车询问缘由。下属不解，问丙吉何以如此重畜轻人。丙吉回答说："行人斗殴，有京兆尹等地方官处理即可，我只要适时考察其政绩，有功则赏、有罪则罚，这样就可以了。丞相是国家的高级官员，所关心的应当是国家大事。而问牛的事则不同，如今是春天，天气还不应该太热，如果那头牛是因为天太热而喘息，那么现在的节气就不太正常了，农事势必会受到影响。所以，我过问了牛的事儿。"汉朝属于农业社会，农事如果不好，势必影响到老百姓的生活。丙吉问牛而不问人，说明他善于从现象中识别国家风险，抓住了问题的要害。与丙吉相似，20世纪60年代中期，有一个总理问盐的逸事。有一天，周恩来从工作人员杨金铭那里得知买盐1斤1毛5分钱，然后向北京市有关部门询问民用食盐为何要涨价。原来，北京市卫生局为了预防市民患病而给食用盐加碘，才使食用盐价格提高。周恩来得知这一情况后才放心。周恩来总理从1斤盐涨1分钱中识别国计民生风险和疾病防控风险。

通过历史数据评审法识别风险。2014年7月17日，马来西亚航空公司MH17波音客机载有298人，在靠近俄罗斯的乌克兰边境地区遭地对空导弹击落，机上人员全部遇难。历史上在两国交战敏感地带击落民机多有发生。如1988年7月3日，伊朗民航公司的655次航班在美军"文森斯"导弹巡洋舰约14公里时，"文森斯"号突然发射两枚"标准"防空导弹，其中一枚直接命中A300客机，机上290人全部遇难。2001年乌克兰军方在演习过程中，一枚导弹击落了俄罗斯一架图154客机。2014年7月，本会员工参加欧盟欧亚青年交流项目一年后回国，原订回国日期是7月中旬。鉴于乌俄局势恶化和历史数据评审，飞机要经过乌俄争端上空，为避免空难风险，我于5月份就要求他提前回国，这样就有效地躲避了7月17日马航空难事件，预防了有可能产生的风险。

通过由现象到本质、由偶然到必然的归纳推理和分析判断，史上最伟大的保安瑞克因为提前8年预见了恐怖袭击，拯救了近3000个家庭。瑞克是摩根士丹利安全副总裁。摩根士丹利占据了世贸中心双子塔的南塔楼第47～74层，有2700多名员工办公。世贸中心由两座110层411.5米高的塔式摩天楼组成。1988年12月，利比亚两名恐怖分子劫持泛美航空公司一架从德国法兰克福飞往美国底特律的飞机。飞机在美国小镇洛克比上空爆炸坠毁，造成170人丧生。瑞克认为：世贸中心是美国地标性建筑，袭击这样的地标无疑更有震慑效果，所以，世贸中心很可能已经危机四伏。他立即向纽约港口管理局以及世贸中心业主写信，强烈建议在停车场加强安保措施。得到的答复却是：老兄，你管好自己的楼层就好了。不出所料，4年后的1993年2月，恐怖分子将一辆装满炸药的箱型车开进世贸中心地下车库并引爆，造成6人死亡，1000多人受伤。瑞克相信，恐怖分子不会就此罢休，下一次行动很有可能用飞机，装上生化武器从空中袭击世贸中心。他向公司高层建议：搬离世贸中心。但摩根士丹利的租约要2006年才到期。所以，瑞克又开始实施一项计划：把窝在办公椅中的"金领"们变成逃生能手，每年两次组织逃生演习。因为在极端状态下，冷静思考几乎不可能，只有反复练习，人才能在恐惧中做出近乎本能的反应。2001年9月11日8点46分40秒，一架波音767突然撞击世贸中心北塔上部，所有人都惊呆了。瑞克组织撤离，要求大家按照演习安排，快速向楼下逃生。9点3分11秒，另一架时速高达950公里/小时的波音767撞上摩根士丹利所在南塔的第77层至85层。在两次撞击间隔的15分钟里，摩根士丹利的2687名员工连同正在摩根谈业务的250多名股票经纪人安全撤离。9时58分59秒，南塔崩塌。"9·11事件"中，处于南塔最危险位置的摩根士丹利，仅有6名员工牺牲，其中包括瑞克。近3000个家庭因为他保住了幸福。美国人称他为"双子塔英雄"。

思考讨论题：

1.怎样理解风险识别的框架和内容？

2.怎样才能做到风险识别的有效输出？

第九章 风险分析论纲

风险分析至关重要的是实现风险事件大小和风险发生频次的结合，只有前者或者只有后者都不算完整意义上的风险分析。确定风险等级是风险后果和发生可能的有机统一。风险等级是风险分析的输出成果。这个输出成果在确定时，困难重重。要根据具体的风险状况进行深入细致的分析研究，运用好各种工具和方法，才能够实现风险分析的目的，输出风险分析清单。

第一节 风险分析概念，深入了解把握

风险分析就是理解风险特性，确定风险等级的过程。风险分析为风险评价与风险应对决策提供基础。风险分析是风险评估过程中最重要的阶段。风险识别的输出就是风险分析的输入。风险分析的输出就是风险评价和风险应对的输入。风险分析在风险评估过程中，处于承前启后的地位，承担着继往开来的作用。没有对风险进行分析，风险识别的结果就不彻底，就不完善，就难以发挥作用。没有对风险进行分析，不能深刻把握风险的性质和特点，风险评价就失去意义，风险决策就失去基础和前提。从哲学上讲，风险分析是辩证唯物主义认识论，从实践到认识的重要阶段，

是从感性认识，通过由表及里、由粗到精、由此到彼、由现象到本质，上升到理性认识的重要阶段。只有真正把握风险分析这个阶段，才能够把握风险评估，进而把握整个风险管理过程。

第二节　分析事件大小，确定风险后果

风险识别结束，作为风险评估阶段的第一次输出，就是风险清单。风险分析就是以风险清单为基础，进一步深入细致、全面周到、没有任何遗漏地对风险清单进行再判定、再分析。一是分析风险识别是否完整，风险清单是否有遗漏风险，风险边界是否清楚，从不同角度分析某一事件，在特定情况下是否构成风险。风险汇总的数据要全面，任何遗漏在风险分析阶段必须补充到位。二是进一步分析风险后果的大小，从一个角度和一个层次分析风险，大小是确定的，但是从另一个角度和另一个层次分析风险，大小就不确定了。如果从多个角度和多个层次分析风险，其后果的严重程度，大小的界定，都会发生不同的变化。对此要深入分析，认真研究，确实搞清楚风险的大小。三是进一步分析风险的性质，多维度的确定风险的正向性质或负向性质，多层次的分析风险是具有威胁的特点还是具有机会的特点。在风险分析阶段，确定风险的性质至关重要。四是进一步分析风险的直接原因和潜在原因。无论是组织内部的风险原因还是组织外部的风险原因，都必须进一步梳理清楚。原因不清楚，就会导致评价无基础，应对无方向，处置无策略。五是进一步分析风险的形态和影响范围。一个风险事件造成的风险后果，不光程度差别较大，其形态也是各有特点，表现不一。影响的范围，也会因时因地不同而各不相同。只有深入具体地分析这些风险的形态范围的不同，才能从本质上把握风险的特质。六是进一步分析风险控制措施是否有效，是否具有全覆盖性。分析风险控制措施，需要在新的情况下的补充完善和提高，对当前风险后果、性质、形态范围的影响作用，综合完整地拿出对风险控制措施的完整评价。

第三节 分析发生频次，确定风险可能

在对风险识别清单认真分析、评价的基础上，得出对风险后果、风险原因、风险性质、风险范围、风险状态总的分析结果，在此基础上，要着重分析风险发生的频次，风险发生的可能性。一是要分析风险发生的时机。在一个事物发展的漫长过程中，都充满着风险发生的机会。这些风险发生的机会，在事物发展的前期、中期、后期是各不相同的，每次发生的导火索也是千差万别的。要认真分析风险发生机会的普遍性和特殊性、共性和个性、必然性和偶然性，从中找出有规律性的特点。二是要分析风险发生的频次。风险发生的频次也是各不相同，千差万别的。风险发生的频次多少，直接影响组织的生存和发展。如果一个组织风险频发，就会直接影响这个组织的品质和效益。判定一个组织是否优异，风险发生频率就是一个很重要的标准。如果一个组织风险频发，那么就很难会成为一个好的健康的组织。风险发生的频次，是风险分析的重要方面。三是要分析风险发生的范围。风险发生的范围在一个组织中，也是各有特点的。风险往往发生在组织管理的薄弱环节、缺失部位和新问题、新情况产生的地方。这些地方最容易发生风险，是分析风险可能性的重点。对重点区域、重点方位、重点环节、重点制度、重点结构、重点操作、重点联系、重点人员、重点组成等要进行深入分析，确实掌握风险发生的范围。四是要分析风险发生的程度。风险发生的频率不同，范围和时机不同，这其中还有一个非常关键的问题是发生的严重程度不同，要充分分析风险发生的程度，区分不同程度的等级，对影响全局、影响生存、影响战略的风险可能性必须高度关注。对面广量大、程度较低的风险可能性，要加强管理、严密监控。

第四节 分析轻重缓急，确定风险等级

风险分析的核心就是确定风险等级。所谓风险等级就是一个风险或组合风险的大小，以结果和可能性二者的结合来表示。当我们分析出风险的结果和风险发生的可能性时，我们就需要把风险后果的严重程度和风险发生的频次这两个维度相交集，形成一个闭环的风险范围。以这个范围的前后、上下、左右以及对组织的作用和影响，确定风险的等级。风险等级是判断风险大小和严重程度的表现形式。我们进行风险管理，通过风险识别和风险分析，必须汇总和制订出风险等级图。这个等级图以风险的不同坐标为基点，给我们展现出一幅风险分布的坐标系统。这是风险分析的重要成果。我们在确定风险等级时，应该着重关注如下三点：一是风险等级的整体性。确定一个风险的等级，是建立在风险后果和发生可能性所有要素分析的基础上的。我们所确定的一个风险的等级，是对这个风险全部要素的分析研判所得出的结论。坚决不能有片面性、表面性和主观性。二是风险等级的层次性。组织发展中存在着诸多的风险，从纵向层次和横向结构的结合上，我们要区分出不同风险的不同等级。下一等级层次的风险，包含在上一级等级层次的风险之中。二者有区分也有联系，要区分对待，又要整体考虑，但绝不能混为一谈。三是风险等级的阶段性。我们是在一个特殊的节点上，划定特殊的风险时点来确定风险等级的。但是组织在发展，风险在变化，内部结构在调整，外部环境在更替，这样我们确定的风险等级，就有节点性和时点性，是在一个阶段中的风险等级，这个风险等级既不等同于上一个阶段的风险等级，更不能代替下一个风险阶段的等级，它具有完全的时效性和阶段性。

第五节 分析风险敏感程度，强化相关沟通力度

在确定风险等级后，我们分析出风险的直接后果和间接后果，当前范围和今后范围，经济影响和社会影响等。在此基础上要对风险后果和发生的可能性，在更广泛的意义上进行敏感性分析。这是风险分析时容易忽视，但又很重要的一个方面。敏感度分析主要是分析社会公众对风险事件的潜在态度，以及这种潜在态度对组织自身造成更广、更长久的次生风险

和连带风险。现代社会是信息社会，网络媒体传播速度快、影响面广，这在客观上为敏感风险的传播和扩散提供了客观基础。这是新形势下的新特点，必须高度关注。一是加强与利益相关方的沟通，共同寻找风险事件的敏感点，采取措施加以控制。二是深入调查社会公众对敏感事件的态度，提前预测敏感风险事件的程度和范围。三是对风险事件的敏感性，要作为一个非常重要的风险变量，整合到风险等级之中，综合分析评判，绝不能让它游离于风险分析的范围之外。

第六节 分析风险具体情况，采取不同工具方法

一个组织中的风险不仅千差万别、多种多样，而且数量众多，层级不同。从哲学上讲，矛盾具有特殊性，风险亦具有特殊性。对于具有特殊性的风险，应该采取不同的方法，运用不同的工具和模型来进行分析。只有这样，才能够揭示风险的内在本质，才能够探索风险产生的原因，才能够衡量风险后果的严重程度，才能够研判风险发生可能性的大小。风险的特殊性，决定了风险分析的特殊性。只有对具体风险具体分析具体对待，才能够达到分析风险的真正目的。

第七节 分析风险完全彻底，突出重点难点特点

风险分析的目的在于判断风险的大小，为风险决策提供依据。这就要求在风险分析上，一方面要完全彻底，另一方面要突出重点难点特点。完全彻底是指在风险识别的基础上，经过多层次、多方面、多维度的反复分析，将风险无论大小、无论内外、无论远近，通通归拢到风险清单之中。在此基础上，分析每一个风险的特点，区分出大小、轻重、缓急、难易。要认真掌握一个风险不同于另一个风险的特点，把不同的风险分析排序，实现对风险全方位、立体性、持续性的有效把握。

第八节 完善风险识别清单，制订风险分析清单

    风险识别的产出是风险识别清单，是风险事件单纬度的清单，它表明的是风险的大小，没有轻重、没有等级，解决的是有没有风险、是不是风险的问题。在风险识别清单上，经过风险分析，产出的风险分析清单，具有二维性、立体性、动态性和封闭性。它在解决风险大小的问题上又增加了风险发生性的维度。这样对风险的判定就具有立体动态性质。风险分析清单，是对风险识别清单的提高、完善、补充、丰富和发展。只有建立风险分析清单，对风险的认识才能够从感性到理性，从具体到抽象，从现象到本质，从当前到未来。在风险识别清单基础上，建立风险分析清单，是人类史上在主观和客观之间，实践和认识之间所形成的逐步深化、逐步提高的一个认识领域。这个认识领域与真理的发展规律相依存、相对立、相转化、相提高，由此构成了认识发展的历史，真理发展的历史。我们从风险管理的角度进行论述，其实论述的是一个辩证唯物主义认识论的问题。

    综上所述，风险分析就是重点论。风险分析就是从风险后果的大小和发生可能性的大小两个维度的结合上，来确定风险的等级。风险有了等级就有了重点。在风险管理上掌握重点，在哲学上就叫重点论。没有重点就没有工作。掌握重点论具有重大的方法论意义，主要表现在三个方面：

    第一，风险分析重点论指导我们在任何时候任何情况下都要抓重点。毛泽东同志的《矛盾论》告诉我们，主要矛盾和主要矛盾的主要方面决定事物的性质，决定事物的生存和发展。唯物辩证法的核心，就是让我们在纷繁复杂的事物和现象中，抓重点，抓关键，抓纲举目，举一纲而万目张。

    第二，只要抓住了重点就抓住了成功。美国伯利恒钢铁公司总裁舒瓦普向一位管理专家请教如何提高效率。专家称给舒瓦普一样东西，在10分钟内能把他公司的业绩提高50%。接着，他递给舒瓦普一张白纸，并要求舒瓦普在这张纸上写下他明天要做的6件重要的事，于是舒瓦普用5分钟时间写完。之后专家又要求舒瓦普用数字表明每件事情对于他

和公司的重要性次序。于是舒瓦普又花了约5分钟时间做完。专家说："好了，现在这张纸就是我要给你的提高效率方法。明天早上第一件事就是把纸条拿出来，做第一项事，不看其他。只做第一件事，直到完成为止。然后用同样的办法对待第二项、第三项、第四项事情，直到下班为止。即使只做完第一件事，那也不要紧，因为你总是在做最重要的事情。你可以试着每天这样做，直到你相信这个方法有价值时，请将你认为的价值寄给我支票。"一个月后，专家得到了2.5万美元的支票。而后，舒瓦普也在他的员工中普及这种方法。5年后，当年这个不为人知的小钢铁公司成为世界上最大的钢铁公司之一。这个案例说明，无论做什么事情，只有抓重点，抓关键才能成功。伤其十指，不如断其一指。集中全力打歼灭战。

第三，忙人都是笨人定律。这个定律是由本人提出的。一是一个难题别人三分钟解决，你三天也解决不了，你不忙吗？二是该抓不该抓的你都抓，眉毛胡子一把抓，大小事都管，你不忙吗？三是有一种失败叫瞎忙，心死的人才忙。四是忙和重要之间不画等号，日理万机，但不是"日理万忙"。五是筹划安排好就不忙了。六是别给我说你忙，因为你并没有忙我，说忙就是瞧不起我。忙人都是笨人定律，得到哈佛大学终身教授穆来纳森的佐证。他在《稀缺》一书中认为：我们是如何陷入贫穷和忙碌的？特别忙和特别穷的人有一个共同点，那就是会过多将注意力花在追逐稀缺资源上，从而引起认知和判断力的全面下降。这个研究源于穆来纳森对自己拖延症的憎恨。他7岁从印度移民美国，哈佛毕业后在麻省理工学院教经济学，获麦克阿瑟天才奖，后被聘为哈佛终身教授。而立之年就几乎拥有一切的他，觉得自己唯一缺少的就是时间。脑袋里永远有各种计划，总想把自己分身去搞定所有事情，结果却常常陷入承诺无法兑现的泥潭。发现这一问题后，他便把手头正在做的国际扶贫研究和自己的问题联系起来。最终，他竟发现自己面临的问题和穷人的焦虑惊人地类似。穷人们缺少金钱，而他缺少时间。两者内在的一致性在于，即便给穷人一笔钱，给忙得焦头烂额的人一些时间，他们也无法很好地利用这些资源。在资源（钱、时间、有效信息）长期匮乏的状态，对稀缺资源的追逐已经垄断了这些人的注意力。以至于让他们忽视了更重要更有价值的因素，从而造成心理上的焦虑和资源管理的困难。也就是说，当你特别穷或特别没时间的时候，你的智力和判断力都会全面下降，导致进一步失败。研究进一步解释，长期的资源稀缺会造成"稀缺头脑模式"，导致失去决策所需的心力，称之为"带宽"。一个穷人，为了满足生活所需，不得不精打细算，最终没有任何"带宽"来考虑投资和发展等事。一个过度忙碌的人，为了赶任务，赶截止期限，被看上去最紧急的任务拖累，而没有"带宽"去思考更长远的发展。对于他们来说，即便摆脱了这种稀缺状态，也会被这种"稀缺头脑模式"纠缠很久。穆来纳森的研究，对社会阶层理论和国家政策、技术发展模式乃至个人时间管理等问题，都有重要的启示。人穷怎么办？美国共和党认为穷人之所以穷，是因为他们不努力；民主党认为，贫穷的根源是社会的不平等，国家应通过资源再分配来支持穷人。穆来纳森的研究证明两党都错了。穷人不是不努力，而是因为长期贫穷，失去了摆脱贫穷的智力和判断力。这种状况如不改变，再努力也是白费。而如果仅是简单地分钱给穷人，穷人的"稀缺头脑模式"也会导致他们无法利用好这些福利以脱贫。所以一个合理的社会流程方式应当是，建立最基本的社会安全体系，同时保证社会竞争上升通道，资源入口向全社会开放，使得个人能保持正常思维，有尊严地奋斗。这个理论对中国的扶贫模式也是一个参考。比如我国扶贫有送牛计划。但一年后，送给贫困户的牛变成羊，羊变成鹅，鹅变成鸡，最终鸡下锅。对个人来说时间不够怎么办？传统时间管理原则是利用零散时间，并同时处理多项任务。穆来纳森研究发现，任务完成不了的原因不是时间不够，而是处理问题时的心力不够。利用零散时间和多任务处理的解决方式，反而会因分心而加强焦虑，导致更加无法专心处理主要任务，加剧拖延。解决此问题最好的办法是，减少多任务干扰，求助外界帮助，分割问题，从而淡化处理问题时的焦虑。由此启示我们：在风险管理上必须集中全力抓重点、抓关键，然后迅速应对。只有这样才能使风险管理发挥更大的作用。通常一个企业的风险有11000多个，作为主要领导，要集中全力抓住前10-15个重大风险，集中全力解决就行。

山东三联集团破产，董事长张继生自解大败局，核心是没有抓住重点。三联集团1984年成立，2010年4月提交破产方案，宣布破产。张继生说，在诸多风险中：第一个失误，没有分析出与联大吴晓梦签署关联企业协议是重大风险。由此进入银行慎贷黑名单，成为三联破产的开始。第二个失误，分析发展战略没有抓重点。海陆空全面出击，没有抓住家电销售这个核心。高峰期拥有几万名员工、160家公司，业务横跨房地产、商贸流通、电子信息、旅游传媒等五大产业，商业销售曾连续10年全国排名第一。这时的国美、苏宁还是一间小作坊。第三个失误，区域布局没有抓住重点。没有占领全国一线城市，而是局限于山东一个区域，失去了发展的空间，同时也失去了发展的时间。再看国美、苏宁，重点抓线下销售，没抓好线上销售这个重点，结果被马云占领先机，阿里巴巴成为龙头老大。对于现在的阿里巴巴来说，政治风险、政策风险、国际风险、社会风险、心理风险是最大的风险。如果马云不把以上五大风险作为重中之重，抓死抓牢，抓出成效，阿里巴巴就有可能面临危机。世界拉链大王日本企业家吉田忠雄专注做拉链。到现在，YKK已经成为世界上最大的拉链制造公司，每年营业额达25亿美元，年产拉链84亿条，其长度相当于190万公里，足够绕地球47圈或从地球到月球之间拉上两个半来回。YKK产品占日本拉链市场的90%，美国市场的45%，世界市场的35%，吉田忠雄成为无可争议的世界拉链大王。当有人追问靠350日元起家的吉田忠雄，他成功秘诀是什么时，他回答两个字：专注。美国Drybar美发沙龙靠吹头发一年"吹"出1亿美元的收入。这个"美发界星巴克"到底有多神奇？只靠吹头，不靠染发，不靠烫发，为何能做到一年1亿美元的收入？当许多从事美发生意的商家还在一门心思琢磨"洗剪吹"大法时，美国这家名为Drybar的美发沙龙却另辟蹊径，新造并专注一个细分市场，只为顾客提供吹头服务。目前，Drybar美发沙龙在加州、佐治亚州、得克萨斯州、亚利桑那州、纽约州、华盛顿特区等地开设了多家连锁店，并计划进军加拿大和英国市场。

思考讨论题：

1.风险分析的核心是什么？

2.怎样制订科学的风险分析清单？

第十章　风险评价概述

风险评价是风险管理过程中非常重要的一个过程。要明确风险评价的基本概念，要建立符合组织风险状况的风险准则，要确定风险评价的基本内容，突出风险评价的重点、难点和焦点，要实现风险准则与分析评价内容的反复多次的比对。一旦发现风险准则不科学、不合理、不适用、不快速，就要坚决进行论证和调整，以实现它应有的价值。

第一节 风险评价概念

风险评价就是风险分析的结果与风险准则相比较，以决定风险的大小是否可以接受或可以容忍的过程。风险评价协助进行风险应对的决策。风险识别的输出就是风险分析的输入，风险分析的输出就是风险评价的输入。风险评价就是风险分析出的风险等级与风险准则相比较，确定风险是否应对，以及应对的优先顺序。风险评价只为风险决策提供依据，但它不是风险决策。风险决策是在风险评价基础上的另一个过程。风险评价的输出就是风险决策的输入，二者具有前后顺序关系，但不能重叠，是风险管理过程的前后不同的两个阶段。

第二节 建立风险准则

风险准则是评价风险的重要依据。风险准则的确定需要基于组织的目标、外部环境和内部环境。风险准则可以源自标准、法律、政策和其他要求。建立风险准则要把握以下三个方面的要点：首先，建立风险准则的依据。建立风险准则有两方面的依据，一是外部依据。主要是指有关组织的法律法规、政策条令等。例如：相关的国际标准、国内标准、行业标准，以及相关的指南、框架、条令、准则等。二是内部依据。主要是风险管理对应的业务过程，组织的风险偏好。风险偏好主要是指组织愿意寻求或保留的风险数量和种类。组织发展的战略目标、工作方针、规章制度、流程标准等。其次，建立风险准则的时机。在建立风险管理框架中，通过授权与承诺，先建立外部环境，再建立内部环境，然后建立风险管理环境。在以上三个环境的基础上，通过明确组织的业务过程和风险偏好，建立风险准则。最后，风险准则对应的内容。风险准则从哲学上讲就是事物的度量界限和评判标准。这个度量界限和评判标准的建立是检验一个组织风险管理水平高低的尺度。风险管理准则在内外环境的基础上，划定一个界限，体现了组织的制度要求、机制要求、标准要求、流程要求、效益要求、目标要求等。风险准则是事物发展的重要界限，是量变质变的临界线。建立风险准则，掌握风险准则，运用风险准则是风险管理的重要手段和措施。风险准则在风险管理过程中，对应的是风险的大小和风险发生的频次，是风险后果与可能的结合。归纳以上内容，理解风险准则，其核心在于：开始之前制定完成；具有具体规范文件；必须划分风险等级；风险准则有时效性；反映组织价值目标；符合法律政策规定；与风控方针相一致；管理过程持续评审；随着风险期限变化；应对风险组合方式。

第三节 风险评价内容

风险评价的核心内容就是，运用风险准则应对风险后果和风险可能相结合所产生的风险等级，衡量出风险是否应对以及应对的优先顺序。风险评价的产出是风险坐标，用后果的程度与发生的频率建立二维坐标图，形成优先应对清单。用风险等位线划分风险区域，要形成上中下三个风险带。一是风险上带。无论组织的活动能够带来多么大的利益，风险上带中的风险等级都是不可容忍的。即使应对成本较大，也必须坚决应对。二是风险中带。对该风险带中的风险，是否应对要考虑实施应对的成本和收益，并衡量机会与潜在的后果。三是风险下带。该风险带中的风险等级较低，无须采取任何风险应对措施。风险处于可接受范围，只要保持现有内控力度即可。

第四节 风险评价重点

风险评价是风险评估三个子过程之中最后一个过程。风险评价的核心是用风险准则应对风险等级，建立风险坐标图，为风险决策提供基础和准备。在这里对风险评价的总体要求就是精准。一是风险分析的结果要精准。如果风险分析的结果不精准，风险分析图不清楚，风险等级有瑕疵，再好的风险评估都是有缺陷的。二是风险准则要精准。风险准则是衡量风险的准绳。风险准则建立的不科学、不系统、不完整、缺乏操作性，就无法起到衡量标准的作用。用这种标准去衡量，就是错误的衡量、失效的衡量、没有任何作用的衡量。三是风险评价的过程要精准。风险分析的结果精准、风险准则精准，如果二者的比照和应对有偏差、有空当、有缺失，也无法实现评价的作用。不仅如此，这种评价的结果本身就是风险，而且还能造成次生风险，破坏整个风险管理的过程，影响组织目标的实现。

从哲学上讲，只要是人类认识世界和改造世界的活动，都要进行风险评价，都具有风险评价标准和风险准则要求。但具体到每一个具有特殊性的组织或活动，其风险评价内容和标准又是各具特色、千差万别的。即使是相同、相似、相近的组织或活动，由于风险偏好的不同，其风险评价和风险准则要求也各不相同。我们必须充分认识风险评价和风险准则的特殊性、差异性，只有这样，才能按照标准和要求，根据自身特点，进行风险评价。目前，人们对风险影响程度和发生可能性划分为5个评价级别标准，但对风力就有12个级别标准。这就是不同事物具有不同的评价准则。

在现实生活中，每个组织要根据自身实际确定风险准则，认真贯彻执行。某集团应收账款风险管理准则，有5个等级。第一级，低，欠款10万元以上注意管理。第二级，中等，欠款20万元以上加强管理。第三级，高，欠款30万元以上严格管理。第四级，较高，欠款40万元以上实行控制。第五级，极高，欠款50万元以上，突破底线，不能接受，不能容忍，必须进行风险应对。停止供货，上门催账。但该集团的风险管理准则执行不好，几年下来共欠款4亿元。某矿业集团合同风险管理有两个风险等级标准。第一个是合同风险发生可能性等级标准，分五级。第一级，极低，一般情况下不会发生，今后10年内发生可能少于1次。第二级，低，极少情况下才发生，指今后5～10年内可能发生1次。第三级，中等，某些情况下发生，指今后2～5年内可能发生1次。第四级，高，较多情况下发生，指今后1年内可能发生1次。第五级，极高，常常会发生，指今后1年内至少发生1次。第二个是合同风险影响程度等级标准，分五级。第一级，轻微，企业日常运行不受影响，财务损失，很小。第二级，较小，企业日常运行轻度影响，可能导致合同条款变更，但不影响合同效力，财务损失轻微，轻微经济损失，至1%的税前利润。第三级，中等，企业日常运行一般影响，可能导致合同效力瑕疵或履行障碍，财务损失，中等经济损失，至5%的税前利润。第四级，严重，企业日常运行较大影响，可能导致合同无效或无法履行，财务损失，重大经济损失，至5%～10%的税前利润。第五级，非常严重，企业日常运行重大影响，不仅导致合同无效或无法履行，甚至导致承担责任，财务损失，极大经济损失，至20%的税前利润。某矿业集团以上两个风险等级标准就是合同风险准则。从2011年2月开始，他们按照这两个合同风险准则管理风险，到2014年10月验收，没有出现大的合同风险。本人作为风险管理评审专家，参加了这次风险管理验收工作。

风险评价给我们的哲学启示是，在任何时候任何情况下，必须掌握适度原则，要有底线思维，要守住红线，不可越雷池半步。否则，就会出现重大风险，身败名裂，万劫不复。山东省两位省级领导没有守住红线，越过雷池，下场悲惨。杜世成和黄胜是我所熟悉的山东省两位省级干部，我在省府办公厅工作时，与杜世成斜对门办公，与黄胜一块起草过省政府工作报告。现在他们俩都已被判无期徒刑。这两人都是大才，仕途起步都很早，发展都很快。但没学风险管理，不懂适度原则，没有底线思维，没有守住红线，越过雷池，结果身败名裂，后半生将在牢狱度过，生不如死。前几年，有人说，贪污犯跑到国外就是天堂。但现在中国在全世界追缴逃犯，贪污者就是在国外也如惊弓之鸟，丧家之犬，惶惶不可终日。有人说，贪污只要不被发现就赚了。其实不是这样。手里握着一个不知什么时候爆炸的地雷，吃睡不香，坐立不安，精神成本超过坐牢一百倍。在此提醒各位，官商适度保持距离，守住红线，不越雷池。否则，就是两只刺猬，靠得太近，结果只能是两身鲜血。

到北京八达岭野生动物园游玩的赵女士没有底线意识，突破不准下车的制度底线，突破老虎容忍底线，导致一死一伤。2016年7月23日15:04时，几名游客自驾车进北京八达岭野生动物园。赵女士嫌丈夫开车慢，因而中途下车，结果被身后老虎拖走，随后同车周女士追上去也被老虎攻击。事件造成一死一伤。据了解，当事游客签订过相关责任书，公园发放六严禁告知单，明确规定自驾入园要锁好车门窗，严禁下车。从风险管理专业角度看，老虎伤人事件有两方面原因：一是游客没有遵守游园规则这个纪律性措施来管控这种高严重度风险事件的发生。赵女士中途违规下车，瞬间一死一伤，她蔑视最基本的规则，自我为中心，酿成大祸。美国社会心理学家费斯汀格认为：生活中的10%是由发生在你身上的事情组成，而另外的90%则是由你对所发生的事情如何反应所决定。换言之，生活中有10%的事情是我们无法掌控的，而另外的90%却是我们能掌控的。费斯汀格举例说明，卡斯丁早上洗漱，将手表放在洗漱台，妻子怕被水淋，放在餐桌。儿子将手表碰到地上摔坏。卡斯丁疼爱手表，打儿骂妻。

妻不服，说怕水把手表打湿。卡斯丁说手表防水。二人猛烈斗嘴。一气之下卡斯丁早餐没吃上班，快到公司忘拿公文包，立刻转回。家无人，钥匙在公文包进不了门，打电话向妻子要钥匙。妻子慌张往家赶，撞翻水果摊，摊主要赔偿，她赔钱才摆脱。拿到包，迟到15分钟，挨批评，心情坏到极点。下班前又因小事，跟同事吵架。妻子因中间退出被扣月全勤奖，儿子参加棒球赛夺冠有望，因心情不好发挥不佳，第一局被淘汰。在这个此案例中，手表摔坏是其中10%，后面一系列事情就是另外90%。由于没有掌控好90%，导致全家闹心一天。试想，如果卡斯丁在手表摔坏后，换一种反应。他抚慰儿子：不要紧，手表坏了可修好。全家心情都好，随后一切不会发生。可见，虽然控制不了前面10%，但完全可以决定剩余90%。赵女士控制不了前面丈夫开车慢，但能控制后面一系列坏情绪和违章动作。可惜她没有做到，导致了悲剧的发生，教训沉痛。生活中熟练运用"费斯汀格法则"处事，一切事情都会迎刃而解。八达岭野生动物园的这一事故发生的另一个原因是管理者没有采取有效的技术性措施完全杜绝这种高严重度风险事件的发生。2016年8月24日相关部门调查结果为，不属安全责任事故，但要对安全管理隐患等委托第三方出具报告，进行整改。野生动物园有没有责任？有！而且责任重大。在汽车行业，针对产品设计和过程控制，都要求实施失效模式与后果分析（FMEA）。FMEA是一种风险预防的分析工具，其作用是识别产品和过程的潜在风险，并对所识别到的风险确定其优先解决的顺序。针对高严重度的风险事件，需要最优先采取控制措施，而且措施必须验证有效。否则，该产品或过程不可被批准放行。回到野生动物园伤人事件，作为动物园的经营者，也应该对游客游览过程进行有效的风险管理。我们不妨用FMEA工具来做一个风险识别。为保证游客安全，游览过程应有游客在游览过程中不能暴露在动物出没区域的要求。相应的失效模式即是游客在游览过程中暴露在动物出没区域，其最严重的后果就是可能被动物伤害致残甚至致死。在这种后果发生前若没有任何预警，那么导致失效发生的原因是什么呢？一般可能认为是游客违反规定擅自暴露在动物出没区域。这确实是一个原因，但FMEA强调应找到在技术上可以控制的原因。显然，动物园在没有有效隔离措施的前提下，是不能控制游客擅自暴露在动物出没区域的，最多只能通过罚款规定来震慑想要违规游客，但这并不是技术意义上的控制，而是纪律层面的约束。动物园并没有采取技术措施防止游客暴露在动物出没区域。这些措施可以是不开放私家车进入动物园内业务，或只能使用能完全阻止游客擅自暴露在动物园内的游览车，私家车进入动物园内门窗贴封条，违规加大处罚力度等。因此，对游客暴露于动物出没区域这个风险事件的评价应为高严重度的事件。经营者有责任识别这个高严重度的风险事件，并采取有效的技术措施完全杜绝该事件的发生，而不能指望靠游客遵守游园规则这个纪律性的措施来管控这种高严重度的风险事件。也就是说，动物园经营者的防范措施应能在游客有违反游园规则的行为时避免与安全有关的风险事件的发生。

台湾鼎泰丰小笼包坚守质量底线和标准底线，被美国《纽约时报》评为全球第二最佳连锁店，仅次于7-11。麦当劳、星巴克均排其后。台湾的杨秉义、杨纪华父子创立的鼎泰丰被称为"全球第一包"，可以说一个包子横扫天下。台中的一家店一天接待过3000人，翻台最高19次，最多时有100组客人站在门外候位。为什么这么受欢迎？产品过硬是根本原因。食品原料选购、加工、蒸煮、供应都有严格标准。面粉选用最好的，固定供应商。大米产自东北，精心挑拣。猪肉指定商户和活猪。活蟹拆出蟹黄。进最有品质的货，保证所有环节安全无纰漏。标准化作业程序，每个环节都有标准温度。每道菜到餐桌前，用笔型温度计确认。元盅鸡汤和酸辣汤85度，肉粽90度。温度精确度与顾客满意度成正比。公司多年积累经验，量化标准，严格执行，从服务业跨入制造业。小笼包坚持5克皮、16克馅、18个褶、重21克，蒸4分钟标准，重量只允许0.2克的误差。虾的处理室内温度16度，猪肉分隔18度。包前材料和包完成品都要测，还用电脑系统监控。鼎泰丰不鼓励殷切过头，服务刚好就行。一切都像是瑞士手表那样精确无误。1972年鼎泰丰开始做小笼包，目前在全球11个国家和地区有超过70家餐厅。

最高人民法院动用12个手段惩治"老赖"，守住法律底线。2016年，最高人民法院用12个手段惩治欠钱不还的"老赖们"。（1）唯一住房法院可拍卖。（2）冻结支付宝账户。（3）可网上冻结财产。（4）同步芝麻信用，网购受限。（5）不得担任高管。（6）车辆上不了高速。（7）水陆空阻止出行。（8）禁止高消费。（9）子女不许上私立学校。（10）限制炒股买房。（11）养老金可直接抵扣。（12）最高可判7年。新加坡坚持鞭刑，坚守法律底线尊严。在众多刑罚中，具有显著代表性的，是新加坡的肉体刑罚—鞭刑。鞭刑，目前在世界上很少有国家使用。新加坡的刑法制度源自英国和英属印度。1948年新加坡监狱调查委员会记录了如下狱规:对于严重违反狱规的犯人，可由监狱当局判处藤鞭最高12鞭，或由来狱的法官判处藤鞭最高24鞭；对于15岁以下未成年犯，只能由来狱法官判处最多细藤6鞭。鞭刑部位是犯人的臀部。对成年犯使用的藤鞭直径不能超过半英寸，对未成年犯应使用细藤鞭。在行刑前，刑鞭会在清水中浸泡一夜，使之充分吸水，增强柔韧性。打鞭要求一鞭下去，皮肉皆开，疼痛难忍。打完一鞭后，医生便进行检查，一旦发现受刑者不能承受下一次鞭打了，便停下来，过3个月再继续打。鞭刑架高2.74米，犯人将被赤条条绑在刑架上。打鞭时，只有监狱官、狱卒和医疗人员能在场。鞭打的过程现在是保密的。1993年，新加坡有3244男性罪犯被判鞭刑。到了2007年时，已经翻了两倍，至6404罪犯。鞭刑是强制刑，其中既包括强奸、抢劫、贩毒等重罪，也包括较轻的罪行如非法拥有武器(包括长刀、匕首等)、涂鸦(包括在公共场所或公共设施上)、挟持人质、重犯吸毒者、非法金融交易、逾期逗留超过90天。一旦被判鞭刑，至少3鞭。 成年男性罪犯介于18至50岁，并且通过体检才可以被执行鞭刑。罪犯同一时间只能被执行24下鞭刑。死刑犯是不会被执行鞭刑的。如果一男一女犯下同样的罪行，情节也完全相同，女犯只判监禁，而男犯在监禁之外还要判处鞭刑。鞭刑前犯人要全面体检，有高血压或心脏病等疾病者都可豁免鞭刑。在2007年，大约95%的罪犯被执行。行刑者都受过特训，他们个个身材魁梧，有些是搏击或武术高手。狱警知道怎样才能在犯人身上制造最大程度的疼痛，同时产生最低程度的永久伤害。鞭刑要求行刑者每鞭都出尽全力，不考虑受刑者的年龄或者罪行的轻重。大赦国际坚决谴责这种刑罚，曾给新加坡政府写信希望废除鞭刑。新加坡官方坚决支持鞭刑，他们相信鞭刑是震慑犯罪的最有效手段。新加坡当时的监狱局长说："鞭痕是除不掉的，这将伴随他们一生，是他们一生的耻辱。"这使得鞭刑不仅是一种刑罚，更是一种耻辱记录，类似中国古代在囚犯的脸上刺字。新加坡姑娘择偶，先得掀开男方衣服，验过有无鞭痕。倘有鞭痕，断无婚配之理。受过鞭刑的男子是不允许在新加坡军队中服役的。1990年，美国一男子在新加坡涂鸦，被法官判处鞭刑6鞭。当时，这项消息震惊世界，美国政府出面求情，新加坡总理说："看在美国的面子上，减去2鞭，但必须执行4鞭。"中国也有人受过此鞭刑，有一男子签证到期仍逗留新加坡打工赚钱，后被警察查到，被判处4鞭，再被遣送回国，该男子后来说："我想，这辈子我都不会忘记新加坡了，因为它在让我领略了天堂般的繁荣和富庶时，也让我体验了地狱般的痛苦与酸楚。"

醉驾入刑定罪，坚守安全底线。酒后驾驶已经被列为车祸致死的主要原因。在中国，每年由于酒后驾车引发的交通事故达数万起。造成死亡的事故中50%以上都与酒后驾车有关。2015年对酒驾醉驾标准和处罚出台了最新规定。酒驾：血液酒精含量达到20毫克/100毫升。醉驾：血液酒精含量达到或超过80毫克/100毫升。在道路上醉酒驾驶机动车，以危险驾驶罪定罪处罚。醉驾处罚：吊销驾照，5年内不得重新获取驾照，经过判决后处以拘役，并处罚金;醉酒驾驶营运机动车辆，吊销驾照，10年内不得重新获取驾照，终生不得驾驶营运车辆，经过判决后处以拘役，并处罚金。

思考讨论题：

1.建立风险准则的要求是什么？

2.怎样进行风险评价？

第十一章 风险评估实施

风险评估实施主要是要做好整体计划，要搞好风险评估的各项准备工作，实现人财物、内外各个方面全部到位。在实施风险评估时，各个方面要按照各自的职责和共同制定好的计划，搞好密切配合。在风险评估总结阶段，要尽量使利益相关方和内外专家等反复讨论，形成尽可能一致的结论。

第一节 风险评估简要论述

风险评估就是风险识别、风险分析、风险评价的全过程。风险评估是由三个阶段所组成的逻辑发展性极强的操作过程。风险评估起始于建立环境，环境建立的输出就是风险识别的输入，风险识别的输出就是风险分析的输入，风险分析的输出就是风险评价的输入，风险评价的输出作为整个风险评估的输出，是风险应对的输入。这个逻辑严密的过程，环环相扣、步步深入、逐次推进，科学而又严谨，构成风险管理总过程和总框架的核心部分。实施风险评估首先要求建立组织环境，主要包括组织的外部环境、内部环境、风险管理过程环境、风险准则建立、风险评估方法选择、风险范围确定等。在此基础和前提下，才能够开始风险评估的过程。

第二节 风险评估准备阶段

风险评估准备阶段主要的任务是制订一个科学完备的风险评估实施计划。完成人员组建、现场调研、资源配置、各种调查、面谈、汇总表格制订等。具体来讲有如下几点：

一、组建评估团队

根据组织战略、经营范围、目标要求和评估实施的具体规划，首先要组建一个专业水平高、业务能力强、评估技术掌握熟练的评估团队。这个评估团队要根据评估工作量的大小，时间进度要求的快慢、评估难度的高低来确定评估团队的人数和构成。重要的风险评估人数一般不能少于5人，除内部风险管理人员以外，最好要有外部专业的评估专家参与。评估人员的组成在知识结构上要有区分、有层次、有专长，知识构成不要雷同和叠加。要根据评估目标和要求，搞好内部分工和职责区分，制订工作计划和工作流程，有条不紊地实施风险评估。在分工的基础上，要搞好协作与配合，为了实现评估目标，大家需要齐心协力、通力合作、全方位配合。评估团队的建立一定要选好团队领导，对评估团队领导的要求十分严格，必须是评估范围内的知识专家和技术专家，精通评估业务，熟悉评估流程，整合评估资源，统筹协调评估工作，有较强的交流沟通能力和严谨细致的研究审查专长。另外还必须有较强的归纳提炼能力，文字表达能力和团结协作精神。

二、 确定评估目标

在整个风险评估过程中，确定评估目标是至关重要的，是整个风险评估的灵魂。风险评估是多方面的，风险评估的目标也是各不相同的，每一次风险评估从总体上讲都是为了保证组织战略的实现，但是每一次风险评估的具体目标在实现组织战略的侧面上是各不相同的。有的是为了实现组织的长期战略目标，有的是为了实现组织的中期和短期目标。时间跨度不同，对风险评估目标的要求也是不同的。另外，正常的年度评估、季度评估、重大事项评估、特殊事项评估，在评估目标的要求上具有较大的差别。评估团队应该根据组织的决策层所给出的授权与承诺，反复研究明确评估目标，同时要反复与管理层和决策层沟通，获取他们的授权和承诺。明确评估目标，是评估全过程的核心。在这一点上要下足功夫，不能出任何的差错，否则目标不明，劳而无功，浪费时间和资源，起不到评估的作用。

三、明确评估范围

明确评估范围在评估过程中与确定评估目标同样重要。要进行风险评估，不确定评估目标就无法确定评估范围，不确定评估范围，那么所确定的评估目标也没有任何意义。评估范围界定不清，就无法确定评估标准和评估要求，就不能实现评估目标。正常情况下，我们要确定评估范围是组织的整体还是局部，是某一个项目还是某一个流程。就是对组织进行整体评估和系统评估，也要区分总评估范围之内的具体流程和项目的界限，否则就会因范围混沌不清、界限模糊而造成评估偏差较大。要确定评估范围，必须与确定评估目标相结合，通过评估目标的确定来划定评估的范围，在划定评估范围的基础上再进一步明确评估目标。评估目标和评估范围的确定，能够促使我们较好地选择评估方法、评估模型和评估工具。

四、制订评估进度

在评估准备阶段，评估团队要制订评估实施进度。要按照节约、高效、稳妥的原则，合理安排评估进度，要按照有节奏、有余地、快而不乱的要求，明确评估不同部分的工作量，要根据统筹学原理协调搭配时间，快捷推进评估实施。评估是有成本的，是需要资源的，最大的成本和资源之一就是时间。节约时间、避免浪费，保护和创造价值是风险管理的首要原则。在风险评估实施进度安排上，可以体现出风险评估团队的职业素养和专业水准。安排得是否恰当体现的是评估团队对评估对象、评估目标、评估范围、评估难易的把握。风险评估进度安排完成后，要与决策层和管理层沟通，得到他们的批准和认可。在批准和认可期间，要根据管理层和决策层的意见，适时的调整进度安排。进度安排完成后，除非有非常特殊的原因，否则应按照计划进度进行，不得擅自改变进度计划。

五、准备评估文件

风险评估要进行一系列专业性很强的准备，其中最为重要的就是风险评估各类文件的准备。在风险评估前，风险评估团队和组织的管理层、决策层都要认真细致地梳理风险方针，研究在这次风险评估中风险方针的指导意义。要认真研究和梳理风险准则，反复审查和评判风险准则的科学性和完整性。风险方针和风险准则具有指导意义和标准作用，他们不是一成不变的，在每一次风险评估时，都要对这些文件进行再审核、再修改、再补充、再完善、再提高、再准备。这个过程尽管重复，但意义重大，必须认真充分地不断反复地准备。在准备好以上两个文件的基础上，要对这次风险评估准备最恰当的、最科学的、最系统的、最完整的工具、方法和模型。没有好的针对性强的工具、方法和模型，很难科学有效地实施风险评估。对风险评估的方法、工具和模型也要进行反复不断的审查和准备并形成相关文件。要针对风险评估的不同目标、不同范围、不同流程、不同项目、不同职能、不同组织、不同环境制订不同的调查、问卷、访谈、会议、查询等具体表格和文件，这些有利于风险评估的流程化、格式化和规范化。要准备好风险评估产出的文件、框架，这主要是指风险评估报告。在开始风险评估之前就要把输出报告的框架设计好。这个设计要和评估目标、评估对象、评估流程、评估要求相衔接。只有做好这些文件准备，风险评估才能够有条件顺利实施。

六、 现场评估调研

在制订好一系列前期文件和计划的基础上，在准备好一系列人财物等资源的基础上，风险评估团队要做的第一项工作就是评估现场调研。评估现场调研是连接评估准备阶段和实施阶段的重要桥梁，它起着承前启后、继往开来的作用。只有通过评估现场调研，进入正式评估流程的所有材料才具有具体真实性、系统完整性。评估现场调研，一是要现场调研组织的战略框架、治理结构、运行流程、经营范围、效益产出、发展方向、人员结构、岗位职能、制度标准、激励机制等；二是要现场调研组织文化、同行业地位、运行环境、内外部关系、社会责任、相关历史数据、行业统计、专家分析、人员感受、行业评价等。以上两个方面的现场调研非常重要，无论原先是否有调研基础，都要重新认真细致的、一丝不苟的、精益求精的调研。因为每一次风险评估，都是在新的时间节点上进行的新的评估，因为组织是发展的，只要是组织发展，各方面的情况都会随之变化，变化了的情况与原先调研的结果是具有极大的差异性的。有些情况没有变化，有些情况变化较小，这些都有其独特的原因。这个原因就是新情况，就需要调查清楚。在组织的发展中，有些情况变化较大，如果还是以原先的调查结果做依据进行评估，就会脱离实际，就会犯唯心论的错误，这样评估的结果就会失去客观真实性，进而采取的应对措施就会出现大的偏差和失误。现场评估调研，办法是多种多样的，可根据不同的情况采取灵活多样的办法，比如问卷调查法、现场询问法、座谈交流法、研讨沟通法、数据查询法、专家点评法、行业评判法等。

七、输出评估计划

风险评估准备阶段是风险评估过程的基础，准备得是否充分，决定了评估是否精准。在风险评估准备阶段，要做的工作很多，我们概括了以上最主要的六点，其实还有相关要准备的工作，因为处在次要地位，就没有论述。没有论述，不等于说它不重要，不等于说不需要准备，比如对相关组织的相关人员要进行必要的风险评估常识培训。这种培训很重要，缺少这种培训就无法配合评估团队实施评估工作。针对风险评估的前期工作，必须做出风险评估计划。这个评估计划主要包括两个部分，一个是风险评估内容的计划，一个是风险评估实施的计划。这个计划做得好不好，直接表明风险评估前期准备是否充分有效。对这个风险评估计划，也要做出评估。首先是风险评估团队在内部进行评估，评估完成后认为可以进行风险评估，还要上报组织的管理层和决策层，还要听取组织的管理层、决策层、利益相关层以及相关人员的意见和建议。只有各个方面、各个层次都认为风险评估准备工作达到了标准和要求，才能够进入第二阶段，实施风险评估。如果各层次和各方面认为风险评估前期准备有缺陷、不完善、不充分，风险评估团队及其各方就要对前期准备工作在原先的基础上，重新进行准备，直到达到合格要求为止，最后输出系统完整、具体真实、各方面都满意的风险评估计划。

第三节 风险评估实施阶段

风险评估准备阶段结束就是风险评估实施阶段的开始。风险评估由三个阶段构成，它起始于风险识别，经过风险分析，结束于风险评价。风险评估的过程是一个全面彻底、反复深入的过程，它既需要集体的力量又需要专家的智慧，还需要组织的统筹，是一个整体性强、系统性强、重点性强的艰苦工作。

一、风险识别是从风险识别表开始到风险识别清单结束

风险识别阶段就是把组织的所有风险全部识别出来。具体的工作流程是风险评估团队把事先制订好的风险识别表分发给组织的所有人员，上到决策层、中到管理层、下到工作、生产层，要全覆盖、无遗漏，使组织的所有人员都对风险识别引起高度重视，都对风险识别负有责任。另外，利益相关者、相近者、相关专家、学者等，也都需要从更大范围、更宏观的角度参与风险识别。在风险识别的过程中，以追求风险数量、风险原因和风险后果为最主要的目标。风险识别在具体实施过程中，可反复多次，可进行第一轮识别、第二轮识别、第三轮识别等。风险识别结束后，要制订出风险识别清单。这个风险识别清单是在这个时间节点上，毫无遗漏的全部发现的风险清单。有任何遗漏都必须立即补充进来，否则，遗漏的风险不能进入风险评估的下一阶段，散落在风险评估之外，缺乏监管，就会产生巨大的危害。

二、风险分析是从风险分析表开始到风险分析清单结束

风险识别清单进入风险分析阶段就是风险分析表。风险分析表在分析风险事件、风险后果、风险原因的基础上，增加风险发生可能性、风险发生时点、风险发生范围等分析内容。风险分析就是分析风险的后果和分析发生的可能。在后果和可能的结合上，分析风险的严重程度和等级高低。风险分析是在风险识别一个维度的基础上，又增加第二个维度，是风险后果与风险可能两个维度的闭环。这个闭环能够确定风险后果的大小和风险发生可能性的多少，能够确定风险的坐标，以及坐标的等级。风险分析的过程也是一个以风险评估团队为核心的相关各方面人员组成的不断反复、深入分析的过程。这个过程可以从第一轮开始，深入到第二轮、第三轮，甚至更多。目的就是把风险分析透彻，把握风险的本质特征，掌握风险的具体性质。风险分析的输出就是风险分析清单。这个清单在分析的基础上还要对风险识别进行拾遗补阙，补充完善，以免发生遗漏。

三、风险评价是从风险评价表开始到风险评价清单结束

风险分析清单输出进入风险评价阶段就是风险评价表。风险评价阶段首先要根据风险分析的坐标，再一步深入分析风险坐标的精准性。在此基础上，用风险准则与风险坐标所表示出来的风险等级相对照，衡量风险所处位置和等级的性质。在这个过程中，根据风险准则的要求，在风险二维坐标图中，通过风险等位线，划分出风险上带、风险中带和风险下带。风险准则所确定的风险三带与风险分析坐标等级相对照，就产生出风险上带的风险，风险中带的风险，风险下带的风险。三个不同带别的风险，就是风险应对决策的基础。风险上带的风险需要立即应对，风险中带的风险要根据情况不同，权衡是否应对，风险下带的风险加强控制、密切监督。同时高度关注三个不同带别风险变化的不同情况，尤其是要严密监督风险下带中有可能发展到风险中带的风险，风险中带中有可能发展到风险上带的风险。相反的情况也需要密切关注，因为它牵扯成本的控制，资源的统筹和效益的增减问题。风险评价也是一个反复不断地过程，也需要进行一轮、二轮、三轮，乃至多轮的反复。在这个过程中，要加入对风险控制措施的评估，要加入风险管理评审的流程，要加入多方面监督、评审的要素，使这个过程尽量科学、完善、不留瑕疵。风险评价的产出是风险评价清单和风险评价坐标图。

第四节 风险评估总结阶段

经过风险评估准备和风险评估实施，进行到风险评估总结阶段。风险

评估的总结也是非常重要的阶段。这个阶段的主要成果是风险评估报告。风险评估报告的主要内容有，风险评估的依据，风险评估的背景介绍，风险评估的目的、范围、要求、时间安排、风险评估团队人员和参与人员介绍、风险准则描述、风险评估技术方法、风险评估实施过程的详细描述、风险等级、风险带划分及其在此基础上的风险坐标图、风险应对应该采取的方法与策略、整个风险评估的结论和建议等。风险评估报告作为风险评估产出的主要形式，代表的是风险评估的成果。对风险评估报告的要求非常高。它的形成也是一个不断反复、修改、补充、完善、提高的过程。对所有有疑问的地方，都必须做出清楚的说明和明确的解释。整个报告条理要清楚，逻辑线索要明确，阐述风险评估的起始和结束要符合规律性，所获得的结论要明确具体。这个报告应该代表这一次风险评估的最高水平。如果是持续评估，这一次评估报告要高于上一次。如果是初始评估报告，要成为下一次评估的良好基础和重要借鉴。撰写评估报告是一个艰苦的过程，需要评估团队和相关人员齐心协力。评估报告要交由管理层和决策层评审和批准。如果管理层和决策层有异议，要进行补充、修改和完善。最后通过的评估报告，连同其他评估时的所有文件都要归纳整理、登记存档，以备以后的评估活动使用。评估报告是整个评估活动的输出，是风险应对的输入，二者的联系十分紧密。只有好的风险评估，风险应对才能科学有效，否则所有的风险应对都会出现失效和错误的结果。

思考讨论题：

1.怎样实施风险评估？

2.怎样把握风险评估的三个方面？

第十二章 风险评估技术

风险评估的技术各种各样、千差万别。一定要深入了解各种不同技术的特点、适用范围和对象，选择适合于组织具体风险状况的技术，恰如其分地进行运用。在正常情况下，一项风险评估可以用一种技术，也可以用多种技术。怎么样运用，要因时因地制宜，绝不可生搬硬套，脱离实际。

第一节 风险评估技术简论

风险评估技术是在风险评估实践中概括和提炼出的方法。这些方法各具特点，又相互配合和弥补各自的局限性。深刻把握风险评估技术各自的特点，正确地运用到风险评估之中，对风险评估具有至关重要的作用。选择风险评估技术首先要考虑到风险评估的目标、要求、范围、风险准则、法律法规、风险的后果和发生的可能性。对风险评估技术是否符合风险评估过程，选择什么样的风险技术参与风险评估什么样的过程，要进行细致深入的分析研究和反复多样的比较鉴别，决不可不分青红皂白拿来就用。这样肯定要出现大的差错和偏离，风险评估组织团队在运用风险评估技术时要特别慎重。

第二节　风险评估技术选择

在建立内外环境的基础上，在确定风险准则的前提下，根据组织目标的要求，选择评估技术有两个方面的要求。一是按评估子过程的要求选择评估技术。在30多种相对确定的评估技术当中，有的部分适合于风险识别阶段，有的部分适合于风险分析阶段，还有的部分适合于风险评价阶段。仔细分析适合风险识别的评估技术，其适合的程度也各不相同，有的非常适合，有的紧密适合，还有的一般程度适合。对适合的不同程度要有深刻的了解和把握。对适合分析的评估技术，有的适合风险后果的分析，有的适合风险发生可能的分析，还有的适合风险等级的分析。它们适合的程度也各不相同，也必须认真细致的分析、考察、区分清楚，否则就达不到评估的目的。二是按照风险的大小、轻重、缓急程度不同，来选择分析评估技术。风险的后果不同，发生的频次不同，不确定性的表现不同，评估目标的大小、远近不同，评估人员的素质不同，评估资源的分配不同，所需要的分析评估的技术也不同。通常情况下，简单的风险、较差的人员素质、较少的评估资源、较近的评估目标、较低的评估要求，所用的评估技术相对简单，反之，严重的风险后果，高度的不确定性，长远的风险评估目标，大纵深的评估范围，严格的评估要求，充分的评估资源，较高素质的评估团队，较长的评估过程，就需要难度高、技术含量大、操作复杂、标准较高的风险评估技术。正常情况下，能用简单的评估技术解决评估问题，就不用复杂的评估技术；能用占用资源比较少的评估技术解决评估问题，就不用占资源比较多的评估技术。就是说能易则易，由易到难，根据需要，具体掌握，不能一概而论。

第三节　风险评估技术区分

风险评估技术各有特点，适合于风险评估的不同阶段和不同情况。不同的风险评估对风险评估技术的要求也各不相同。有的只要求定性评估、有的要求半定量评估、还有的要求定量评估。而通常情况下定性评估、半定量评估、定量评估都需要。由于情况各异，需求不同，需要对风险评估、风险评估技术及其二者的匹配有准确的把握和彻底的了解。

从总体上讲，概括所有评估技术，从功能上区分大致为五类：一是查询方法类，如检查表法、预先危险分析法等；二是支撑方法类，如头脑风暴法、结构化访谈法、德尔菲法、人因可靠性分析法等；三是情景分析类，如故障树分析法、事件树分析法、因果分析法、业务影响分析法、情景分析法、特性要因分析法等；四是功能分析类，如失效模式分析法、潜在分析法、危险分析法等；五是控制评估类，如蝶形图分析法、蒙特卡罗模拟法、贝叶斯分析法、马尔科夫分析法等。

第四节　风险评估技术应用

风险评估技术要根据不同情况灵活变通的应用。本人在长期的风险评估实践中，就一般性质的风险评估会采用技术组合、人员组合、流程组合的方法，立体联动的一次性完成，可将之称为"团队共创风险评估法"。以社区风险评估为例，具体的做法：一是召集与社区风险相关联的各个方面的代表，如：新居民代表、老居民代表、居委会领导、街道办领导、民政、公安、工商、专家学者等，组成团队共创核心成员，然后随机分成几个小组，选出组长具体组织小组评估活动。二是就社区风险进行头脑风暴，每个组成人员都各自列出社区风险清单，然后张贴在会议室周围，每个组成人员相互观看交流。三是交流之后每个小组根据各自列出的风险清单，在相互讨论研究的基础上，合并同类项，不断补充完善，形成小组统一的社区风险识别清单。四是每个小组把社区风险清单张贴在会议室周围，各个小组相互观看交流。五是将各个小组社区风险识别清单汇总，再进行合并同类项，补充完善提高，由此形成所有人员共同认可的社区风险识别清单。六是将社区风险识别清单交由相关专家学者进行评审，提出更高层次，更大范围，更难以识别的风险因素加以补充完善和提高。使社区风险清单更加精准无误。以上六个步骤完成以后，就是大家共同认可的风险识别清单。在风险识别清单的基础上，再根据风险的严重程度和发生的可能性，由个人到小组，由小组到全体，列出风险分析清单。风险清单再经相关专家评审后，加以完善和确定。然后在风险分析清单的基础上，根据风险准则和风险等级，由个人到小组，由小组到全体，由全体到专家，制订出风险评价清单，最终形成风险评估清单，作为风险应对的输入。以上这个过程的突出特点是，风险评估目标和范围明确，相关组成人员和利益相关方完整，每个人都能充分发表意见，通过分享和交流，能够形成共识。由于专家学者的参与评审，评估结果在全面彻底的基础上，有深度、有高度、有广度。在一次风险评估结束后，按照此评估流程，可反复进行几次。这样风险评估的结果就会更加科学合理，就会得到各个方面和利益相关方的普遍认可。这种方法简单明确，组织便利，效果很好，提出来仅供参考。

思考讨论题：

1.怎样选择风险评估技术？

2.怎样实现风险评估技术的有效性？

第十三章　风险应对流程

风险应对是风险管理流程中最重要的阶段。应对时首先要做好科学全面的行动计划，选择符合实际的应对策略，谨慎小心、具体务实地进行应对操作。同时各利益相关方、各内外专家、各内外相关操作人员，要反复沟通咨询，监督评审，发现问题，及时调整应对计划和应对策略，确实保证风险应对的有效性和实用性。

第一节 风险应对概述

风险应对包括选择一个或多个改变风险的方式，并实施这些方式，一旦付诸实施，这些方式就会提供或改进控制措施。风险应对是一个循环过程，首先要评估风险应对是否有效，以及有效的程度。如果风险应对后，剩余的风险不可接受或不能容忍，说明风险应对失去效力。必须对这种风险应对措施进行进一步的评估、审核，找出问题所在，重新制订应对策略，实现风险应对的有效性，达到风险应对的目的。在这个过程中，要反复不断地评审风险应对办法，检查监督风险应对各个环节，不断调整、改进、完善风险应对措施。只有这样，才能取得风险应对的成功。要充分认识风险应对是一个循环过程。这个循环过程极其艰巨和复杂，所采取的策略也会因时因地随时发生变化。不断地评估风险，不断地评估风险应对措施，不断地评估应对措施与风险的匹配性，不断地评估风险策略的有效性、适宜性，是风险应对阶段至关重要的工作。

第二节 风险应对策略

面对千差万别的风险，我们通过评估，掌控了风险的后果和发生的可能，认清了风险产生的原因和性质，明确了掌控风险、实现目标的决心。在这种情况下，科学有效地应对风险，就显得特别重要。由于风险具有复杂性、多变性、特殊性等诸多特点，因此决定了应对风险的策略也是因人因地因时而不同。即使针对同一种风险，由于产生的原因、发生的频次、造成的结果各不相同，所采取的应对策略也是各不相同的。概括千差万别的风险应对策略，最为主要的有如下八种，但不限于此。

一、规避风险

面对纯风险，通过风险评估，首先研判此风险是否可以容忍和接受。如果不能容忍和接受，采取的第一个风险应对策略就是规避风险。规避风险常常选用退出、出售、停止、禁止、限制、放弃、不接受、清除等具体策略措施。规避风险有两种情况：一是开始之前不接受风险，进行规避，二是进行之中不接受风险，立即停止。

本人建议，为了规避风险，一开始就要拒绝吸毒。世界卫生组织曾报告，1980年至1989年全世界约有10万人死于吸毒。每年至少有1000万人因吸毒而丧失正常的智力和能力。据估计，当今世界吸毒的人有四五千万，有的甚至估计已突破1亿。毒品一旦吸上，就难戒掉，因此坚决不能开始。

本人还建议，为了规避风险，一开始就要拒绝出国捎东西。2016年8月21日，上海浦东机场入境的一名25岁女孩，在巴西受一华人男子微信上所托，将2个存有"红酒"的行李箱携带回国，并当场支付3200元人民币"劳务费"。经鉴定液体中含可卡因成分重28.2千克。只因回国帮朋友带了点东西。这名从浦东机场入境女孩或面临刑罚。千万不要在机场帮不熟悉的人分行李空间。

本人再一次建议，为了规避风险，一开始就要拒绝借车。湖南都市频道报道，明星学院艺人郭彪把自己的沃尔沃S60借给朋友去化龙池。借车人酒驾超载，超速飞下十二米浦沅立交桥，四死两重伤，驾车人已死。郭彪面临700万以上的经济追偿。

解放战争时期，毛泽东为规避敌人偷袭风险，大唱"空城计"。1948年5月26日，中共中央和解放军总部迁驻平山西柏坡。10月23日上午，傅作义下达了偷袭石家庄命令。任命九十四军军长郑挺锋为总指挥，共10万兵力偷袭。从北平到石家庄距离只有300多公里，只需3日即可抵达。而我军主力即使日夜兼程赶到保卫也需4日。面对这种局势，毛泽东说："我看在我军主力未到之前，我们也来个'空城计'，先把敌人偷袭计划通过电台向全国广播，让他们知道已有准备。"毛泽东就在作战室随手为新华社写了一则消息：《蒋傅军妄图偷袭石家庄》。10月27日，新华社播发了毛泽东写的第二条消息《华北各首长号召保石沿线人民准备迎击蒋傅军进扰》。毛泽东撰写的第三篇新闻《石家庄市市民紧急备战》。第四篇是评论《评蒋傅军梦想偷袭石家庄》。傅作义听到这些广播，急令偷袭部队赶快收兵。当敌军一部向北平撤退走到徐水时，被解放军团团包围，聚而歼之。偷袭部队损失官兵3700多人。

我军从红军时期到解放战争时期，采取中间停止，规避风险，坚决放弃，不怕打破坛坛罐罐的策略，每次取得最后胜利，但第五次反围剿和湘江战役除外。红军四次反围剿，放弃根据地，中间规避，诱敌深入，取得胜利。第五次李德军事顾问不放弃，不规避，中间没有停止，御敌于国门之外，四面出击，遭到失败。湘江战役在国民党方面称作全州战役，是关系中央红军生死存亡的一战。1934年11月27日至12月1日，中央红军在湘江上游广西境内的兴安县、全州县、灌阳县，与国民党军苦战五昼夜，最终从全州、兴安之间强渡湘江，突破了国民党军的第四道封锁线，粉碎了蒋介石围歼中央红军于湘江以东的企图。但是，中央红军也为此付出了极为惨重的代价。部队指战员和中央机关人员由长征出发时的8万多人锐减至3万余人。这就是中间没有规避，没有停止的恶果。湘江惨败直接导致在遵义召开中共中央政治局扩大会议，史称"遵义会议"。它是红军四处碰壁、身处绝境时召开的，从此确立了以毛泽东为代表的新的中央的领导，标志着中国红军翻开崭新的一页。解放战争期间，国民党重点进攻山东，我军中间撤退，规避放弃，结果取得全胜，并取张灵甫首级。国民党重点进攻延安，我军中间撤退，规避放弃，最终大破胡宗南30万大军。这些开始或中间停止、规避，及时调整的策略，是取得胜利的保证。

风险规避策略在经济学交易技术中就是鳄鱼法则。鳄鱼法则也叫"鳄鱼效应"。它的意思是：假定一只鳄鱼咬住你的脚，如果你用手去试图挣脱你的脚，鳄鱼便会同时咬住你的脚与手。你愈挣扎，就被咬住得越多。所以，万一鳄鱼咬住你的脚，你唯一的办法就是牺牲一只脚。在股市中，鳄鱼法则就是:当你发现自己的交易背离了市场的方向，必须立即止损，不得有任何延误，不得存有任何侥幸。同时，也要止赢。

二、增大风险

机会和风险同在，针对有风险的机会和有机会的风险，经过认真研究分析，认为承担风险或增大风险，是风险应对的策略。为了在风险中追求机会，实现目标，应该加大风险投入，加快风险速度，加强风险力度。增大风险是专对风险中的机会而言的。没有机会的风险，不要采取增大措施，有机会的风险，采取增大措施时要特别谨慎。每前进一步、每增加一个环节、每增大一份投入都要经过反复评估与审核。既要积极、大胆，又要谨慎、小心，既不能胆大妄为，又不能裹足不前。在风险中，一定要看到机会的价值，在机会中，一定要掌控风险的危害，决不可顾此失彼。增大风险，无论对企业、公共事务还是社会组织，都是必需的和经常应用的风险策略。效益险中求。怎么样求？谁来求？求到什么程度？用什么样的节奏来求？用什么样的办法来求？都有极大的学问和智慧，需要认真领悟。

战国时期宋国名医文挚激怒齐王，增大风险，治好忧郁症。 传说战国时代的齐闵王患了忧郁症，请宋国名医文挚来诊治。文挚详细诊断后，当即与齐王约好下次看病的时间。结果第一次文挚没有来，又约第二次，第二次没来又约第三次，第三次同样失约。齐王见文挚恭请不到，连续三次失约，非常恼怒，痛骂不止。过了几天文挚突然来了，连礼也不见，鞋也不脱，就上到齐王的床铺上问疾看病，并且粗话野话激怒齐王。齐王实在忍耐不住了，便起身大骂文挚，一怒一骂，郁闷一泻，忧郁症好了。这就是中医的情志疗法。

1978年11月24日，安徽省滁州市凤阳县小岗村18户农民立下"生死状"，增大风险，承包土地，揭开了中国农村改革的序幕。2016年4月25日，习近平总书记来到小岗村"当年农家"院落，了解当年18户村民按下红手印，签订大包干契约的情景。1978年以前的小岗村，是全县有名的"吃粮靠返销，用钱靠救济、生产靠贷款"的"三靠村"。每年秋收后几乎家家外出讨饭。1978年11月24日，小岗村18户农民以敢为天下先的胆识，立下"生死状"，在土地承包责任书上按下了18个红手印，搞起生产责任制，揭开了中国农村改革的序幕。实行"大包干"，当年这个"三靠村"便获得大丰收，粮食总产6万多公斤，相当于1955年到1970年16年的粮食产量总和。自1956年合作化以来第一次向国家交了12488公斤公粮。总书记感慨道："当年贴着身家性命干的事，变成中国改革的一声惊雷，成为中国改革的标志。"习近平强调，雄关漫道真如铁，而今迈步从头越。今天在这里重温改革，就是要坚持党的基本路线一百年不动摇，改革开放不停步，续写新的篇章。敢闯、敢试、敢为天下先的"小岗精神"，一直激励着小岗人不断探索不断发展。如今，通过农村土地承包经营权确权登记等系列深化改革措施，小岗村的基础设施与人居环境得到不断改善，村级集体收入和农民人均收入大幅度提高。尤其是依托大包干纪念馆新馆、沈浩同志先进事迹陈列馆等独特红色旅游资源，小岗村已成为全国旅游名村、国家AAAA级旅游景区，年均接待游客80万人次。

胡雪岩增大风险，掌控不利，惨遭失败。清朝末年的胡雪岩是一个传奇，他靠为左宗棠采运军饷起家，在短短20年内一跃成为全国首富，还是清朝近三百年唯一被赐穿黄马褂的商人。自晚明以来，江浙一带就是全国纺织业的中心。而1860年之后，英美各国开始在上海开设机械缫丝厂，控制生丝价格权。这时欧洲农业遭受天旱，生丝收成减产。1882年5月，胡雪岩出手，高调坐庄。百年企业史上，第一场中外大商战爆发。他大量购进生丝8000包，到10月达1.4万包。晚清学者欧阳昱在《见闻琐录》中记录了这场商战的惨烈：其年新丝一出，胡即派人大量收购，无一漏脱，外商想买一斤一两而莫得。向胡说愿加利1000万两，胡非要1200万两不可。外商认为生丝原料仅操纵在胡雪岩一人之手，将来交易惟其所命，从何获利？决心不买胡之生丝，等待次年新丝出来再说。胡则邀请丝业同行合议，共同收尽生丝，不要给外商，迫外商出高价收购，这样我们必获厚利。一开始，胡氏战略似乎奏效。西方学者斯坦利在《晚清财政》一书中记录，1882年9月，上海一级生丝价格已高涨至17先令4便士，而在伦敦交易所的价格仅为16先令3便士。国内价格反超国际期货价。1883年8月，大商战进入决战时刻，胡雪岩前后投入资金超过1500万两，继续坚壁清野，囤货坚挺，大部分上海丝商停止营业，屏气而作壁上观。华洋双方都已到忍耐极限，眼见胜负当判，谁知天象忽然大变。变数之一，意大利生丝突告丰收，欧洲期货市场的紧张顿时暂缓，消息传回中国，军心开始动摇。更大的变数是，中法因越南问题交恶，爆发战争。1883年10月，法国军舰驶抵上海吴淞口，扬言进攻江南制造局，市面骤变，金融危机爆发，贸易全面停顿。世事如此，胡雪岩已无力回天。11月，江浙丝商的价格同盟瓦解。生丝易烂，不能久储，胡雪岩不得不开始抛售，损失以千万两计。生丝对抗失利，很快影响到钱庄生意，挤兑风潮出现，先是杭州总舵关门，继而波及北京、福州、镇江以及湖北、湖南等地的20多个字号。12月5日，阜康钱庄宣告破产。第二年9月，左宗棠病逝于福州。11月，朝廷下令对胡雪岩革职查抄，严加治罪。他遣散妻妾仆从，在圣旨到来之前郁郁而死了。胡雪岩的破产宣告了传统商人阶层的集体陨落。"三大商帮"中的两支，徽商和浙商在此役中损失惨重，从此一蹶不振。胡雪岩增大风险失败的原因：一是市场竞争环境发生变化。欧洲生丝减产，但意大利生丝生产丰收。二是政治环境发生变化。中法因越南问题发生冲突，法军要进攻中国江南制造局。三是金融环境发生变化，要爆发危机。四是生丝保存期较短。五是联盟维持吃力。六是1000万两和1200万两差距不大，坚持多要200万两，导致失败。增大风险有机会，但要有掌控风险环境、风险变化的决断能力。

巴菲特在股市上增大风险取得胜利。一般股市，形势好的时候，大家都看好，顺应趋势，大涨大买，巴菲特反其道而行之，大涨大抛。形势不好的时候，大家都不看好，顺应趋势，大跌大抛，巴菲特反其道而行之，大跌大买。巴菲特的做法就是增大风险。在大势面前，在趋势面前，有机会，有威胁，可供选择的策略很多，就看你的智慧和能力。

三、 消除根源

通过全面而彻底的风险评估，确定一个风险是完全具有负面影响的风险，通过分析风险的性质特点，弄清楚了风险的产生根源。这样我们就可以通过消除风险根源的策略来消除风险，实现目标。由于组织的复杂性和多变性，风险的根源也具有复杂性和多变性。有内部根源、外部根源、主观根源、客观根源、整体根源、局部根源等。产生一个风险有一个根源，产生一个风险也可能有多个根源。一个根源产生一个风险，一个根源也可能产生多个风险。多个风险有多个根源，多个根源有多个风险。盘根错节、错综复杂、千变万化、具体特殊。通过消除风险根源的策略来消除风险，这是从根本上进行风险应对的措施。但在具体操作上，一定要把根源找准，一定要把因果关系分析透彻，一定要把因果辩证规律掌握起来。只有这样，才能够分析原因，消除原因，分析结果，消除风险。在这里，最为核心的是掌控风险的因果规律。

美国著名安全工程师海因里希提出海因里希法则，也称1：29：300法则或300：29：1法则。这个法则认为:当一个企业有300起隐患或违章，必然要发生29起轻伤或故障，另外还有一起重伤、死亡或重大事故。海因里希法则是通过分析工伤事故的发生概率，为保险公司的经营提出的法则。这一法则完全可以用于企业的安全管理上，即在一件重大的事故背后必有

29件轻度的事故，还有300件潜在的隐患。这个法则是1941年美国的海因里希统计许多灾害后得出的。当时，海因里希统计了5万件机械事故，其中死亡、重伤事故1666件，轻伤48334件，其余则为无伤害事故。从而得出一个重要结论，即在机械事故中，死亡、重伤、轻伤和无伤害事故的比例为1：29：300。国际上把这一法则叫事故法则。这个法则说明，在机械生产过程中，每发生330起意外事件，有300件未产生人员伤害，29件造成人员轻伤，1件导致重伤或死亡。对于不同的生产过程，不同类型的事故，上述比例关系不一定完全相同，但这个统计规律说明了在进行同一项活动中，无数次意外事件必然导致重大伤亡事故的发生。而要防止重大事故的发生必须减少和消除无伤害事故，要重视事故的苗头和未遂事故，否则就会酿成大祸。例如，某机械师企图用手把皮带挂到正在旋转的皮带轮上，因未使用拨皮带的杆，且站在摇晃的梯板上，又穿了一件宽大长袖的工作服，结果被皮带轮绞入碾死。事故调查结果表明，他这种上皮带的方法使用已有数年之久。查阅四年病志(急救上药记录)，发现他有33次手臂擦伤后治疗处理记录，他手下的工人均佩服他手段高明，但最终还是发生了致命事故。这一事例说明，重伤和死亡事故虽有偶然性，但是不安全因素或动作在事故发生之前已暴露过许多次。如果在事故发生之前，抓住时机，及时消除不安全根源，许多重大伤亡事故是完全可以避免的。海因里希阐明导致伤亡事故的各种原因及其与事故间的关系。他认为，伤亡事故的发生不是一个孤立的事件，尽管伤害可能在某瞬间突然发生，却是一系列事件相继发生的结果。海因里希把工业伤害事故的发生、发展过程描述为具有一定因果关系的事件的连锁发生过程，即：(1)人员伤亡的发生是事故的结果。(2)事故的发生是由于：①人的不安全行为；②物的不安全状态。(3)人的不安全行为或物的不安全状态是由于人的缺点造成的。(4)人的缺点是由于不良环境诱发的，或者是由先天的遗传因素造成的。风险管理理论与海因里希法则的思想精髓高度一致，都强调事物发展的必然性，都强调因果联系，都强调量变质变规律，都强调消除风险根源。但在具体操作上，一定要把根源找准，一定要把因果关系分析透彻，一定要把因果辩证规律掌握起来。只有这样，才能够消除风险根源，保证风险管理的顺利进行。

全世界各地的森林大火多数是人为因素造成的，消除了人为因素，就能有效控制火灾。加拿大艾伯塔省森林大火发生于2016年5月1日，过火面积预计突破3000平方公里。超级大火火势持续数月，损失90亿加元。艾伯塔省每年平均会报告林火1.2万起，其中有约一半系人为引发。世界每年森林大火20万起，烧毁森林1‰。据统计，2002年俄罗斯森林大火损失了1170万公顷的森林，2003年高达2370万公顷。这个面积相当于整个英国。全世界每天发生火灾1万多起，造成数百人死亡。近几年来，我国每年发生火灾约4万起，死亡2000多人，伤残3000～4000人，每年火灾造成的直接财产损失10多亿元。

我国每年一度的安全隐患排查治理，就是消除风险根源。据统计，2011年，全国开展隐患排查治理的生产经营单位达566.4万家，共排查出事故隐患881.3万项，整改率96%。其中排查出重大隐患16630项，整改率89.9%。工矿企业开展隐患排查治理的生产经营单位达191.3万家，共排查出事故隐患364.4万项，整改率95.4%。其中排查出重大隐患4214项，整改率85.5%。交通运输等重点行业(领域)开展隐患排查治理的生产经营单位达375.1万家，共排查出事故隐患516.9万项，整改率96.4%。其中排查出重大隐患12416项，整改率91.4%。

过去，中国反腐败是牛栏关猫，关而不住守着粪坑打苍蝇，打而不少，打而不败，越打越多。核心问题是没有消除产生腐败的制度根源和机制根源。不想贪，不敢贪，关键是不能贪，关键是消除贪的根源。2012年11月党的十八大以来，根据不完全统计，迄今有近160名党政军高官应声落马，薄熙来、周永康、令计划、徐才厚、苏荣等超级"大老虎"被打。不到4年查处省部级官员总数超过前60余年的总和。此外，中国军方有近50名"军老虎"被公开通报。

同理，禁毒也主要是消除根源。哥伦比亚是面积仅110多万平方公里，人口约4000万的南美国家。在1999年竟然向全世界输出了市值460亿美元的海洛因、可卡因、大麻等各种毒品，相当于该国国内生产总值的56%。据有关部门统计，哥伦比亚人仅从毒品交易中获取了大约35亿美元的利润，剩余部分则被毒品的流通渠道—走私犯、毒品批发商、零售商和中间商瓜分。但仅这35亿美元的小部分利润，也相当于哥伦比亚主要出口物品—石油全年销售额的90%多和咖啡销售额的2.5倍。哥伦比亚1999年大约生产了四五百吨可卡因和数吨海洛因。这些毒品在哥伦比亚的批发市值仅有9亿多美元，但走私到美国、欧洲等地后却可以产生出数十倍、上百倍的暴利。例如，一克可卡因在哥伦比亚首都的行市大约为5美元，但在纽约却是100美元，在莫斯科则达300美元。近些年来，哥伦比亚非法种植毒品作物、生产和贩卖毒品的活动猖獗。毒品产量比10年前增加了十几倍。据哥伦比亚政府和美国有关部门估计，该国境内约有13.5万公顷土地上非法种植着古柯叶、罂粟和大麻等作物，远远多于比种植可可和香蕉的土地面积，与甘蔗的种植面积大致持平。因此有人称哥伦比亚经济带有毒品经济色彩。美国对这个毒气四溢的南美近邻采取的对策是给予大量经济援助，用钱来换取哥伦比亚农民不生产毒品的选择。在未来两年之内，美国将向哥伦比亚提供13亿美元援助，用于帮助哥伦比亚同毒品交易做斗争和对付靠产毒生存的游击队。但这种方法似乎并不见效，据说由于毒品交易繁荣，近期全球各地的毒品价格呈下降趋势。

烟草不消除根源，保留种植面积。2015年5月31日中国广播网报道，中国近11年生产25万亿支香烟，可绕地球赤道5.2万圈。落实种植面积2118万亩，约定收购量5429.6万担。5月31日是世界无烟日，2015年6月1日起，被称为"史上最严控烟条例"的《北京市控制吸烟条例》正式实施。该条例可以理解为"凡是有屋顶的地方都不能抽烟"，违者将处罚款。此前我国上调香烟消费税，被认为是通过调税来达到控制烟民数量的目的。2003年，在日内瓦召开的第56届世界卫生大会上一致通过《烟草控制框架公约》。该《公约》旨在降低烟草使用对健康和经济的破坏性影响。2003年11月10日，中国作为第77个缔约方签署了这个公约，并于2005年8月28日经过人大批准。但时至今日，我国的控烟形势并不乐观，控烟效果也无法令人满意。中国疾病预防控制中心控烟办日前发布的《控烟健康教育核心信息》显示：中国是全世界最大的烟草制品生产国和消费国。中国烟民超过3亿，相当于中国成人人口的28.1%。成年男性经常吸烟比例超过一半。每年超过100万人由于烟草相关疾病而死亡，相当于每天死亡3000人左右。另外，央广网整理国家统计局发布的2004至2014年统计数据发现，在这履约控烟的11年间，我国每年的卷烟生产总量不降反升，增加了7353.92亿支，增长了39%。新华社2012年7月18日的一篇报道指出，当年全国共签订烟叶合同110.3万份，落实种植面积2118万亩，约定收购量5429.6万担。烟草系统全年安排烟水、烟路、烤房等常规建设项目36万件，审核下达重点水源工程新建项目23件、土地整理计划46万亩，预计投入补贴资金130.8亿元。2012年上半年，烟草系统继续加大投入，持续推进烟叶生产基础设施建设。以原料供应基地化、品质特色化、生产方式现代化为目标，以加强基地单元建设为抓手（5万亩为一个烟叶基地单元），扎实推进现代烟草农业建设。一方面控烟，一方面种烟。控烟大张旗鼓，种烟扎实推进。不消除种烟这个根源，禁烟就是空谈。

四、改变可能

有可能发生的风险才能够造成危害。经过评估改变风险发生的可能是风险应对的重要策略之一。改变风险发生的可能有多种情形:一是将有可能发生的风险变为不可能发生的风险。二是将有可能多发生的风险变为少发生的风险。三是将严重发生的风险变为不严重发生的风险。四是将不能容忍发生的风险变为能容忍发生的风险。五是将整体发生的风险变为局部发生的风险。六是将关键部位发生的风险变为非关键部位发生的风险。七是将有可能发生的风险变成实现目标的机会，即由坏事变为好事，实现由威胁向机会的转换。

墨菲定律认为，有可能发生的风险就一定能够发生。有可能发生的风险才能够造成危害。爱德华·墨菲是美国爱德华兹空军基地的上尉工程师，他曾参加美国空军于1949年进行的MX981实验。这个实验的目的是为了测定人类对加速度的承受极限。其中有一个实验项目是将16个火箭加速器悬空装置在受试者上方，当时有两种方法可以将加速装置固定在支架上。而不可思议的是，竟然有人有条不紊地将16个加速装置全部装在错误的位置。于是墨菲得出了一个著名的论断：凡事可能出岔子，就一定会出岔子。换种说法，假定你把一片干面包掉在地毯上，这片面包的两面均可能着地。但假定你把一片一面涂有一层果酱的面包掉在地毯上，常常是带有果酱的一面落在地毯上。墨菲定律认为，如果坏事有可能发生，不管这种可能性有多小，它总会发生，并造成最大可能的破坏。墨菲定律说明，技术风险能够由可能性变为突发性是一个铁的事实。墨菲定律和风险管理理论具有高度的一致性：有可能发生的风险就一定能够发生。有可能发生的风险才能够造成危害。经过评估改变风险发生的可能，是风险应对的重要策略之一。

我国近年来大力倡导全民健身，是为了减少发病可能，提高全民整体素质。合理锻炼、饮食，调整心态，改变发病可能，使其不发病、少发病、发小病。我国将全民健身上升为国家战略。2014年10月20日，国务院印发的《关于加快发展体育产业促进体育消费的若干意见》提出，营造重视体育、支持体育、参与体育的社会氛围，将全民健身上升为国家战略意见明确，到2025年，人均体育场地面积达到2平方米，群众体育健身和消费意识显著增强，人均体育消费支出明显提高，经常参加体育锻炼的人数达到5亿，体育公共服务基本覆盖全民，鼓励日常健身活动。政府机关、企事业单位、社会团体、学校等都应实行工间、课间健身制度等，倡导每天健身1小时。切实保障中小学体育课课时，确保学生校内每天体育活动时间不少于1小时。本人锻炼身体的方式是练习泰拳，也是为了减少发病可能性，提高身体整体素质。

山东淄博万昌科技上市三天，有重大风险可能发生，老板高庆昌无法掌控，只能跳楼自杀。2011年5月23日凌晨，高庆昌在其住所坠楼身亡，公安机关已排除他杀。万昌科技上市才三天，正是高庆昌享受资本盛宴的好时候。他为什么要自杀？可以肯定的是，公司有重大风险发生，高庆昌无法阻止，只能以死化解。如果高庆昌学过风险管理，懂得事先控制风险发生的可能性，就不会有如此悲惨的下场。

南海军演改变美国等侵犯我国领海主权可能，维护了国家尊严。2016年7月12日，海牙仲裁法庭就中国与菲律宾在中国南海的争端做出裁决。中国海军从7月5日至11日，在南海西沙群岛附近举行大规模军演。参加军演的军舰上百艘，飞机几十架。与此同时，美日菲也举行了大型军演，其中有两艘大型航母参加了军演。现代战争一般的流程是：第一阶段，制造舆论；第二阶段，以战争对象为假想敌，军演；第三阶段，在演习中直接进攻，战争。美国近几十年发动的战争全是这样。如伊拉克战争、科索沃战争、阿富汗战争等。我军的演习，直接改变了美国侵犯我国领海的可能性。

改变"创造丰盛心灵培训"，借"宇宙能量"敛财的可能。2016年6月初，"创造丰盛"北京现场，主持人带领大家欢呼"让宇宙听到我们"。"如果全北京2000多万人早上起来，都想着心情很阳光，空气很好，那雾霾一定会变好，这就叫共振。""创造丰盛"创始人张馨月以"印象女人"工作室起家。培训从购买5万元学习卡开始，还有海上邮轮、巴厘岛、迪拜等海外课程，收费两三万元。一旦陷进去，就会被诱惑交更多钱，成为督导、中心校长，交钱越多，级别越高。"创造丰盛"全球有53家中心，300多督导，1万多学习卡，内部人估计收取超过10亿元人民币。无合同和票据，资金流入个人账户，税务涉嫌违法。民间反传销人士李旭称，以培训为名，变相缴纳入门费用；发展下线形成层级关系；层层返利，团队计酬，同时具备这三个特征，就可能涉嫌传销。执法部门称，通过精神控制，涉嫌有害培训，非法敛财，迟早要受到法律制裁。现在很多受害人员已拿起法律武器，进行合法维权。本人在2015年就评估出"创造丰盛心灵培训"存在极大的风险，做了多方面的工作，劝阻人们不要上当。大部分人放弃加入，避免了风险发生的可能，但也有个别人不听劝阻，一意孤行，巨额投资，深陷其中，后悔莫及。如某大学的一位老师一心要参与，怎么劝阻都不行，最后投入150万元，打了水漂，差一点家破人散。

五、改变后果

评估风险事件大小，分析风险后果的严重程度，是我们进行风险应对的基础和前提。针对风险的后果可能给我们造成的危害和损失，在风险应对时，就是通过不同的策略措施：一是将不能接受的风险后果转变为能够接受的风险后果。二是将大的风险后果转变为小的风险后果。三是将多的风险后果转变为少的风险后果。四是将对我们有威胁的负面后果转变为对我们有机会的正面后果。改变风险的后果与改变风险发生的可能所面对的风险具有中性。发生具有中性，后果具有中性，它不是单纯的负面发生和负面结果。在现实生活中，面广量大，每时每刻我们所遇到的风险，很大部分都具有中性。这就为我们认识世界和改造世界，实现理想和愿景提供了大有作为的广阔天地。只要我们有足够的智慧和科学的策略，我们就能够改变风险发生的可能，改变风险产生的结果，实现我们的目标。

改变后果大小。北方常年干旱，只要有雨云，就人工降雨，使小雨变中雨，中雨变大雨。山东省气象局2013年全年飞机与地面增雨作业次数较常年提高10%以上，年增雨量约12亿立方米，作业区域总面积21.7万平方公里，冰雹有效防护面积达到2.8万平方公里。

改变后果性质。一粒沙子嵌入蚌体无法排出，就分泌半透明物质疗伤，经过很长时间，沙子被层层包裹，形成晶莹璀璨的珍珠。珍珠是蚌之病的结果。监狱就是把犯人改变成好人的场所。中国有监狱681所，在押犯人164万人，狱警30万人。豆浆，点卤水，成豆腐。日本全新概念豆腐品牌—"男前豆腐"，意即"男子气概豆腐店"，打破了做"标准豆腐"的传统，将豆腐的概念、造型、产品、包装、产业链延伸等进行了革命性改良。这种做法使品牌一下子从众多标准豆腐品牌中脱颖而出。据了解，2010年男前豆腐卖出2亿元人民币，2014年卖出4亿元人民币，2015年男前豆腐实现110亿日元营业额（约6亿元人民币）。

改变后果作用。循环经济，变废为宝，利用能源。将垃圾变肥料，将矿渣变建筑材料。核能会放射有害物质，但将其小型化、民用化，就能变成巨大能源。将废旧电器改变成有效能源。互联网、物联网、大数据、云计算，联合起来，就变成信息能源、运营资源，转化为生产力和社会效力。

改变后果好坏。辽宁省消费者协会系列维权，为全国消费者挽回损失达120亿元。 2010年9月，辽宁省消费者协会运用一系列维权方法、手段，敦促企业解决了长期困扰全国消费者的平板电视显示屏保修期问题，三星、索尼、LG、东芝、夏普、日立、松下、飞利浦等诸多国际家电企业，纷纷调整了在华企业的内部三包规定。这一维权成果有效地维护了全国广大消费者的合法权益。据有关专家分析，截至2009年底，我国平板电视保有量为4800万台，平均故障率超过10%，换一个显示屏按照不同的款型、购买时间区分，价格在5000至8000元之间，据此推算，最保守估计三年保修期为全国消费者挽回损失达120亿元。有媒体高度评价：辽宁消协维权、全国百姓受益。

六、 分散风险

当面对大于我们承担能力同时具有威胁和机会的风险时，我们要想不失去有利机会，抓住效益，实现经济或社会目标，又不愿意承担无法承担的有可能产生的风险时，采取的最为有利的风险应对措施就是分散风险，也就是老百姓常说的，不能把鸡蛋放在一个篮子里。分一部分风险出去，同时也分一部分效益出去。对方承担了分散给他的风险，同时也接受了分散给他的效益。我方分散了风险，减免了损失，同时也分散了机会，减少了效益。就是说风险和效益融合在一起，效益就是风险，风险就是效益。在这种情况下，量力而行的承担风险，扎实有效的实现效益，避免一口吃个胖子，避免人心不足蛇吞象，就要把机会和效益看得轻一些，把风险和威胁看得重一些。只有这样，才能稳步前行。在这个过程中，一定要科学计算好风险的承担能力和效益的接受程度。分出去不该分的部分，造成了损失更造成了风险，承担了不该承担的部分，产生了风险更造成了危机。分散风险的智慧，就在于量力而行，恰如其分。另外，什么时候分散风险？把风险分散给谁？分散风险的方式和流程是什么？都要进行严格的评估和审核，否则就会出现让风险压垮，或者效益外流。只有特别的重视，才能实现健康发展的目标。分散的风险是中性风险，是机会和威胁勾连在一起，效益和损失融合在一起的风险。

兔子的三项基本原则。兔子一生坚守的三项基本原则：一是饿死不吃窝边草。吃了窝边草，暴露了自己，等于死路一条。二是至少有三个窝。每天住在哪个窝不一定，分散风险。三是同一个方向有三条路。每次走哪一条不一定，还是分散风险。兔子的三项基本原则对人类管理风险有极大的启迪作用。《战国策·齐策四》："狡兔有三窟，仅得免其死耳。"战国时，冯谖对孟尝君说："狡兔有三窟才能免于一死。"于是他出谋划策，为孟尝君办了三件大事，巩固了孟尝君的地位。第一件事，去薛地收债并顺便买回家里缺的东西，冯谖假借孟尝君的命令把债契全部烧毁，借债的百姓对孟尝君感激涕零。冯谖回来说：狡兔有三窟，才能免其死，今君有一窟，不得高枕而卧。第二件事，让孟尝君在齐国继续当宰相。第三件事，让孟尝君向齐王请求赐予先王传下来的祭祀祖先使用的礼器，在薛地建立宗庙。宗庙建成后，冯谖回报孟尝君：现在三个洞已经营造好，您可以高枕作乐，无后顾之忧了。冯谖做的三件事，其本质就是分散风险。风险分散出去了，同时孟尝君的一部分利益也随之分散出去了。

中国发起的亚投行拥有57个意向创始成员国组成，分散了风险，同时也分散了效益。但从哲学的高度来分析，又在更高的层次上聚拢了更大的实力，抗拒了更大的风险，创造了更大的效益。到2017年3月中国发起的亚投行的成员国增至70个。

在战争年代，为了保存实力，危急关头，往往分散风险，主要领导一般是分散指挥。1947年6月30日，由司令员刘伯承、政治委员邓小平率领的晋冀鲁豫野战军7个纵队，在鲁西地区强渡黄河，向大别山进军，揭开全国性大进攻的序幕。千里越进大别山，刘伯承、邓小平在最困难时期不在一起，是分别指挥部队的。胡宗南1947年3月13日指挥15个旅（14万人）进犯延安。中央毛泽东、周恩来留陕北，刘少奇、朱德过黄河到华北，分散风险。

中国分别买美国、日本、欧盟等国债，主要是分散风险。近期，中国将把近3万亿美元外汇储备中的一部分转为欧元。中国投资表示有意认购欧洲共同债券。中国认购了西班牙、希腊和葡萄牙的国债。中国官方投资股票、黄金、原油、国外固定资产、工业原材料、大宗商品、工业设备、高科技产品等。这一切都是为了分散风险，保护国家利益。

七、转移风险

面对纯风险，只有负面和威胁，没有正面和机会，采取的风险应对策略，一般是转移风险。转移风险有如下几种情况：一是后果危害极大，发生概率很小，防范成本很高的风险。二是在全部风险中，转移出去无法处置的部分风险。三是转移出去在我方是风险、在他方是效益的风险。转移风险最常用的策略是：用合同的方式转移给对方，用保险的形式或保险衍生品的方式，把风险转移给基金或公众。只要是风险，只要具有转移的渠道和对象，在内外客观条件都允许的情况下，按照公众能够接受的方式和方法，尽力转移出去。

庞大的保险业就是在做把风险转移给第三方的业务。保监会主席助理、新闻发言人袁力2016年4月26日在中国保监会召开的一季度新闻发布会上介绍，截至2016年一季度，全国共有保险集团公司6家、保险公司93家，保险资产管理公司5家，共104家。全国共实现保费收入1601.47亿元，比上年同期增加125.16亿元，同比增长8.48%。这是把风险转移给第三方的主要成果。保险业转移风险是有成本的。

有人编了一个兄弟俩在森林里遇到猛虎，把风险转移给对方的耐人寻味的故事。兄弟俩在森林行走，遇到一只猛虎。弟弟看见猛虎，急忙脱掉鞋，准备逃跑。哥哥说，弟弟脱掉鞋也没有猛虎跑得快。弟弟说，我不需要跑得比猛虎快，只要比你跑得快就行。这就是纯粹把风险转移给对方的做法，没有情谊和道德可言。

人们所签订的合同是转移风险的常见形式。在组织合作中把风险转移给对方负责，一般是采用合同的形式。所有合同的核心都是保留机会转移威胁。中国一年签订交易合同有80亿份。国家商务部的数据，得到有效执行的合同是40亿份。这些合同，在谈判桌上都经过反复的谈判和较量，在双方让步妥协的情况下签订。双方谈判的核心就是争取利益，转移风险。

　　南水北调就是把江南水患变成江北水利。　江南每年降水2000毫米，为水患。北方700毫米左右，贵如油。东中西三线南水北调，变患为利，变害为宝。自1952年10月30日毛泽东主席提出 "南方水多，北方水少，如有可能，借点水来也是可以的"的设想以来，广大科技工作者用50多年时间，在分析比较50多种方案的基础上，形成了南水北调东线、中线和西线的基本方案。南水北调，就是把中国汉江流域丰盈的水资源抽调一部分送到华北和西北地区，从而改变中国南涝北旱和北方地区水资源严重短缺局面的重大战略性工程。工程总投资额5000亿元人民币。南水北调总体规划东线、中线和西线三条调水线路。通过三条调水线路与长江、黄河、淮河和海河四大江河的联系，构成以"四横三纵"为主体的总体布局，以利于实现中国水资源南北调配、东西互济的合理配置格局。规划的东线、中线和西线到2050年调水总规模为448亿立方米，其中东线148亿立方米，中线130亿立方米，西线170亿立方米。整个工程将根据实际情况分期实施，供水面积145万平方公里，受益人口4.38亿人。东线：利用江苏省已有的江水北调工程，逐步扩大调水规模并延长输水线路。东线工程从长江下游扬州抽引长江水，利用京杭大运河及与其平行的河道逐级提水北送，并连接起调蓄作用的洪泽湖、骆马湖、南四湖、东平湖。出东平湖后分两路输水：一路向北，在位山附近经隧洞穿过黄河；另一路向东，通过胶东地区输水干线经济南输水到烟台、威海。东线工程开工最早。中线：从丹江口大坝加高后扩容的汉江丹江口水库调水，经陶岔渠首闸（河南淅川县九重镇），沿豫西南唐白河流域西侧过长江流域与淮河流域的分水岭方城垭口后，经黄淮海平原西部边缘，在郑州以西孤柏嘴处穿过黄河，继续沿京广铁路西侧北上，可基本自流到终点北京。中线工程主要向河南、河北、天津、北京4省市沿线的20余座城市供水。中线工程已于2003年12月30日开工，2013年年底前完成主体工程，2014年汛期后全线通水。西线：在长江上游通天河、支流雅砻江和大渡河上游筑坝建库，开凿穿过长江与黄河的分水岭巴颜喀拉山的输水隧洞，调长江水入黄河上游。西线工程的供水目标主要是解决涉及青、甘、宁、内蒙古、陕、晋等6省（自治区）黄河上中游地区和渭河关中平原的缺水问题。结合兴建黄河干流上的骨干水利枢纽工程，还可以向邻近黄河流域的甘肃河西走廊地区供水，必要时也可及时向黄河下游补水。截至目前，还没有开工建设。

国王转移风险，保险王位。曾任泰国国王的帕拉贾德希波克一生中最值得称道的事情之一，就是他在地位声望达到巅峰的时候，对自己命运的清醒预测。1925年，帕拉贾德希波克登基，当上了泰国国王。执政之后，政绩平平，无所建树，他终日担心害怕有朝一日被政敌废黜，成为一个一贫如洗的贫民。为防不测，他同时向英国和法国的两家保险公司投保失业保险。那两家保险公司虽然都从未办理过以国王作为被保险人的失业保险，但谁也不愿意错过这一扩大公司影响的机会，欣然接受了投保，开出了保险金额可观的保险单。事实的发展证明了帕拉贾德希波克并非杞人忧天。1935年他被迫放弃了王位。成为平民的前国王虽不能再享受一国之君的荣华富贵，但也无穷困潦倒之虞。依靠两家大保险公司为他支付的丰厚的失业保险金，安然度过了退位后的6年余生。国王转移风险，保险王位，给人的启示是，不要只看现在的日子多么美好，未来是不可预知的，未雨绸缪，及时转移风险，做好安全保障，才是明智之举。

八、保留风险

任何组织无论多么强大都不可能全部消灭风险。组织的存在是风险，组织的发展也是风险，没有风险就没有组织的存在和发展。不用管你愿意不愿意，风险都存在于组织之中。即使是一个风险管理非常好的一个组织，其存在的风险也在70%以上。组织中存在风险是常态，被动地接受风险是无奈，而主动地保留风险是风险应对策略。一般情况下，后果危害小，发生频率低的风险都保留在组织之中。后果危害小，发生频率高，这样的风险通过加强内控和监管来处理。后果危害大，应对成本高，这样的风险一般通过预测、预警、预防来加以防范。以上这些都是主动保留风险的风险应对策略。在此基础上，组织要做出应对保留风险的财力计划、物力计划和人力计划，要有防止保留风险发生后的处置方案。另外，还有一种情况是被动保留风险，这种风险是未被识别出来的风险，或者新近产生的风险。这些风险的存在，对组织的危害极大。由于未被识别，最有可能对组织产生极大的危机。因此，组织要有应对未被发现风险的危机预案。

主动的保留风险是风险应对策略。保留风险要掌握两个原则：一是看价值；二是看目标。首先，是否保留风险要看价值。一个价值150元人民币的玻璃杯掉在地上摔碎是风险。为了防止摔碎，铺地毯、软包装桌面等，要花1500元人民币。这种防止风险的办法有效，但从价值上不合算。这样，杯子摔碎这个风险就是可容忍、能接受的风险。要想防止这个风险付出代价太大，所以这个风险就是可以保留的风险。目前中国有很多大型运输公司，除了国家规定的险种以外，不参加其他保险。原因是整体的保险费用较高，实际产生的损失费用较低，不成比例，所以算总账不参加保险合算。这个风险也保留了。比如参加保险的费用一年500万元，而实际发生的车辆损失和人员伤害等只花费300万元，有200万元的差额，所以这个风险也自留了。

其次，是否保留风险要看目标。《三国演义》第九十五回，题曰"马谡拒谏失街亭，武侯弹琴退仲达"。这一回的"戏眼"就是诸葛亮导演的"空城计"。说的是，司马懿率领15万大军，击溃马谡夺取街亭，又乘胜连下三城，以迅雷不及掩耳之势直逼蜀军的后方机关西城。诸葛亮来不及撤退，手下只有两千五百名老弱残兵，在万分紧急的情况下，诸葛亮导演了一幕精彩的"空城计"，以玄虚威慑，哄走了胆小多疑的司马懿。司马懿的两个儿子司马师、司马昭似乎看出诸葛亮故弄玄虚的破绽，要发兵攻城，活捉诸葛亮，当即受到司马懿呵斥。司马懿亲到城下观看，然后下令撤军，他说："诸葛亮一生谨慎，不会冒险。现在城门大开，里面必有埋伏，我军如果进去正好中了他们的计。"司马懿对诸葛亮的总兵力和大概部署早已心中有数，一座小小的西城，即使"十面埋伏"，充其量也不会超过一二万人，是"空城"也罢，是"实城"也好，先派几千名先遣小分队攻打西城的四门，其虚实立见分晓，还用得着竖起耳朵"听琴声"吗？这是连中等智商的下级军官都懂得的军事常识，何况老谋深算的司马懿。不带扩音器的古琴声，在当时纷扰嘈杂的战场野外，充其量也不过传播到几十步开外，当在硬弓、强弩的射程之内。司马懿一路风风火火地追来，岂能一箭不放，一弩不发，空手而退往返徒劳呢？他单单是为了欣赏诸葛亮的"琴声"而来吗？肯定不是。如果诸葛亮当时不在西城，西城肯定会轻而易举地落入司马懿的手中，城中尚未转移的物资也统统成为司马懿的战利品。"空城计"是诸葛亮临危冒险巧设的妙计，司马懿以诸葛亮行事谨慎，从不弄险为由，也就将计就计，假装"中计"而故意放诸葛亮一马。在这里，真正的高智商的大赢家不是诸葛亮，而是看似低智商的司马懿。诸葛亮料定司马懿不敢进城，因为老谋深算的司马懿，懂得中国祖传"飞鸟尽，良弓藏，狡兔死，走狗烹"的古训，也熟知历代"卸磨杀驴"的帝王故伎。生怕此役取得决定性胜利之后，魏明帝曹睿玩弄"推完磨杀驴吃"的小伎俩，所以才故意放走与自己"旗鼓相当"的敌手诸葛亮。曹操在世时深知司马懿的雄才伟略，对他存有戒心并说司马懿野心勃勃，不可付以兵权，不可重用，久用必为国家大祸，此时司马懿只做了一个丞相主簿（行政秘书）。司马懿为免杀身之祸，韬光养晦、默默无闻。曹操死后，曹丕篡汉称帝，提拔司马懿为大将军。曹丕死后，曹睿继位，司马懿为骠骑大将军，位高权重。诸葛亮用反间计散布司马懿谋反，曹睿中计，要杀司马懿，多亏曹真力保，才保住脑袋，但被剥夺兵权，回家养老。这时，诸葛亮上表出兵反魏。诸葛亮带领大军兵出祁山，连连获胜，势如破竹。曹魏诸将，无人应战，在危亡之秋，曹睿不得不重新启用司马懿，封为平西都督，与诸葛亮对垒，借以挽救危局。司马懿心里明白，平西都督是诸葛亮给的，不应该感谢魏帝曹睿。"诸葛亮在，我就平安，打败诸葛亮，我就死路一条。"所以，空城计的赢家不是诸葛亮，而是司马懿，他不打败诸葛亮，保住了自己的位置和性命，避免了兔死狗烹的厄运和卸磨杀驴的惨剧。无论朝廷上下如何评价司马懿智商不高，胆小多疑，优柔寡断，成不了大事，两个儿子愤愤不平，诸将多存疑惑，司马懿就是故意装呆犯傻。这样，曹魏朝廷放松了对司马懿的戒备之心，司马懿保住了重兵在握的权利，积蓄了明显的优势，等到把诸葛亮在五丈原磨死以后，他退居幕后，装起重病，给人的感觉似乎不久于人世，借以麻痹政敌，减少猜忌，暗中密谋，等待时机，发动政变，终于夺取了曹魏大权。最后，三国归晋的历史结局，足以证明司马懿在空城之下所表现出来的高超智慧和过人胆略，绝非等闲之辈所能领会和理解。他这种保留风险的大智慧，值得我们在处理整体性战略和重大项目时，认真体会、理解和把握。

第三节 风险应对选择

风险评估之后，要根据风险评估的结果采取风险应对。风险应对是运用一系列策略、办法进行的，绝不可能用一个策略或办法应对所有风险。应该针对不同的风险特点采取不同的应对策略。这样选择应对策略，精准应对风险，就显得特别重要。怎么样选择风险应对策略？在选择应对策略时把握什么样的原则？这是风险应对前必须解决的问题。具体地讲在选择风险应对策略时，应该注意把握如下六点：

一、选择风险应对策略要有法律规范框架

法律法规、规章制度、原则规定是一个组织运行的基本规则，必须认真遵守，决不可违反，越过雷池。选择风险应对策略，处置组织存在的风险，必须在法律规范的框架之内进行。超出了法律规范，不仅失去了风险应对的意义和作用，而且它本身就会产生新的风险。遵守法制规范是选择风险应对的第一要务，是进行风险应对的底线。任何时候任何情况下都不能越过这个红线范围，否则就失去了组织运行的基本保证。

二、选择风险应对策略要兼顾多方价值需求

风险应对是实现组织价值需求的基本途径。选择什么样的风险应对策略，实现组织的价值取向，是我们必须慎重考虑的重大问题。一般情况下，选择风险应对策略，首先要考虑经济价值、成本价值和效益价值，就是说要权衡利弊得失。是不是有经济效益，能不能满足组织需求。应该

说，经济价值是选择风险应对策略的基本标准。但是组织在运行过程中，价值需求有时是多方面的，除了经济价值需求之外，还有政治价值需求、文化价值需求、道德价值需求、社会价值需求、环境价值需求、素质价值需求等。这多方面的价值需求，共同构成了组织的多方位的价值取向。选择风险应对策略不光是满足经济价值需求，还要满足其他方面的价值需求。有时选择风险应对策略，会对实现组织的各种价值需求产生对立或者偏向，或者相互抵制。尤其是经济价值需求与环境价值需求，以及社会价值需求是经常对立和矛盾的。选取一方就制约了另一方，有利于一方的发展，就影响了另一方的发展。在这种情况下，我们选择风险应对策略，首先必须理顺、满足组织各种价值需求的轻重缓急。有时就是为了通过风险应对而实现某一方面的价值。比如说满足环境保护价值需求，其他价值全然可以不加考虑。在这里要通盘规划，谨慎处置，目标明确，取向确定。

三、选择风险应对策略要灵活适宜

组织在运行中，是一个结构复杂、流程复杂、机制复杂、输入产出复杂的有机过程。在这个过程中，每时每刻都需要处置各种风险。由于各种风险的特点不同，应对处置的办法也各不相同。有时用一个风险应对策略去处置一个风险，有时用多个风险处置策略前后左右组合，或整体处置风险，或分散处置风险。情况不同，处置风险的策略也不同，要根据不同情况，采取或者单个风险策略或者多个风险策略来处置风险。在这里选择不同风险处置方式，运用多种方式处置风险，排列组合，谋篇布局，就不仅是一种技术能力，更是一种艺术的素养和哲学的高度。掌握这种技术，培养这种素养，提升这种高度，是组织管理者和运营者的基础功夫和制胜法宝。要在实践中，有意识地不断培养这方面的能力素养和高度。

四、选择风险应对策略要理顺优先次序

在排列组合选择风险应对策略的时候，首先要分清楚风险应对的优先次序。要根据风险的等级和重要程度，集中力量选择风险应对策略，优先进行应对处置。重要的风险和次要的风险可以同时处理，也可以把次要的风险优先于重要的风险首先处理。这时，时间上的先后排序，不是问题

的关键。而问题的关键是，在时间排序的基础上，要集中优势兵力，解决重大风险问题。优先次序是一个综合谋划、全盘掌控的问题。任何时候任何情况下，都必须突出重点，抓住核心，抓住关键，集中全力，应对处置好。这是唯物辩证法的重点论观点，必须牢牢记住。

五、选择风险应对策略要多方面沟通

组织运行是一个多方面利益群体互动互为的过程。选择风险应对策略要与组织的各方面的利益群体进行沟通，征求他们的意见和建议，关切他们的利益需求和夙愿，采纳他们的合理化的意见和建议。这项工作非常重要，因为选择风险处置策略，处置组织中的各种风险，势必影响不同利益相关者的利益。这些利益是多方面的，有时处置的效果很好，处置的方式不符合他们的心愿也会产生不利于组织发展的抵触情绪。所以采取各种形式，利用各种手段处置风险时，要经常地、反复地、不间断地进行各种沟通，最大限度地保证取得最佳效果。

六、选择风险应对策略要保证监测持续有效

选择风险应对方式进行风险应对，不可避免地会出现三种情况。一是选择的风险应对策略不合适。风险应对无效果，风险应对结果不满意，处置的风险没有减弱，不可接受，无法容忍。这说明风险应对的策略选择是错误的，风险应对的过程是失败的。对这种情况，从选择风险应对措施开始到风险应对过程结束，要进行全程风险评估与监测。发现问题及时纠正和改进，决不能等到过程结束，才说过程开始是错误的。要一步一评估，一步一监测，一步一完善，一步一改进，一步一创新。二是选择风险应对策略进行风险应对的过程中，产生新的风险，无法接受，不能容忍。要反复评估监测，在消除现有风险的过程中，是否产生新的风险。新的风险要进行评估，确定等级，看是否能够接受。一般情况下，处置现有风险，会产生新的风险。如果这个风险的等级比较低，对组织的危害比较轻，属于正常范围，组织能够接受，也应该接受。问题的关键是，在处理现有风险时，能够引发比现有风险还大的风险，这就得不偿失。对这种情况，要做到全程评估、全程监控、全程预防，决不允许出现。三是选择风险处置

策略，进行风险处置过程中，产生次级风险。这个次级风险不应该归类于新的风险，而是这一个风险过程中的风险，是风险复杂性的一种表现。对这种次级风险应该高度关注，有时它产生的危害超过原有风险。这种风险往往是一个组合，出现一个风险，必然引起一组次级风险的出现。这些次级风险，有的危害的时间更长，有的危害的范围更大，有的危害的程度更高。要特别注意，横向一窝风险的出现，纵向一串风险的出现。有时横向风险和纵向风险叠加在一起会产生放大危害。对此类风险，也要全程评估，全程防控，全面计划，全方位处置。否则，现有的风险没处置好，又增大新的风险。这样就不能实现选择风险处置策略，进行有效风险处置的目的。

第四节 风险应对计划

风险应对实施之前必须编制风险应对计划。风险应对计划是风险应对实施的重要组成部分。风险应对计划编制得好不好，是否科学完整，是否具体周到，是否具有落地操作性，直接关系到风险应对实施的效果。编制风险应对实施计划，主要有如下七个方面的内容，但不限于此。

一、风险应对目标原因

风险应对计划必须明确风险应对的目标，必须明确风险应对的原因。目标和原因是风险应对的根据，在编制风险应对计划时，必须把目标和原因阐述清楚。目标一般有当前目标、中期目标和长期目标之分，好的风险应对计划必须是着力于实现当前目标，着眼于实现中期目标和长期目标，必须把当前目标、中期目标和长期目标区分清楚，计划得当。既不能混为一谈，又不能相互割裂。要做到有阶段、有持续，实现阶段性和持续性的统一。原因是多方面的，有内部原因和外部原因，主要原因和次要原因，主观原因和客观原因，局部原因和整体原因。要将这些原因分析透彻，明确表达，使风险应对实施能够准确地把握原因，明确目标，实现目的，创造价值。

二、风险应对组织结构

风险应对计划是一个复杂的系统工程，是由组织系统的运作实现的。实施风险应对牵扯面广，动用相应的成本，影响各方面的变化，所以，在风险应对实施计划中应明确，风险应对实施的决策者、风险应对实施的协调者、风险应对实施的咨询者、风险应对实施的执行者、风险应对实施的监督评审者、风险应对实施的协助者是非常重要的。在风险应对实施中有不同的职责，有不同的任务，有不同的要求，有不同的标准，有不同的实践。在做风险应对计划时，都必须做出明确的规定，都必须做出细致的职责区分和相互联系沟通的机制、渠道等。风险应对实施是靠人来运作的，人在组织中是有角色定位的。在风险应对计划中，明确规定参与者的职责定位是非常关键的内容，决不可掉以轻心。

三、风险应对活动路径

风险应对是由一系列活动组成的。活动有框架，运作有流程，流程又通过不同的路径来实现。这些都需要在风险应对前计划安排好。风险应对面对的是未来的不确定性，包括组织的不确定性、人员的不确定性、过程的不确定性和结果的不确定性，但是在做风险应对计划时，面对诸方面的不确定性，必须做出确定的计划。确定的计划面对不确定的对象，要想实现风险应对的结果是非常复杂和困难的。无论怎样复杂和困难，风险应对计划必须明确风险应对有哪些活动组成，这些活动的先后顺序排列的确定，实现活动目标的办法路径的确定，都必须是具体落地，操作可行的。这是一个从理论到实践的飞跃。在认识论上是一个重要的节点和阶段，必须慎重科学的做好，否则就达不到目的，出现事倍功半的结果。

四、风险应对资源需求

风险应对不是无成本的活动，也不是无消耗的过程，是一个动用各方面资源的有相当成本消耗的过程。风险应对计划必须把风险应对的资源需求确定好。这些资源需求主要包括对人力的资源需求、对物资的资源需求、对资金的资源需求。对这些资源需求要计划清楚它的产出效果，以及这种产出效果是否被组织接受。投入的资源大于产出的效果，这样的风险应对本身就是风险，本身就具有不可容忍性。一般意义上，风险应对期望产出的效果，一定要大于投入的资源。大于的比例根据不同组织的风险喜好和风险容忍度的不同而有所不同。这一点在风险应对计划中必须明确表达。另外，组织是否具备风险应对所需要的资源，在多大程度上具备，消耗了这些资源，对组织能够产生什么样的后果，组织是否接受和容忍这些后果，这些问题也必须明确表述。总之，风险应对计划要明确资源投入、资源需求、资源产出三者之间的关系是否恰当合理，是否有利于组织的发展和生存，是否有利于风险目标的实现。

五、风险应对绩效测量

风险应对产生价值，创造效益，必须时刻明确这一点。在风险应对计划中，必须清楚地计划出风险应对实施的产出绩效。组织的性质不同、领域不同、发展阶段不同，对风险应对绩效的要求也各不相同。必须根据不同组织，不同风险应对的绩效要求，制订出相应的绩效标准，制订出相应的绩效考核办法，制订出相应的绩效考核流程。根据不同的需求，在不同的节点和时段，实施有效的考核和测量。根据实际需要，这种考核和测量可以是定性的，可以是定量的，也可以是定性与定量的结合。对风险应对绩效实施考核和测量是风险应对计划的关键部分，是风险管理逐步走向成熟和理性的标志。很难想象一个不能测量和考核的风险应对计划，能够产生出好的风险应对结果。

六、风险应对报告监测

风险应对计划要明确风险应对的报告和监测。由于组织是由各方面组成的，内部不同的结构、不同的流程、不同的层次，都要形成科学有效的报告制度。同时对利益相关者、对监管部门、对媒体机构、对咨询团体也应建立不同层次、不同侧面、不同时限的报告沟通机制。只有这样有效的报告和沟通，并建立相应的机制和制度，才能够调动整合各方面的力量和资源，实现风险应对的目标。在这里，报告有强制性和非强制性之分，有定时和临时之分。不管是哪种报告都是为了沟通整合，形成良性互动，因此都必须高度重视，在风险应对计划中要有明确规定，要分解落实到人并监督执行。同时在风险应对计划中，要对监测评审做出明确细致的规定，并按要求贯彻执行。

七、风险应对时机日程

风险应对计划是对风险应对过程的规定安排。在这个过程中，要做出细致的日程要求和时间安排。就是说这一个风险应对过程有多少活动，什么时间进行这些活动，必须有明确的要求。没有时限要求的计划，是没有意义和不发生作用的计划。按时完成计划安排，并达到计划要求是一个好的风险应对计划的基本表现。

第五节 风险应对实施

风险评估结束，组织选择了风险应对策略，制订了风险应对计划，就必须按照风险应对计划实施风险应对。风险应对是一个落地实操性很强的活动，不能坐而论道，要知行合一，真抓实干。在风险应对实施过程中，要掌握如下三个原则：一是计划性原则。组织为了实施风险应对，进行了前期大量的准备工作，制订出了相当科学的行动计划，认真按照计划实施，就能够实现风险应对的结果。如果制订了计划，无故的不按计划执行，或者随心所欲的改变计划，推翻计划，不仅使计划劳而无功，而且也是对风险应对的不负责任。有相关计划不一定能够实现风险应对的目标，但没有计划肯定实现不了风险应对的目标。在这一点上，必须有明确的认识和坚决的态度，不能不负责任的恣意妄为。二是变动性原则。所有的计划都是对当前情况的认识和安排，风险是未来的趋势，是不确定性的影响，是在变动中飘忽不定的因素。在实施风险应对时，会出现各种新情况、新问题。这些新出现的情况和问题，是原有计划没有明确规划和确定的。在这种变动了的情况面前，如果还按原计划执行，就是机械唯物论，就是形而上学。应该根据变化了的情况和问题，随时随地调整计划安排，使之符合变化了的实际情况。只有这样，才是更好地执行计划，更好地风险应对，更好地实现目标。三是适宜性原则。无论是按照原计划执行风险应对实施方案，还是调整计划制订新方案实施风险应对，衡量的唯一标准不是主观的而是客观的，是主观对客观的符合。这种符合就是适宜性。只要是符合风险应对的客观实际，就是好的计划和方案，只要不符合风险应对的客观实际，就必须修改重新制订新的方案和计划。这里唯一的衡量标准，就是主观对客观的符合，就是理论对实践的符合，就是风险应对的适宜性。离开了适宜性，一切无从谈起，也无法谈起。

第六节 全面监督评审

监督评审是风险管理的重要组成部分。首先要对整个风险管理框架监督评审，其次要对风险管理过程监督评审，第三要对风险评估三阶段进行监督评审，第四要对风险应对过程监督评审。从以上可以看出，监督评审贯穿于整个风险管理的全流程、全方位和全人员。风险管理的监督评审具有全面性、反复性，不留任何死角，不怕任何麻烦。要对任何一个具体的风险管理过程和节点，经常不断地监督评审。从总体上讲，监督评审分三种情况：一是定时定期监督评审，二是临时临期监督评审，三是对重大事项进行监督评审。风险管理注重监督评审，其目的就是面对复杂多变的不确定性，有效地保证目标的实现。具体来讲监督评审有如下五个方面的主要内容，而不限于此。

一、保证措施有效

监督评审贯穿于风险管理的全过程，是为了保证各方面措施策略的有效，尤其在风险应对计划阶段和风险应对实施阶段，要特别重视监督评审。因为这两个阶段是风险管理最为重要的阶段。在做好其他方面监督评审的基础上，要重点关注这两个阶段，发现问题及时解决，不留任何遗憾和漏洞。

二、获取最新信息

监督评审的过程是一个获取新信息的过程。由于风险管理的过程性和变化性，出现新情况，产生新信息是一种常态。通过监督评审，发现新情况，掌握新信息，调整新措施，变化新策略，才能够达到风险管理的目的。

三、总结经验教训

监督评审的过程就是研究基本情况的过程，就是总结经验的过程，就是吸取教训的过程，就是在新的基础上拿出新的思路的过程。人类社会的进步和提高，是在监督评审中实现的。风险管理理论的提高和实践的成熟也是在反复不断地监督评审中实现的。监督评审所具有的总结经验教训的功能，是任何一个风险管理实践者所必须具有的基本功，是任何一个成功的风险管理过程不可或缺的环节。高度重视监督评审是实现风险管理有效性的根本保证。

四、掌握整体变化

在监督评审中发现未被识别的风险，发现新产生的风险，发现原有风险的变化，发现次级风险的融合。以上这一切必然促使组织在风险管理过程中，从总体上修改完善风险管理框架，修改完善风险管理准则，修改完善风险管理过程，修改完善对内部环境和外部环境变化的态度和方针。就是说只有监督评审，才能掌握风险管理主体的变化和风险管理客体的变化，才能从整体上做出战略调整和安排，才能在具体上优化策略措施，实现整体与局部的结合，战略与战术的结合，在变化了的客观情况面前做出战略战术的变化。没有监督评审，以上这些变化和调整都是难以做到的。做到了就会成功，做不到就可能失败。由此可见监督评审是保证成功、防止失败的根本措施。

五、过程记录存档

监督评审的所有过程进而扩展到风险管理的所有过程，都要根据不同要求进行记录存档。保留资料，记录存档是风险管理过程的一个重要组成部分。其目的是可以重复使用过去的材料，可以反复学习过去的经验，可以不断吸取过去的教训，使所有工作都留下清晰具体的痕迹，让后来者能够在前人的基础上不断学习提高，不断总结成熟，不断取得新的成效。

在风险应对中，无论从哪些方面论述，其核心目标是适用性和有效性。第一，适用性。前文叙述了八种最基本的应对策略。其实，在实际应对中，天上地下，古今中外，只要是有用的策略，符合组织实际，都可拿来。要灵活变通，综合使用，不可形而上学，死板教条。在人类历史的长河中，先哲们已为我们总结概括出了千百万条风险应对策略，只是我们没有很好的发掘利用，学用贯通。从世界观和方法论上讲，马列主义毛泽东思想是风险应对的总指导、总策略。中国和欧洲哲学理论界的至圣先哲是风险应对的总参考、总经验。要多领会精神实质，变成具体方法步骤，落地执行。如1927年9月29日，毛泽东率秋收起义部队到达江西永新三湾村，对当时不足1000人的部队进行了整顿和改编。将原来的一个师缩编为一个团。在部队中建立党的各级组织，支部建在连上，班排有小组，连以上设党代表，营团建立党委。开始实行民主制度，在连以上建立各级士兵委员会，实行官兵一致的原则。三湾改编，在人民军队建军史上具有十分重要的意义，奠定了毛主席提出的党指挥枪的原则，有效地防止了枪指挥党，确定了党对军队的绝对领导地位，保证了党与军队、国家的统一，形成了中国独具特色的政体基础。

战国时期著名的思想家、谋略家鬼谷子，是纵横家的鼻祖，姓王名诩，常入云梦山修道。因隐居清溪之鬼谷，故称鬼谷先生。他长于修身养性，精于心理揣摩，深明刚柔之势，通晓捭阖之术，独具通天之智，是先秦最神秘的历史人物。由于他的出现，历史上才有了纵横家的深谋，军事家的锐利，法家的霸道，儒家的刚柔并济，道家的待机而动。他的弟子有兵家的孙膑、庞涓，纵横家有苏秦、张仪等。鬼谷子的《捭阖》《反应》《揣》《摩》《权》《谋》《决》等十五篇计谋权术，作为风险应对策略方式，操纵战国政治、军事斗争形势约百年之久。春秋末期的《孙子兵法》和流传千古、成书明清的《三十六计》，论述军事风险应对的策略和方法，成为战争史、政治史上的奇书。《西游记》中孙悟空七十二变，就是西天取经路上应对风险的策略和方式。企业应收账款风险管理事前、事中、事后37种方法，是在财务方面应对风险的策略和方式。枣矿集团在合同风险管理中，以合同管理流程为主线，将合同管理分为3个阶段，提炼出19个风险体检项目，排查出88处风险关键控制点，研究制定应对措施120条。最终编制出合同风险体检标准化菜单明细，形成110风险预警，120风险救治模式，提高了合同风险应对的能力。以上这些风险应对策略，只要符合实际，就是好的策略，反之就是不好的策略。适用性应该是风险应对的第一要务，永远要牢记于心。

第二，有效性。有效性是风险应对的又一最根本的要求。应对无效，甚至增大风险，是必须坚决杜绝的。然而，在现实生活中，应对无效，越应对效果越差是常见的事。帕金森定律认为：在层级组织中由上往下安排助手会产生能力层层递减效应，具有无效性。1958年，英国历史学家、政治学家西里尔·诺斯古德·帕金森通过长期调查研究，出版了《帕金森定律》一书。他在书中阐述了机构人员膨胀的原因及后果。他说，一个不称职的官员可能有三条出路。第一是申请退职，把位子让给能干的人；第二是让一位能干的人来协助自己工作；第三是任用两个水平比自己更低的人当助手。第一条路是万万走不得的，因为那样会丧失许多权力。第二条路也不能走，因为那个能干的人会成为自己的对手。看来只有第三条路最适宜。于是，两个平庸的助手分担了他的工作，他自己则高高在上发号施令。两个助手既然无能，也就只会上行下效，再为自己找两个无能的助手。如此类推，就形成了一个机构臃肿、人浮于事、相互扯皮、效率低下的领导体系。由此得出结论：在行政管理中，行政机构会像金字塔一样不断增多，行政人员会不断膨胀，每个人都很忙，但组织效率越来越低下。这条定律又被称为"金字塔上升"现象。帕金森举例说：当官的A君感到工作很累很忙时，一定要找比他级别和能力都低的C先生和D先生当自己的助手，把自己的工作分成两份给C、D，自己掌握全面。C和D还要互相制约，不能和自己竞争。当C的工作又累又忙时，A就要考虑给C配二名助手。为了平衡，也要给D配两名助手。于是一个人的工作就变成七个人干，A君的地位也随之抬高。当然，七个人会给彼此制造许多工作，比如一份文件需要七个人共同起草圈阅，每个人的意见都要考虑、平衡，绝不能敷衍塞责。下属们产生了矛盾，他要想方设法解决。升级调任、会议出差、恋爱插足、工资住房、培养接班人等，哪一项都需要认真研究。工作愈来愈忙，甚至七个人也不够了。帕金森用英国海军部人员统计证明：1914年皇家海军官兵146万人，而基地行政官员、办事员3249人。到1928年，官兵降为10万人，但基地的行政官员、办事员却增加到4558人，增加40%。帕金森归纳数十个国家内阁组成情况，得出5人内阁最为理想，9人内阁必然有人仅是点缀，20人内阁则难免派系之争，超过20人则阁员人数再难控制。帕金森同时提出一个非常有趣的"低效能系数"，即一个委员会的成员超过20人或21人，组织的工作效率开始降低。这一观点对我们许多官方的、半官方的、民间的委员会、理事会、研究会、学会等组织应有所借鉴。权力的危机感，是产生帕金森现象的根源。恩格斯曾经说过："自从阶级社会产生以来，人的恶劣的情欲、贪欲和权势欲就成为历史发展的杠杆。"一个既得权力的拥有者，假如存在着权力危机，不会轻易让渡自己的权力，也不会轻易地给自己树立一个对手。在以不害人为标准的良心监督下，会选择两个不如自己的人作为助手，这种行为是自然而然，无可谴责的。帕金森定律启示我们，必须把管理单位的用人权放在一个公正、公开、平等、科学、合理的用人制度上，不受人为因素的干扰。1957年，诺斯古德·帕金森在马来西亚一个海滨度假时悟出了这个定律。后来他将自己思考的结果发表在伦敦的《经济学家》期刊上，一举成名。《帕金森定律》一书出版以后，被翻译成多国语言，在美国更是长踞畅销书排行榜榜首。

与帕金森定律相反，彼得原理认为：在层级组织由下往上选拔能者，会造成各个层级都是庸者效应，具有无效性。劳伦斯·J·彼得生于加拿大，在华盛顿州立大学获得教育学博士学位。他经验丰富，先后担任过教师、顾问、学校心理学指导、咨询师和大学教授。彼得原理由彼得通过对千百个组织中不胜任的失败实例进行分析而归纳出来，于1960年的一次研习会上首次公开发表。尽管演说招来了敌意和嘲笑，但他仍在1965年春以独特的讽刺手法最终完成了著述。彼得原理认为：在一个等级制度中，每个职工趋向于上升到他所不能胜任的位置。每一个职工由于在原有职位上工作成绩表现好，能胜任，就将被提升到更高一级职位。其后，如果继续胜任则将进一步被提升，直至到达他所不能胜任的职位。由此得出的推论是，每一个职位最终都将被一个不能胜任其工作的职工所占据。层级组织的工作任务多半是由不胜任员工完成的。每一个职工最终都将达到所谓的"彼得高地"，在该处他的提升为零。彼得原理的启示：对一个组织而言，一旦组织中的相当部分人员被推到了其不称职的级别，就会造成组织的人浮于事，效率低下，导致平庸者出人头地，发展停滞，就会形成体系萧条、排队木偶、庸人天堂。因此，这就要求改变单纯的根据贡献决定晋升的机制。不能因某个人在某一个岗位级别上干得很出色，就推断此人一定能够胜任更高一级的职务。要建立科学、合理的人员选聘机制，客观评价每一位职工的能力和水平，将职工安排可以胜任的岗位。不要把岗位晋升当成对职工的主要奖励方式，应建立更有效的奖励机制，更多地以加薪、休假等方式作为奖励手段。对个人而言，虽然我们每个人都期待着不停地升职，但不要将往上爬作为自己的唯一动力。与其在一个无法完全胜任的岗位勉力支撑，还不如找一个游刃有余的岗位好好发挥自己的专长。

以上论述不难看出，风险应对必须具有适用性和有效性，否则就失去应有意义。但是在现实生活中，越进行风险应对效果越差的现象频频出现，实在令人痛心。现在社会上热议的中国人到韩国整形，手术失败，产生纠纷，就是这方面的典型案例。2015年2月20日，中国整形美容协会召开"赴韩整形维权失败案例"通报会。2014年我国赴韩做整形手术的有5.6万人，整形失败的事故和纠纷越来越多。且以每年10%~15%的比例在增长。什么原因？韩方介绍，在韩国整形外科协会注册的正规医生只有1500人左右，但在韩国的美容外科医生有数万之多。这部分人绝大多数没有资质和能力做整形手术。韩国整形业对这部分人也缺乏有效的风险应对措施。一位姓王的女士说，她花了48万元作了8项整形，全部失败。还有一位花了近100万元做了15项整形手术，也全部失败。现在我国国内大约有1万多人整形失败，她们组织起来去维权，因语言、法律、成本等原因都没有成功。

思考讨论题：

1.风险应对的策略有哪些？

2.怎样制订风险应对计划？

3.怎样选择风险应对策略？

第十四章　风险管理文化

风险管理文化在我国到目前为止还没有真正形成。没有风险管理文化进行风险管理就失去了灵魂。要深入研究风险管理文化的精神实质，全面揭示风险管理文化的基本内容。要下大力气培养风险管理文化的团队，进而提高他们的整体素质。同时在全社会大力倡导风险管理文化，普及相关知识，形成全社会风险管理文化的良好氛围。

第一节　风险管理文化概念

文化是一系列习俗、规范和准则的综合，起着规范、导向和推动社会发展的作用。文化具有哲学性、民族性、理念性、人本性、独特性、动态性、应变性等特点。文化具有组织意识、个体意识、团队意识、创新意识、社会意识、价值意识、目标意识等维度。文化具有精神核心层，称为精神文化；具有制度中间层，称为制度文化；具有行为浅显层，称为行为文化；具有物质表面层，称为物质文化。文化四个层次的结构，各有特点，层次分明，但相互结合，相互作用，内在同一，不可分割。文化在社会管理体系中处于灵魂地位，是社会管理的世界观和方法论。文化在社会实践中产生，又反作用于社会实践，对社会发展具有导向功能、约束功能、凝聚功能、激励功能，是社会发展的引擎，是社会创新的动力，是社会生存的无形资源。在任何时候在任何情况下，都要高度重视文化的作用和文化的培育与发展。

风险管理文化是社会文化体系中一个有机的重要组成部分，是在长期的风险管理活动中形成的并且被组织成员普遍认可和遵循的具有本组织特色的风险管理思想、风险管理方式、风险管理群体意识、风险管理价值观念和行为规范的总称。风险管理文化产生于组织管理文化之中，但又具有明显的特点和独立性，需要进行精神的、制度的、行为的、物质的嵌入，才能在组织中发挥重要作用。风险管理文化建设是一个长期的重大任务，在我们国家是一个显著的短板。它的缺失对整个社会各个层面都产生了巨大的影响，造成了整个社会文化体系建设的严重残缺。现在到了把这块短板快速补上的时候了，社会各方面应该引起高度重视。

第二节 风险管理文化内容

风险管理文化的基本内容主要有四个方面组成。这四个方面又形成四个层次，其中最核心的层次是精神文化，其次是制度文化，属于中间层次，再次是行为文化，属于浅显层次，最后是物质文化，属于表面层次。这四个方面或者叫四个层次组成了风险管理文化的基本内容。研究风险管理文化，主要的就是研究这四个方面的内容，以及四个方面的各自特点和有机联系。在现实生活中这四个方面的基本内容有诸多方面不容易区分，但仔细研究各自的特点，还是非常清楚的。下面从四个方面分别论述。

一、精神层面的风险管理文化

精神层面的风险管理文化，其核心是树立起全面风险管理的思维。任何一个组织从决策者到中层到基层个体，必须充分认识风险存在的绝对性和客观性，必须充分认识风险在组织发展过程中存在于所有方面和流程。风险是无处不在、无处不有的，必须彻底消除风险无害论，风险无碍大局的错误观点。一个组织能否实现目标，能否生存久远，关键是看有没有全面风险管理的思维，在思想上形成全面风险管理的阵地。衡量一个组织是否成熟，最重要的标准之一是全面风险管理的思想是否牢固。没有这个思想，风险管理文化就无从谈起，风险管理文化建设就失去基础和灵魂。

必须有真正预防风险的意志。树立起全面风险管理的思想还必须具有真正预防风险的意志。这个意志也是非常关键的。组织的风险存在于方方面面，有的显而易见，有的深藏不露，有的当场爆发，有的潜藏久远，更有甚者风险的边界因时空条件的变化，时而左右摇摆，时而上下波动。这些情况表明，要准确地识别风险、预防风险是非常困难的。没有坚强的意志，没有锲而不舍的精神，没有完全彻底的决心，是很难做到的。不做到不行，做到很困难，在这里需要的就是坚韧不拔的意志。意志见分晓、意志成文化。

必须有彻底处置风险的决心。发现风险不易，不是每个风险都能随时随地发现的。预防风险不易，不是每个风险都能够得到毫无保留的预防。由于人们认识的局限，由于客观情况的变化，由于内外环境对组织目标影响的不确定，任何一个组织在任何情况下，都随时有可能出现风险爆发的灾难。在这种情况下，有没有减缓风险的措施，有没有处置风险的策略，关键是看有没有与风险斗争到底的决心。这也是衡量一个组织风险管理文化是否成熟的标志。一个成熟的组织，会坚定不移地采取各种方式和方法来处置风险，实现风险管理的目标，保证组织的生存和发展。一个不成熟的组织，在处置风险时，要么决心不大，轻描淡写；要么惊慌失措，无从下手。时而决心很大，信誓旦旦；时而消极悲观，斗志全无。这些都是不可取的，都是需要加以改正的。否则一个组织既走不好又走不稳，失去发展的可持续性。

二、制度层面的风险管理文化

制度层面的风险管理文化，主要有组织的风险管理领导体制、风险管理组织结构和风险管理各种制度三个方面。其中组织的风险管理领导体制，包括领导方式、领导结构、领导制度是最为核心的内容。制度层面的风险管理文化建设，是组织风险管理体系中最关键的部分。在制度风险管理文化中，领导风险管理体制是关键中的关键。领导体制作为组织的大脑指挥机关，必须建立风险管理文化，必须将风险管理文化贯通于领导方式、领导结构和领导制度之中。所有的重大决定，在制度层面必须有风险管理的规范和准则，必须有事前、事中、事后风险管理的监督、评估、纠正和改进。制度风险管理文化是精神风险管理文化的传导和渗透，通过组织架构、制度规定、奖励惩罚等举措，实现组织风险管理的系统化、整体化。制度风险管理文化要适合一个组织的生存和发展的特点，要根据变化了的情况随时修改和补充，同时要保证在一个时空条件下的相对稳定性。制度风险管理文化在组织中起到上下左右整合贯通的作用，内外各利益相关方沟通融合作用。制度风险管理文化要与组织管理文化相一致，是组织管理文化的重要组成部分，它渗透于组织管理文化的各个层次和方面，对组织结构和利益相关方形成制约和调整作用。它能够最大限度地保证组织生存的稳定性和组织发展的均衡性。一个组织具有完整科学的制度风险管理文化，就标志着这个组织在风险管理方面发展到了一定高度。这样的组织在运行中就能够实现快速高效的目标。

三、行为层面的风险管理文化

行为层面的风险管理文化，集中体现在一个组织所有人员稳定的风险管理行为习惯、行为风格、行为素质和行为能力。组织的所有人员在行为层面，能否牢固地建立风险管理文化是非常重要的方面。风险管理的行为层面，综合素质主要体现在风险管理的能力。风险管理的能力是建立在风险管理素质、习惯、规范、风格之上的。有没有风险管理能力，风险管理能力的大小，体现了一个组织风险管理文化的整体水平。能力大而强，行为科学得当，就能够有效地预测风险、防控风险，否则再好的组织，也会出现大的问题。组织的行为层面的风险管理文化，会根据组织的特点，尤其是核心层主要领导的特点，而产生风险偏好的差异，如激进型风险偏好，稳健型风险偏好，保守型风险偏好等。行为偏好的差别没有好坏之分，只要适合组织的生存和发展，只要有利于目标的实现，也就是说只要有实用性，就是好的行为风险管理文化。每个组织的风险管理文化，都因为各自的历史发展和内外原因各有所不同，不要机械地照搬照抄，要建立符合自身特点的行为风险管理文化，使其发挥最大作用。

四、物质层面的风险管理文化

物质层面的风险管理文化是精神层面、制度层面、行为层面风险管理文化的外在表现和物质承载体，主要有组织的生存环境、器物技术、设施设备等。物质层面的风险管理文化，主要功能是预防风险的发生和处置风险损失最小化。一个组织是否成熟，物质风险管理文化也是很重要的标志。凡是大的组织和机构，物质风险管理文化就会做得很科学、很普遍、很彻底。否则就会漏洞百出，顾此失彼。一个高素质的城市，交通设施、环境美化、人居空间都会体现物质风险管理文化的要素，主要是安全、环保、宜居等。日本一个老年养老处所有几十个安全、环保防范风险的用具和设施，而在我们国家，绝大多数养老处所都缺乏类似的考量和用心。这些外在的物质层面的风险管理文化，表明日本整个国家风险管理文化建设已达到相当程度的水平，而我们国家在这些方面就有较大的差距和发展空间，必须奋起直追，迅速赶上。

第三节 风险管理文化培育

风险管理文化是风险管理建设的重要组成部分。它是预防风险和处置风险的基础与核心，是实现风险管理目标的重要保障。建立风险管理文化意义重大，势在必行。我们国家风险管理起步较晚，发展不平衡，除了金融机构和国有大中型企业对风险管理文化重视较高以外，面广量大的民营企业，尤其是中小企业，庞大的社会组织和系统的政府机构，在风险管理文化建设上有的没有起步，有的刚刚起步，有的起步了没有走多远。从总体上说，我国风险管理文化建设处在初始阶段，没有形成巨大的社会冲击力，没有建立起强大的基础，没有形成压倒一切的氛围。所以许多令人痛心的、本来可以避免的风险事件频频发生，造成巨大的破坏，影响社会的和谐和中国梦的实现。

那么怎样来培育风险管理文化呢？一是认真学习风险管理理论，树立全面风险管理的思维。到目前为止，我们国家还没有系统的风险管理法律和法规，学校教育也缺乏系统的风险管理课程，某些机构和系统有风险管理教育和培训，但不完善、不系统、不持续。国家标准系统在某些领域和方面尽管建立了风险管理的标准，但推广力度较小，落地没有声响。国外近百年的风险管理历史、经验及教训，先进的做法和流程，我们没有认真地学习、总结和借鉴。以上这些说明，我们在风险管理理论的学习，风险管理意识的培养方面还有很大的差距。应该建立全面系统的风险管理学习培训体制，建立相应的法律法规，形成符合实际的各行各业的风险管理标准，号召全社会所有人员学习风险管理理论，强化风险管理意识，培养风险管理行为，形成全社会人人讲风险，事事讲风险，人人防风险，事事防风险的良好氛围。二是要建立风险管理的制度框架和结构流程。我们国家在多年的行政管理和经济运行中，缺乏风险管理的要素和维度。要按照风险管理的国际标准，将风险管理的要素和维度嵌入所有制度、架构、流程、节点之中，使其与组织的其他要素相融合，发挥保驾护航的作用。同时要建立风险所有制和风险责任制，要形成有效的风险奖励和惩罚机制，使社会的每个成员担负起他们所承担的风险。要把风险所有者、风险责任者、风险奖惩制度紧密挂钩，形成整个社会的风险命运共同体和责任共同体，实现全社会人人承担风险，人人防控风险，人人实现风险价值的新局面。三是建立风险管理应用平台，实现全社会不同层面，不同结构，共同处置风险的良好机制。利用互联网、云计算、大数据、智能化等高科技技术，建立覆盖全社会的风险管理应用平台，实现风险所有者、风险管理者、风险指导者、风险相关利益方之间快速零距离对接。利用一切社会资源与技术，将风险消灭在萌芽之中。而这个过程是通过不同的层次和要求，对相关人员和机构是开放的，使整个社会都能从不同的角度、不同的层次学习到风险管理的知识和经验。这样，在风险管理过程中，就能够不断地培育出风险管理的文化，就能够提高整个社会风险管理的水平。

思考讨论题：

1.风险管理文化的内容有哪些?

2.怎样进行风险文化培育？

第十五章　风险管理规律

　　规律就是事物的本质联系和必然趋势。从静态上讲事物的本质联系就是规律，从动态上讲事物运动发展的必然趋势就是规律。静态上事物的本质联系通过结点表现出来，反映在哲学上就是范畴，动态上事物的发展通过趋势反映出来就是规律。范畴和规律，前者是从静态上讲的，后者是从动态上讲的，二者的本质特征是共同的、一致的，就是说从哲学上讲范畴就是讲规律，讲规律就是讲范畴，不能把二者截然区分开来，二者的一致性是我们研究问题的共同的出发点。唯物辩证法告诉我们，世界上千差万别、千变万化的客观事物都是普遍联系和永恒发展的。研究客观事物的普遍联系和永恒发展就是唯物辩证法，就是规律。任何事物都是有规律的，任何活动也都是有规律的，风险管理作为主观作用于客观的认识世界和改造世界的活动，必然是有规律的。揭示风险管理的内在的本质联系和发展的必然趋势，掌握其客观规律，才能使我们更好地理解风险、理解风险管理，把握风险、把握风险管理。

第一节 风险管理整体与部分规律

　　组织的运行是内部结构之间相互作用的结果。构成事物复杂的内部结构，从哲学上概括就是整体和部分的辩证关系。风险管理作为组织管理的重要构成，也是整体与部分辩证统一的关系，它也存在整体与部分相互对立、相互依存、相互转化的规律。研究这个规律既是必须的更是必要的。

一、风险管理整体与部分规律体现在整体性上

一个组织的风险是由诸多风险组成的，这些多方面的风险相互勾连、相互融合、相互叠加、相互作用、相互发酵、不断升级、不断整合，构成了组织的整体风险。这个整体风险是整体大于部分之和的风险。风险管理必须从战略上、整体上把握组织的整体风险。通过把握组织的整体风险，来控制组织的运行结构、发展速度和发展方向。另外，通过把握组织的整体风险，来掌控和适应内外环境变化对组织运营的影响。

二、风险管理整体与部分规律体现在部分性上

组织的整体结构都是由部分构成的。组织的整体风险也都是由部分风险构成的。没有组织的部分风险，就没有组织的整体风险。整体风险不能代替部分风险，部分风险也不能代替整体风险。我们研究组织的部分风险，就是要发掘出组织所有部分、所存在的各种各样的具有特殊性的风险，这是我们研究风险的基础。掌握了组织的部分风险，就为掌握组织的整体风险提供了前提。

三、风险管理整体与部分规律体现在二者辩证统一上

研究风险管理整体与部分的规律，其实质就是揭示风险管理整体与部分辩证统一的关系。如上所述，组织的整体风险决定了组织的生存和发展，但整体风险绝对不能代替部分风险，部分风险构成了整体风险，但也绝对不能代替整体风险。二者的区分是严格的，但是二者的联系也是内在的、紧密的、不可分割的。离开了部分风险就无所谓整体风险。任何部分风险都是一个组织整体风险的一部分，不存在离开整体风险的部分风险。因为任何事物都是在整体之中的，整体风险和部分风险各自独立，相互对立，又相互依存，不可分割。在一定意义上，随着空间范围的变化和时间条件的变化，整体风险和部分风险也是可以相互转化的，也就是说部分风险转化为整体风险，整体风险转化为部分风险。风险管理的整体与部分相

互对立、相互依存、相互转化，既是风险管理的本质联系，又是风险管理的必然趋势。这就是我们为什么说整体与部分辩证关系是风险管理规律的根本原因所在。总之，风险管理是整体和部分相互对立、相互依存、相互转化的辩证关系。认识、理解、揭示风险及风险管理的这种辩证关系，就是研究风险的规律、风险管理的规律。只有研究这个规律，我们才能从哲学的高度揭示风险及其风险管理的本质联系和必然趋势。

第二节 风险管理威胁与机会规律

在风险管理发展的过程中，其核心要旨是掌控风险，实现目标。通过的手段是指挥活动、控制活动和协调活动。由于客观事物是动态发展的，在确定了目标以后，不确定性会对目标产生各种各样的制约和影响。这个制约和影响是风险管理研究的主题和核心。怎样才能掌控风险，实现目标，必须充分认识和揭示这个未来发展的过程。从哲学上讲，目标确定以后影响未来发展的，一方面是有利于实现目标的正向机会，一方面是阻碍实现目标的负面威胁。这样风险就是机会与威胁的统一。这个统一具有不确定性。风险管理就是研究机会和威胁在未来发展中对目标影响的不确定性。它的作用就是促进正面机会的发展，限制负面威胁的制约。要想实现这个目的，必须正确处理好机会与威胁的辩证关系，处理好这个辩证关系就掌握了风险管理的规律。

一、风险管理机会与威胁辩证关系中威胁的绝对性

任何事物只要是存在和发展，只要是确定了未来目标，只要是构成主观作用于客观的活动，那么威胁事物的生存，制约事物的发展，影响实现未来的目标，就伴随所有过程、所有方面的始终。在这一点上，我们可以斩钉截铁地说，威胁具有绝对性，无论是否承认它，是否理解它，它都客观存在。威胁具有客观存在性是绝对的、永恒的、不可消灭的，这一点我们必须有高度的认识和充分的理解。只有确定威胁的绝对性，才能够确立风险管理的必要性。说到底风险管理最核心的内容就是管理风险，管理风

险中的威胁。自有人类以来，任何惊天动地、可歌可泣的活动，都是在与威胁做斗争。威胁的不确定性是客观事物本身所具有的特性，进行风险管理就是和这种威胁的不确定性做斗争。

二、风险管理机会与威胁辩证关系中机会的绝对性

在任何事物的发展过程中，风险是不确定的。这种不确定性不仅包括威胁，还包括机会。所有的风险都是由威胁和机会共同构成的。单纯没有机会的威胁和没有威胁的机会，在客观世界中是不存在的。在不确定性中存在机会，在威胁中包含机会，这是不容争辩的事实。以往的风险管理学者和专家有相当一部分认为风险就是威胁，风险只有威胁，风险不是机会，风险不包括机会，从哲学的观点来看，这些都是错误的。世界上任何事物都是对立统一的，矛盾的双方不仅对立，而且还相互依存、相互包含，离开了一方，另一方也就不复存在。因此，在风险管理过程中，认识和研究风险中的机会，不确定性中的机会就显得特别重要。承认风险中既有威胁又有机会，改变人们认为风险只有威胁没有机会，是人类历史上巨大进步和标志性转折。由此，使风险管理走在了正确的道路上，避免了在实际运作中的重大失误。这是一个了不起的进步，我们必须充分肯定这一点在人类历史上的重大作用，否则，我们在风险管理上就会出现形而上学的错误，具有极端的片面性和局限性。

三、风险管理机会与威胁辩证关系中二者相互转化

风险包含威胁和机会，二者是对立的，威胁不是机会，机会也不是威胁，但对立的双方又相互依存，相互融合，相互贯通。在一定条件下，矛盾着的双方还能实现相互之间的转化，就是说威胁可以转化为机会，机会可以转化为威胁，这种转化是不可避免的客观规律，是不以人的意志为转移的客观存在。风险管理的智慧就在于在威胁中发掘机会，掌握机会，防止机会向威胁的转化。在机会中发现威胁，掌控威胁，促进威胁向机会的转化。在现实生活中，二者的转化具有客观必然性，但需要具体的时空条件的限制。认识空间的变化、时间的变化、各种内外部条件的变化对二者相互转化的影响，掌握二者相互转化的节点和契机，就能够实现二者的相

互转化，就能够控制威胁，发展机会，就能够在威胁中看到机会扩展的要素，锲而不舍地研究威胁，掌控威胁，就能够在机会中感知威胁的存在，威胁的发展，就能够紧紧把握机会，防止威胁的产生，控制威胁的发展，限制威胁的范围，缩小威胁的影响。总之，风险是由威胁和机会构成的，威胁具有不确定性，机会具有不确定性，二者构成了风险的不确定性。风险的不确定性及未来性，促使风险管理正确处理好威胁与机会的辩证关系，掌控不确定性，掌控未来，促进机会的发展，限制威胁的影响。这就是风险管理的本质，这就是风险管理的核心，这就是风险管理的唯物辩证法，这就是风险管理的本质特征和发展趋势，即风险管理的威胁与机会的规律。

第三节 风险管理后果与可能规律

风险管理有两个最核心的范畴，这就是后果与可能。后果是指风险的危害大小，用程度来表示。可能是指风险发生的多少，用频次来表示。后果与可能作为风险管理两个最为核心的维度，确定一个圆心，后果由圆心往上伸展，表示严重程度，可能由圆心往右延伸，表示发生频次。二者的延伸在各自一个点相向交汇，形成了风险坐标图。这个风险坐标图是闭环的。它的闭环性确定了风险的严重程度和发生可能的频次。这个闭环的风险坐标图是风险管理者研究风险的最基本的工具。在这个风险坐标图中，作为二维要素的后果与可能，其关系是辩证统一的。二者辩证统一的关系就是风险管理的本质联系和必然趋势，就是风险管理规律。

一、风险管理的后果维度

风险是以风险事件为主体的，包括风险原因和产生后果在内的活动和过程。在这里判断风险的大小不是看原因，更不是看事件，而是看风险的后果。后果危害的大小、影响范围的大小、持续时间的长短是构成我们判断风险严重程度的基本参数。有风险就有风险后果，有风险后果就有大小之分。确定风险后果的大小，是决定我们应对风险策略的基础和前提，我们判断一个风险，首先是判断风险后果的大小，我们会根据风险后果的大小，确定不同的风险等级，采取不同的管理策略和方法。后果是独立的，后果与可能不是一个维度，不是一个范畴，更不是一个特质，我们必须明确后果的独立完整性和确定性。

二、风险管理的可能维度

风险发生在风险后果这个维度的基础上，还必须具有发生可能这个维度。可能不是后果，它表示的是风险是否发生，在什么时间发生，发生的频次多少。判断一个风险的水平，不光要看后果，还要看可能。风险发生的多少，频次如何，是判断风险水平的核心指标。认识风险，在确定后果的基础上，首先要判断它发生的可能性。较少发生和频繁发生，尽管是一个数量概念，但同时它揭示的也是一个风险水平问题。就是说后果表示的是风险水平，可能同样表示的也是风险水平，绝不能只重视风险的后果，而不重视风险的可能。人们是在认识发生了的风险的基础上，对风险有深入的研判，对风险管理有不断的提高。离开了发生可能，一切无从谈起，也没有任何意义。

三、风险管理后果与可能的辩证关系

任何风险都是由后果和可能组成的，离开了后果的可能和离开了可能的后果都是不存在的。没有后果就没有可能，没有可能也没有后果，任何单一的维度都构不成风险。因此，尽管后果和可能各自独立、相互对立，但二者又紧密依存，相互依赖，不可分割。同时，二者相互影响，各自促进对方的变化和发展。后果的大小变化，直接影响到发生可能性多少的变化。发生可能性多少的变化，也直接影响到后果严重程度的变化。这种相互之间的影响，因不同的时空条件而有着多方面的特点，但是相互之间影响，促使对方变化是绝对的、无条件的。总之，风险的后果和可能的辩证关系，决定了风险管理在处理后果和可能关系时，要坚持唯物辩证法的基本观点，要辩证统一地看待它们的特性，要科学实效地处理它们对立统一的关系，同时还要把握二者之间相互影响相互制约而导致相互之间的变化和发展。只有这样，我们才能够抓住风险的实质，把握风险管理的核心。

第四节 风险管理确定不确定规律

风险管理研究的就是不确定性。不确定性是指对事物部分的或全体的不认识，它是一个主观与客观的问题，是一个辩证唯物主义认识论的问题。与此相对应的是确定性，它是指对事物确定的认识。不确定性和确定性是一个相对与绝对的关系问题。认识确定性和不确定性的关系，是风险管理最为基本的任务。在一个组织的发展中，确定了发展目标，剩下的主要任务就是弄清楚不确定性对目标有哪些影响，怎样控制这些影响，实现目标。要做到这一点，首先必须明确，影响组织目标的因素有哪些是确定的，在这里必须非常准确地知道。所谓的确定性指的仅仅是对目标的影响，这种影响不能够制约实现目标的活动，仅此而已。除此以外，我们所说的确定性是相对的。无论是对它的本质特征还是对于它的发展趋势，我们的认识都没有穷尽，仅仅是在一定意义上的相对真理。所有的确定性都是在一定范围、一定时限、一定层次上的相对真理的认识。按照认识发展的规律，从实践到理论，从相对真理到绝对真理，循环往复以至无穷。而每一次循环往复都较以前更深了一步，更高了一步，更宽了一步，更远了一步。我们理解了确定性具有相对性的特点，就使我们能够坚持在风险管理上的辩证唯物主义认识论。实际上，人们认识世界就是从不确定到确定，从低级确定到高级确定。在这里需要明确的是，相对于发展目标而言，不确定性变成了确定性，风险就不存在了。风险是不确定性对目标的影响，不是确定性对目标的影响。确定性对目标是不产生影响的，研究确定性对目标的影响没有任何意义，它不是风险管理研究的范畴。风险管理就是抓住不确定性，深入分析它在性质上的不确定，在时间上的不确定，在空间上的不确定，在影响程度上的不确定，然后使不确定性变成相对目标意义上的确定。这样，风险管理的任务就基本完成。在这里，风险管理就是把握相对于目标而言，哪些是确定的，哪些是不确定的，确定和不确定怎么样区分，确定和不确定怎么样依存，确定和不确定怎么样转化。研究清楚二者的关系，就能够实现风险管理的目标。在这里需要注意的是，从主观上看似确定的因素，在客观上并不确定，并没有把握它的本质特征和发展规律，这是认识上的错误和判断上的失误，是造成风险管理失败的根本原因。从主观上看似不确定的因素，认为对目标影响极大，而客观上影响极少或者没有什么影响。这样在风险应对上也会造成人力、物力和财力的极大的浪费和损失。确定性和不确定性也是相互对立、相互依存、相互转化的。它是个认识论的辩证法问题，必须深刻理解和认真把握。

第五节 风险管理内因与外因规律

一个组织的风险，由内部原因导致，属于内部风险；由外部原因导致，属于外部风险。内因风险和外因风险不是一个概念，性质范畴也非常确定，但是这种概念区分非常明确地表明，两种风险有着根本的联系和相互依存的关系。在风险管理过程中，我们必须运用大量的时间和精力来管理内部产生的风险。内部的风险从根本上说，要靠内部的机制和制度来管理。内部的风险如果管理不好，不断膨胀和外溢，就会变成在内部风险基础上的外部风险，扩展和影响到相近、相邻、相同的外部组织，这样就变成了系统风险。系统风险的影响力很大，破坏力也很大。在一个组织之外产生的风险为外部风险。外部风险从主观上看似与组织本身无关，而客观事实是关系很大、关系很密、影响很巨大。只要是在范围上、在时限上、在性质上有相同之处和同样的应对结点，外部风险就会传导到组织内部，成为内部风险。现在问题的关键是，好多看似风马牛不相及的外部事件和环境，由于联系的普遍性和传导的迅速性，当人们还没有做出及时的反应和应对时，风险就传导到组织内部，产生灾难性的后果。要充分认识内部原因造成的内部风险和外部原因造成的外部风险，它们之间的关联性，关联强度和密度，相互转化及其相互转化的范围和时限。如果割裂内部风险和外部风险的关联，割裂内部因素和外部因素相互依存和转化的关系，就会在风险管理过程中，造成误判，产生恶果。我们要站在内部看外部，站在外部看内部，在内外结合上把握风险的关联性和系统性。只有这样，我们才能够有效地防止风险，不至于"躺着中枪"或伤及无辜。人们经常说的"城门失火殃及池鱼"、多米诺骨牌效应、蝴蝶效应、涟漪效应，指的就是内部因素造成的内部风险，外部因素造成的外部风险，它们相互之间的关联、传导和破坏。

第六节 风险管理主要与次要规律

在风险管理过程中，一个非常重要的方法论措施是处理好主要风险和次要风险的关系。从哲学上讲，主要和次要是相对而言的，它们也是相互依存、相互转化的辩证关系。主要风险是相对于次要风险而讲的，次要风险是相对于主要风险而讲的，主要风险影响事物的生存和发展，只有抓住它、解决好，才能够实现发展目标。如果抓不住主要风险，风险管理就失去了重点，失去了方向，就会劳而无功。我们在平时经常说的纲举目张、抓纲带目、举一纲而万目张，指的就是抓重点、抓核心、抓关键。没有重点就没有工作，没有重点就没有风险管理。因此要充分认识抓主要风险在风险管理中的现实意义。要抓好主要风险，首先要认识、排查出主要风险，分析、比较、鉴别主要风险的性质和特点，然后抓住它认真解决，集中全力，绝不放松。抓而不紧等于不抓，这一点在任何时候、任何情况下都不能动摇。在这里问题的关键是，主要风险和次要风险是混杂在一起的。主要风险在不同范围和时间之内有不同的表现，识别它具有一定的困难。同时主要风险是变化的，在一定时期内是主要风险，在另外的时期内就不是主要风险；在一定范围内它是主要风险，在另外的范围内就不是主要风险。就是说主要风险和次要风险是相互转化的。不了解这种转化，抓不住这种转化，我们就抓不住主要风险。在抓主要风险的同时不要忘记抓次要风险。只抓主要风险是一点论，既抓主要风险又抓次要风险是两点论。在这里也不能忽视主次风险的区分。眉毛胡子一把抓，没有重点、没突出核心。要学会弹钢琴，十个指头都动作，但要有主有次，主次结合。总之，要坚持风险管理上的重点论和两点论的结合，弹奏风险管理有声有色的乐章。

第七节 风险管理必然与偶然规律

任何风险都有产生的原因，发展变化的过程和造成的后果。就事物发展的本质规律来讲，因果关联具有必然性。世界上没有必然性的事物是不存在的。没有必然性的活动也是不存在的。风险管理就是要从根本上研究风险产生和发展的必然性，找出规律性的东西，认真加以解决。在现实生活中，如果有无缘无故的风险突如其来，那是因为没有认识它，分析它，揭示出它的必然规律。因此，认识风险的本质联系，揭示风险的发展趋势，掌控风险的必然性是风险管理工作的重中之重。这个过程非常艰辛，但必须做好。马克思主义哲学认为，必然性和偶然性是相互依存和相互转化的，必然性是通过偶然性表现出来的，所有的必然性都寓于偶然性之中，没有偶然性就没有必然性。因此，我们要研究风险的偶然性，揭示偶然风险中所蕴藏着的必然性。偶然性是个性，必然性是共性，二者不可分割。另外，在一定条件下，是必然性的东西，在另一条件下就是偶然性的东西，反之亦然。我们要揭示风险管理中必然风险和偶然风险关系，掌握它们区别，理解它们的依存，把控它们的转化，处理好二者的关系。只有这样，才能在偶然中把握必然，在必然中认识偶然，实现风险管理的目的。

第八节 风险管理量变与质变规律

质量互变规律告诉我们，世界上的万事万物在其发展变化的总过程中，呈现出两种形态，一是量变形态，二是质变形态。量变是不改变事物性质的变化，是在一个事物之中量的增减。质变是改变事物性质的变化，是从一种事物形态发展到另一种事物形态的变化。事物的发展变化，总是从量变开始，发展到一定的程度，超过事物的度或性质，发生质变。在质变的基础上，进行新的量变。由量变到质变，有质变到量变，循环往复推进事物由低级到高级的发展。风险管理也是一个由量变到质变，由质变到新的量变的过程。在这里的关键是对度的把握。风险规律就是掌握度的一门学问。在度的范围之内掌控风险，超出度的部分处置风险。在一个总的风险管理过程中，在总的发展目标之内，风险管理面广量大的工作是处置过程之内的量变风险，使风险的水平不断降低。由于事物的发展变化，致使新的风险发展到较高水平，又通过一系列措施下降到较低的目标。如此循环往复，实现控制风险的目的，保证任何风险不突破度的界限，由此推动事物正向的变化和提高，达到组织所确定的目标。就一般事物而言，促进量变，突破度的限制，实现质变和飞跃，是工作的目标和努力的方向。唯有风险规律反其道而行之。它的核心要旨是保持和降低风险的量变，维护度的边界，避免质的变化和飞跃。这是因为一旦超出度的边界，发生根本性质的变化，就是危机，就会导致风险管理工作的失败，就会使组织进入危机阶段。如果危机处理不好，一个组织就可能因此而死亡。风险管理的这种逆向管理，看似违背了质量互变规律，其实它是从另一个方面保证了事物由量变到质变，由低级到高级的发展，最终实现发展目标。由于任何量变都是质变，在一个事物性质不变的情况下，其内部也有无数量的等级和质的界限。这些界限也表明了事物内部不同的质和量的关系。风险管理要细分目标以内的数量界限，控制量化风险，建立良好的内部环境，保证在任何情况下，风险的负向不确定性不能够突破度的临界点。这就是质量互变规律在风险管理中的应用和体现。不把握这一点就无法把握风险管理的精髓。在这里要特别强调度的作用。度是区分事物性质的标准，是控制活动的界限，是防止风险的底线。进行风险管理，必须坚持哲学上度的观点，必须制订和坚持一系列风险管理准则，必须树立风险警戒线，必须强化风险临界点的权威性和普适性。没有规矩不成方圆。没有度量红线不成风险管理。度是哲学上的最高概念之一，同时也是风险管理最为核心最为关键的范畴。理解了它就从真正意义上理解了风险管理规律。

马克思主义哲学是世界观和方法论。唯物辩证法揭示了事物发展的本质联系和发展趋势。风险管理作为主观作用于客观的实践活动，必须遵循马克思主义哲学的基本原理，必须运用唯物辩证法这个锐利的思想武器，只有这样风险管理才能真正建立起科学完整的理论体系，才能在实践中大放光彩，无往而不胜。

思考讨论题：

1.风险管理有哪些规律？

2.在实际的风险管理中怎样把握这些规律？

第十六章　风险管理趋势

　　风险管理发展到目前，就全世界的范围来讲，层次不一，各有特点，大致的情况是发达国家做得好些，发展中国家做得差一些，贫穷落后国家做得就更差。风险管理是随着经济的发展和技术的进步而逐步提高的。尽管世界范围之内风险管理发展不平衡，但从总体上讲都在发展、都在提高、都在改进、都在创新，大有殊途同归、聚合整体的趋势。在具体的操作层面，肯定是由局部到整体，由条线到系统，由区域到全局。总的来说，风险管理发展的趋势是正向的，发展的方向是光明的，发展的目标是令人鼓舞的。

第一节　风险管理战略趋势

　　一般人认为风险管理是组织内部管理层次的事情，而不认为风险管理是战略管理。其实在实际的运作当中风险管理是作为战略管理出现的，没有风险管理战略就没有组织发展战略。具体地说，一是风险管理战略能够保证组织发展战略的实现。一般情况下组织发展要确定战略方向和战略目标。确定下来以后，要制定不同层面、不同流程的计划，然后分解落实到不同的层面和人员去执行。在这个过程中就存在三个层面的矛盾，一是执行层面，二是计划层面，三是战略层面。这三个层次的矛盾，化解得好，调整得当，解决得充分，就能够保证战略目标的实现，而这项工作主要是由风险管理来完成的。如果风险管理没有战略，这个战略不与组织发展战略相适合，就很难解决战略目标实现中的各种矛盾和问题，这样组织发展战略的实现就是一句空话。概括地说组织发展战略目标的实现，是由风险管理战略来保驾护航的，没有风险管理战略的保驾护航，组织发展的战略目标实现就难以达到。二是组织发展战略目标的调整，要通过风险管理战略来实现。一个组织的发展战略方向是否正确，发展到一定节点是否调整，一个组织的发展战略目标是否得当，发展到一定节点是否延伸，都需要前期大量的风险论证和风险评估，都需要进行科学准确的预测和预判，都需要拿出切实可行的方案和计划，这一些都需要在风险管理总体战略下进行。没有风险管理战略，就没有组织发展目标的调整和改进。从以上两点不难看出，要强化风险管理战略与组织发展战略的一致性，这是风险管理发展的第一大趋势。这个趋势不把握，组织存在的问题就难以解决，组织发展的目标就难以达到。现在到了大张旗鼓讲风险管理战略的时候了。在一个组织内要讲，在一个国家内要讲，在全世界范围内更要讲。近年来习近平总书记提出了"一带一路"倡议，这是一个大的发展战略，涉及100多个国家和组织，人口总量多，经济总量大，国别矛盾众多，发展层次不齐。在这种情况下，只有通过相应的风险管理战略对"一带一路"倡议保驾护航，才能够实现中国和平发展的主张，世界共同发展的梦想。

第二节 风险管理领导趋势

就一个组织而言，风险管理嵌入组织的所有层面和节点，形成全面风险管理框架。在这个框架中最核心的是嵌入了风险管理的领导组织、领导方式和领导机制。从现实组织运行来看，风险管理领导在组织中的地位和作用，决定了风险管理的成效大小。有很多组织对风险管理领导认识不充分，作用不发挥，形同虚设，其下属机构和人员与组织机构和人员形成两张皮现象，不能融合在一起，风险管理无法发挥强有力的作用，导致风险管理失效，风险管理领导失败。从目前的现实情况和今后的发展趋势看，风险管理领导越来越受重视，越来越强化，越来越提高。可以肯定在不远的将来，大家会达成共识，这就是组织的主要领导是组织风险的所有者和责任者，应该成为风险管理的核心和关键。在此基础上，再根据不同机构和人员的管理职责，分配相应的风险管理责任和权力，这样就能够形成从最高层到最底层风险管理领导责任的分解和落实。由于风险的纵横边界会根据时空不同、变化不同、幅度不同，有大小、左右、深浅、短长的不同。这样就形成了风险管理领导的组织架构和运行机制与以往有较大的变化。变化之一是，横向形成风险管理的治理机构。就是说在横向局部范围，管理风险要形成利益相关方多个层面的、综合治理的领导架构。例如一个区域的环境风险管理，就不仅是政府单一方面的领导，它需要有政府、企业、社会组织、社区、职能部门、专家团队、志愿群体等组成领导群体共同负责。在这里，领导群体要根据各自的职责，负担起他们应该负担的风险管理领导责任，同时又需要领导群体的各个组成部分相互协作，整合资源，共同发力，管理好风险。在这里，任何单一方面的领导，跳独脚舞、唱独角戏都是难以完成任务的。局部领导架构形成群体治理模式，是风险管理领导发展的主要趋势。大家应该顺应这种趋势，在国内的某些区域或者在国外的某些区域形成这种领导模式，以利于尽快管理好风险。变化之二是，纵向形成风险管理的系统组织。由于风险系统性、整体性较强，一旦形成就没有区域界线、国家界线，它在一个大的范围之内就一个完整的系统来讲，都会产生危害，比如金融危机、疫情防控、环境污染等。这样，风险管理领导在一个大的系统之内，上下左右各个相关方面都要建立起相应的领导体制和组织架构。有些风险上下游、左右邻、相关方都能产生连带风险，比如说牛奶产品出现风险就波及养牛业的发展，近海水污染就波及海洋渔业的发展，空气质量差就波及旅游业的发展。这种风险的相关勾连与影响就使得系统领导架构在防范风险时，范围要更大、系统要更长、相关方的衔接要更牢。只有这样，才能在总体上防范系统风险和整体风险。

第三节 风险管理作用趋势

风险管理创造和保护价值，优化组织的结构，节约组织的成本，提升组织的素质，实现组织的目标，是一个组织不可或缺的重要方面。就目前看，风险管理在组织中发挥了重大作用，主要体现在事中和事后风险管理上。比较优秀的组织把风险管理往前推进，融合在组织决策之中，产生了重要效果。但大部分组织还是停留在事中和事后风险管理上，他们的做法没有错，但不够全面和系统。一个组织能否完成发展目标，决策的对错，决策风险的大小，占实现目标的80%以上。决策错了，决策风险太大，组织无法承受风险的压力，实现目标就不可能。因此，要充分认识风险作用发挥前移，深入到决策阶段是多么重要。目前在发达国家，把风险管理嵌入决策层已是普遍做法。我们国家有些发展比较好的机构和企业也能够把风险管理嵌入到决策阶层，但大部分机构和组合要么认识不到风险管理前移的重要，要么即使认识到了也不会嵌入，不能够在决策阶段充分发挥风险管理的作用，无法实现决策阶段风险管理保驾护航的作用，这应该引起人们的高度重视。风险管理前移到决策阶段，在决策层产生重大作用，是风险管理作用发挥的一大趋势。同时在风险社会系统风险、外部风险对组织的生存和发展至关重要，因此要充分发挥风险管理的作用，有效预测和防控系统风险和外部风险，也是风险管理作用发挥的另一大趋势。

第四节 风险管理技术趋势

在风险管理发展的过程中技术发挥了重要作用。不重视风险管理技术，不提高风险管理技术，要达到令人满意的风险管理效果是不可能的。从目前的情况看，风险管理技术的发展有两个方面的趋势：一是风险管理技术向定量化方面发展。尽管风险管理在定性评估方面还存在诸多的拍脑袋现象，但定性风险管理由于历史长、经验教训多、各方面信息充分，在实际运用中好于定量风险管理。中国人善于定性分析，往往忽视定量计算。其实风险管理在定性分析的基础上能否对组织发展起促进作用，关键在于定量分析。目前定量分析很大程度上缺乏标准和准则，或者标准和准则不全面、不合理、不科学。另外，缺乏定量分析的习惯，缺乏定量分析的模型、工具和方法，这是非常大的缺陷。没有定量分析，说到底就不能算完全意义上的风险管理。定量分析作为技术手段，是风险管理的基础和前提。下一步要把风险管理做得科学有效，在技术层面必须树立定量分析的坚定信念，必须研究开发出定量分析的模型、工具和方法，否则定量分析就无从谈起。二是风险管理技术向智能化方面发展。互联网、大数据、云计算等先进的信息技术为风险管理向智能化发展提供了前提和基础。要建立风险数据库、风险预测库、风险预防库、风险处置库、风险资源库、风险环境库等。然后用先进的信息技术将各种资源和数据匹配成型，对症下药，智能应对。这样就使一般的、常规的风险通过智能的力量防控和处理好。在此基础上，组成预测团队、决策团队、执行团队、监控团队等，全力捕捉遗漏风险、新生成的风险、次生风险，进行评估和处置，然后补充到风险管理智能平台之中。这样就能够大大节约人力成本、物力成本和财力成本，大大提高处置风险的速度和效益。要建立全球、区域、国家、地区等纵横相连接的风险管理智能应用平台，使风险管理在智能系统的网络中发挥巨大的作用。以上的分析充分说明，风险管理技术在发展过程中有两大趋势，这就是定量分析趋势和智能平台趋势。应该充分认识这两大趋势的方向性，前瞻快速地运用好。只有这样，才能够提高风险管理的水平。

第五节　风险管理规范趋势

没有规矩不成方圆。风险管理发展到现在其趋势必然是规范。什么是规范？怎么样规范？规范到什么程度？规范后达到什么效果？是目前摆到全世界人民面前的重大课题。我对此有几个建议，一是以联合国或其他机构牵头制定全世界共同遵守的风险管理基本法则，在此基础上，各个地区、各个系统、各个国家制定符合实际情况的法律法规、操作指南、行动手册。这样风险管理就能够在全世界范围内形成一个标准、一个声音、一个效果。二是在具体执行的过程中，不同地区和机构，要根据各自实际，做好规划和方案，搞好内外各方面的沟通和衔接，实现风险管理的效益最大化。同时利用信息技术平台，沟通和联系各个方面，形成综合效益。三是要大力宣传全世界共同认可的风险管理法律法规和规章制度等，培养具有普适性的风险管理意识和思想。四是要编写系统完整的适合不同区域和系统的理论教材，让全世界所有人员都能够学习到风险管理的基本理论和最佳实践，提高风险管理的整体素质。五是要建立不同区域和不同系统的风险管理监督、评审机构，全面彻底地对各种风险进行监督和评价，随时向有关方面报告风险的变化情况，提出切实可行的应对方案。六是改进、提高、完善、补充风险管理的各种操作技能，实现风险管理的有效性和科学性。由此可见，风险管理的规范性其发展趋势是，在全世界范围内制定规范的法律文件，广泛地宣贯风险管理的先进思想，认真地普及风险管理的实操能力和整体素质。

思考讨论题：

1.风险管理的趋势有哪些？

2.怎样顺应趋势搞好风险管理？

第十七章 风险管理调研

在写作本书的过程中，本人进行了大量的理论研究和实践经验的总结。在大量的研究和实践经验总结中，提炼出了较为成熟的理论观点，充实到各个章节之中，并有大量鲜活的案例对各章节进行了补充和完善。本章选择了一些重要的领域和侧面，有针对性地进行论述和总结。有的已被相关机构采纳，有的已经进入决策层。鉴于目前关于公共风险管理和企业风险管理都有学者做了较为广泛的论述，而针对社会组织风险管理的研究还是个短板，为了使广大读者能够全面了解和掌握风险管理，本人侧重选择社会组织风险管理评估、框架设计、经验总结等内容与广大读者一起分享。"一带一路"风险管理也是亟待解决的重大课题，本章选择对缅甸皎漂港风险评估作为抛砖引玉的材料。在民营企业风险管理、创业创新风险管理方面，也存在重大急需解决的问题，故此提供两份研究材料，以供批评指正。总之，风险管理要掌握基本理论，要实践创新经验，要总结提高各方面的素质和水平，就需要扎实学习，认真总结，不断奉献。只有这样，才能把风险管理搞好，实现整个社会发展的总体目标。

第一节 企业国际项目风险评估

调研题目：　缅甸皎漂港建设项目非经营性风险评估及对策建议

缅甸联邦共和国经济发展缓慢，自然条件优越，各种资源丰富，工业基础薄弱，在民主进程中急需开发，皎漂地区就是急待开发的处女地。2015年12月30日，皎漂特别经济区项目评标及授标委员会宣布：中国中信企业联合体中标皎漂经济特区的工业园和深水港项目。中信联合体是由泰国正大、中国港湾、中国招商局集团、中国天津泰达、中国云南建工组成的跨国企业联合体。皎漂港建成后会成为缅甸第一大远洋深水港。这个港口对缅甸具有重大的战略意义，对中国具有重大的战略意义，对"一带一路"具有重大的战略意义。由于它所具有的特殊地缘政治地位，引起了包括中国、缅甸在内的各个国家的高度重视和广泛关注。这个项目拨动了美英日印等各个方面的敏感神经，进而导致纷纷出手，干扰阻挠，大有黑云压城之势。充分认识这个项目的重大现实意义和深远历史意义，分析错综复杂的风险因素，评估项目进程中的各种风险发生的维度和可能性，保证项目按照预定计划安全顺利完成，是当下刻不容缓的任务。解剖这个项目的风险构成，把握这个项目的典型性和示范性，举一反三，就能够为"一带一路"倡议的顺利实施提供难得的经验，避免各种艰难挫折，实现伟大的中国梦和世界梦。

一、缅甸皎漂深水港建设项目是海上丝绸之路的关键支点，具有影响全局的战略意义

（一）缅甸皎漂港具有无法替代的独特的地理优势

皎漂港位于缅甸若开邦的皎漂县。该地处于孟加拉湾偏僻的西海岸，属热带雨林气候，天气炎热，雨量充沛。年平均降雨多达3000~5000毫米。皎漂是近代150年前英殖民地时期的英国皇家海军军港，有通向缅甸全国的公路、民用航空线和民用船码头。皎漂半岛西邻印度洋，半岛西北端至东部航道是优良的天然避风避浪港，自然水深24米左右，可航行、停泊25万～30万吨级远洋客货轮船。建成后，皎漂港将是缅甸最大的远洋深水港。在孟加拉国的吉大港、仰光的仰光港和印度的加尔各答港间的水路交通中转方面发挥重要的作用。

（二）缅甸皎漂港建成后能够带动缅甸经济的快速发展

目前，缅甸最大的仰光港仅能停泊万吨级的船舶。由于天然水深所限，仰光港已经没有再扩容扩建的条件。今后几年，缅甸出口物资将急剧增长，急需一个大型港口。皎漂深水港是缅甸政府发展经济迫切需要建立的重要港口。皎漂深水港及经济特区到仰光市400公里，到内比都272公里，到曼德勒市300公里，都在皎漂区辐射带动范围之内，一旦建成将会起到强大的经济拉动作用。缅甸计划将皎漂建成经济特区，借鉴中国深圳蛇口工业区和上海外高桥保税区等经验，利用物流和口岸效应，带动产业培育。缅甸政府向国会提交的一份相关报告显示，皎漂经济区建成后，有望每年为当地带来10亿美元的经济收入，创造超过10万个当地的工作岗位，继而推动周边地区发展。

（三）缅甸皎漂港是"一带一路"倡议的重大节点，具有牵一发而动全身的关键作用，是走出去必争之地

美日构建"第一岛链"，"第二岛链"，在西太平洋围堵中国，在周边国家挑动事端，制造摩擦，引起争端，干扰中国。制造东海事件、南海事件，扰乱中国。尤其是陈兵控制马六甲海峡，封锁中国。中国的崛起，引起美英日等西方国家的恐慌，他们想尽一切办法来阻挠中国梦的实现。在这种大的恶劣环境下，中国要改革开放，要多边合作，要走向世界，就必须实行习近平同志提出的"一带一路"倡议。这个倡议是由不同的条线和节点组成的动态网络。皎漂深水港项目就是海上丝绸之路最为关键的支点。建好这个支点就打通了西出印度洋的通道。

以皎漂深水港及经济特区为战略支点，在2013年9月30日中缅天然气管道全线贯通开始输气，2015年1月30日中缅石油管道全线贯通开始输油的基础上，建立中缅铁路贯通运营。再在此基础上，建立中国怒江至缅甸萨尔温江航线，打造可通行10万吨级轮船的水路。这样，气路、油路、陆路、水路四管齐下，立体联动，相互促进，就会形成贯穿中缅到印度洋的

巨大通道，连接非洲、中东、欧洲、东南亚等，形成"一带一路"的核心网线，从而阻止以美国为首的西方国家企图扼制中国的策略。马六甲海峡对于中国的作用将会削弱，有关国家想要再挑起类似的南海事件和东海事件就失去意义。所谓"第一岛链"，"第二岛链"就成为不起任何作用的摆设。缅甸在较长的历史时期内，就是中国大后方中的大后方，大动脉中的大动脉。尤其是在抗日战争中，大后方和大动脉的作用就发挥出了无法替代的重大而又积极的意义。

二、缅甸皎漂深水港建设项目存在重大风险，下一步风险变数更大，各方面影响更加深远

缅甸皎漂深水港建设项目中方投资占85%的比例，就是说这个项目以中方为主投资建立。由于它的建成能够破坏美日等国扼制中国的战略，引起以美英日印等主要国家和竞争对手的极度恐慌。由于这个项目投资额巨大，运营期限较长，引起缅甸各个利益集团和利益主体的私欲膨胀。由于这个项目牵扯面广泛而又持久，引起广大基层民众的激烈反应。由于这个项目中方管理团队缺乏风险管理的系统理论和务实操作，导致各种风险急剧增加而又无法控制。在各方面错综复杂、立体联动的风险因素推动下，这个项目极有可能成为继密松水电站项目、中缅铁路项目、莱比塘铜矿项目、杭州百艺纺织制衣项目等之后，又一个断崖式陷入危机的项目。

（一）大国博弈，计划叠加，全力围堵是缅甸皎漂深水港建设项目的外部风险

日本在大力推进横穿中南半岛四国的"东西经济走廊建设计划"。该计划从东向西，从越南东部海滨直到缅甸的毛淡棉港和土瓦港。缅甸南部另一个深水港土瓦已被确定为经济特区。参与土瓦深水港和经济特区建设的泰、日公司已经开始施工。以日本为主导的仰光迪洛瓦经济特区开发已具雏形。印度《每日先锋报》2012年2月4日报道称，印度近年来加紧推进"向东看"政策，已与越南、缅甸、新加坡、日本和印度尼西亚等国家建立了密切关系。印度在缅甸土瓦电站项目、实兑港口项目等重大项目都有较大企图。美国的"亚太再平衡"战略中，缅甸是最重要的节点。美缅两

国2012年恢复外交关系。颜色革命的胜利促使美国对缅甸放松了制裁，加强了合作。奥巴马执政期间带领几十家大型企业访问缅甸，寻求合作。在中国"一带一路"支点的基础上，又叠加了印度的"向东看"计划、日本的"东西经济走廊建设计划"、美国的"亚太再平衡"计划，缅甸成为大国外向发展计划的叠加国家。再加上缅甸本国向外发展的计划，这样就形成了不同利益国家在同一区域碰撞、交错、抵消、削弱、牵制的矛盾。这些犬牙交错的矛盾形成了缅甸皎漂深水港建设项目的外部风险。2016年5月日本外务大臣岸田文雄在访问缅甸期间公开宣称：日本在缅甸要牵制中国的合作开发项目，这可以看作是对东海和南海现状的变更。印度外长克里希纳2011年在国会上公开表示："印度已认识到，中国对印度洋的兴趣已超过了正常水平。"缅甸政府安全官员告诉中方，美国间谍卫星一直对皎漂地区进行不间断侦察。缅甸官方还发现，美国雇佣的间谍在当地搜集情报。日本间谍以记者的名义在马德岛附近活动。种种迹象表明，美日印等不甘心就此罢手，意在破坏、扼杀中国皎漂港项目。

（二）政局不稳，平衡外交，去中国化是缅甸皎漂深水港建设项目的政治风险

缅甸中央与地方分权，军方影响巨大，部分地区局势动荡。可以说缅甸是一个没有真正统一的国家。在亚洲国家中，缅甸是民族成分最复杂的国家之一，存在着大量的民族矛盾和地区分裂势力。在全国5575万人口中，就有政府承认的民族135个，民族语言100多种。其中有200万华人，他们在18万平方公里的崇山峻岭中自治活动，有自己的军队。他们用人民币作为通用货币，用中国联通、中国移动、中国电信作为通信网络，他们所用的物品和商品几乎都是中国制造。他们讲汉话，用汉语教学，学校用中国教材。在中国与缅甸之间形成了一个中国情感和华夏情结很重的自治武装群体。这个自治武装群体与缅甸政府战斗几十年，到现在仍在继续，双方矛盾异常激烈。这是中缅建设大通道、大物流、大合作中必须解决好的重大风险问题。

目前，缅甸国内政局正在发生变化，美日近期大力拉拢扶持缅甸，

从经济和军事上给以援助。缅甸政府也急于摆脱中国影响力，逐步去中国化，大搞大国平衡术。在西方话语权的影响下，缅甸从上到下都在拥抱西方的价值体系，不认同中国的价值观念和国际合作取向。现在缅甸的中央政府和地方政府对缅甸皎漂深水港建设项目，从各自利益出发，按照西方价值观，从不同方面提出了质疑和反对。昂山素季带领的全国民主联盟首先对项目投资比例提出反对意见，认为中方承担的投资比例过大。目前缅甸国内大缅族情绪高涨，历史上曾多次发生的反华排华事件又有上升的趋势。在民主改革的进程中，缅甸内部政治利益集团矛盾重重，军队、议会、政府、地方、民族、宗教等，各种利益关系错综复杂、交织纠缠，最后协调平衡的结果往往指向与中国合作开发的项目，使项目成为政治利益制衡的替罪羊和牺牲品。2015年集中停滞的几个大型中国项目就是有力的佐证。

（三）舆论负面，民间反对，聚众暴乱是缅甸皎漂深水港建设项目的社会风险

舆论负面。由于曾遭受英国上百年的殖民统治，缅甸民间受西方影响较大。不少缅甸人收听英国广播、美国之音等媒体的缅语广播，潜移默化地受到西方影响，形成普遍的亲西方思潮。一些设在国外的反政府组织网站经常把对政府的不满转嫁到中国项目上，煽动缅甸民众的不满情绪。《缅甸时报》一名高级编辑说，由于美国对外输出价值观比较成功，不少缅甸官员和民众都很向往美国，在价值观上并不十分接受中国。缅甸媒体正面报道中国的文章并不多。中国项目管理方缺乏与媒体沟通，对项目没有进行大量的正面报道，没有对中国的价值观进行卓有成效的宣贯，造成不少居民对中缅皎漂港项目产生不满情绪。

民间反对。缅甸在民主转型过程中，从法律和管理上放开了对社会组织的管理。一时间缅甸的社会组织如雨后春笋般产生和发展。这些社会组织讲民主、讲人权、讲环保，注重联合，声势浩大。他们的倡导和反对往往能左右中央政府和地方政府的重大决策，是一股不可忽视的社会力量。中缅前几个合作大项目叫停，与缅甸社会组织强烈反对不无关系。在

皎漂深水港建设项目被国会审议通过前，当地105个社会组织召开了为期四天的集体会议，要求政府延迟表决有关经济特区的建设决策，谴责缅甸现任政府不应在新旧政府即将交替之际，仓促决定如此重大的国家工程。另外，美英日等国家社会组织配合围攻中国在缅项目，煽风点火、背后鼓动，使不明真相的缅甸社会组织鼓噪得更加激烈。2015年1月12日，英国大赦国际调查我驻缅铜矿企业在人权环境等方面存在的问题，抹黑中方企业，损害中国形象，别有用心，昭然若揭。2017年2月23日，仰光兰达工业区内，杭州百艺纺织制衣有限公司遭数百名缅甸工人罢工、打砸抢。这背后缅甸工会联合会起了很大的推动作用。其中，连续旷工、自动离职、带头打砸抢的员工为缅甸工会联合会成员。当厂方与该组织协商时，缅甸工会联合会主席吴貌貌建议工厂继续聘用那名工人。另外，罢工事件的其他领头人，也是缅甸工会联合会成员。再看缅甸皎漂深水港建设项目，该项目招标和落地的前前后后，为数众多的社会组织反对、声讨、抗议、阻止这个造福各方的巨大项目，应该引起我们高度的重视。

聚众暴乱。缅甸作为一个多民族杂居的国家，民族矛盾始终没有得到妥善解决，以至于战火连绵不断，造成数10万人无家可归。除此以外，地区冲突，宗教交恶，甚至演变成聚众暴乱。2010年若开邦的佛教徒和穆斯林之间的冲突演变成聚众暴乱，导致皎漂镇四分之一的穆斯林被伤害。之后又发生多起暴乱，造成了巨大的财产损失和人员伤亡。以若开族佛教徒为主的若开民族党（ANP）一直倡导极端民族主义。极端民族主义骨干分子故意挑起事端，将中国管理者或工人当作目标，肆意攻击。在整个皎漂地区，动乱不断，冲突时有发生，人身安全得不到保障，加上极端民族主义反华情绪高涨，造成中方管理人员的重大安全风险隐患。

（四）宣传不够，沟通不利，方法单一是缅甸皎漂深水港建设项目的环境风险

中方管理人员尽管对项目进行了充分的调研和准备，由于经验不足，对缅甸的国情了解得不深不透，在做项目时，不能精准到位，遇到重重阻力而不能化解。在造成被动局面的同时，时刻面临着项目被叫停的风险。

概括地讲，存在的主要问题是：项目运作不透明、不公开。认为只要政府同意了，项目就能无后顾之忧地往前推进。这种想法在中国行得通，在缅甸就行不通。没有广泛深入的宣传，没有与利益各方深入的沟通交流，没有充分发挥企业社会责任，照顾到基层民众的需求和情绪。以上问题不加以解决，在缅甸这个受西方影响非常深入的落后地区，就无法做成项目，达到预期的目标。目前来看，缅甸皎漂深水港建设项目宣传不够、沟通不够、深入细致的工作不够，造成了中央政府质疑，地方政府不满，社会组织声讨，当地民众误解，最终将会给该项目造成重大风险。现在是快速解决各种风险问题的关键时刻，绝不能掉以轻心，败走麦城。

（五）投资金额大，建设工期长，管理难度高是缅甸皎漂深水港建设项目的内在风险

缅甸皎漂深水港建设项目从中标建设到管理使用，最大的特点是投资金额巨大，建设周期较长，协调管理难度非常高，人为变数难以掌握，受地震、洪水、飓风等自然灾害影响，频度高、烈度强，由此导致的项目风险具有高危性。一旦预防不利，就会发生天文数字的损失。2012年5月3日，太平江一级水电站由于各种原因停止运营，中电投每日快报显示，伊江各项目共滞留工地施工机械设备3786台套，生活车辆127台套，特种车辆1台套。其中密松水电项目1247台套，施工机械设备和生活车辆43台套。中国在利比亚有13家央企，还有华为等民企，投资金额188亿美元。利比亚战争造成社会动荡，中方直接损失15亿人民币，间接损失6000亿人民币，光撤回5万名员工，就花费约3亿人民币。缅甸皎漂深水港建设项目旷日持久，全球关注，其中所存在的风险天量巨大，惊心动魄。

三、缅甸皎漂深水港建设项目风险管理必须顶层设计，重点突破，配套联动

相关专家与亚投行主要领导讨论亚投行贷款风险管理时，亚投行主要领导说，我们在制订整个亚投行贷款政策的过程中，风险管理还没有提到议事议程。亚投行作为有多个成员国组成的金融投资机构，主要是为"一带一路"基础建设进行投资服务。天量巨大的投资金额，风险管理没有提

到议事议程，是非常危险的致命短板。这个短板不仅存在于亚投行，也存在于"一带一路"所有对外合作项目中。到目前，对外投资存量前20位的国家和地区，1/5为全球高风险国家。对外承包合同金额超过1亿美元的89个国家，18个位于建筑业市场高危地区。对外劳务人员超过5000人的24个国家，1/5处于高危或高风险地区。中国在全球147个国家和地区，有近5000家企业都没有真正意义上的风险管理。这对"一带一路"建设来说是非常危险的灾难。缅甸皎漂深水港建设项目与其他对外投资项目一样，风险管理严重缺失，所存在的危机是显而易见的。目前到了对所有对外投资项目进行全面风险管理的时刻。这是大势所趋，势在必行，刻不容缓。

（一）顶层设计，整体规划，建立管理体制

"一带一路"倡议提出三年后的今天，在如火如荼走出去的浩荡大势之下，当务之急是制订"一带一路"全面风险管理指南。这个指南是指引走出去所有项目的全面风险管理纲要，主要包括：风险管理原则、风险管理制度、风险管理准则、风险管理框架、风险评估流程、风险应对策略、风险监评机制、风险改进措施、风险管理技术、风险管理文化、风险管理培训等内容。在这个指南的基础上，各个合作项目要根据各个国家的不同特点，制订风险管理具体指南。在这个具体指南的基础上，每个合作项目要根据自身的不同特点，制订风险管理实施手册，并根据不同的职责、不同的岗位、管理风险的大小多少，制订不同的奖励机制与惩罚措施。同时配备必要的人财物资源，保障风险管理的顺利实施。没有这种从国家层面，到区域层面，到国别层面，到项目层面，上下贯通、协调一致的风险管理体系和制度，就无法保障走出去战略和每一个具体项目的顺利实施。

要在国家层面成立"一带一路"倡议风险管理委员会，每个区域、每个国别、每个项目都要成立相应的风险管理委员会，具体负责管理范围之内的风险事项。要成立从上至下的风险管理监督评审机构，每时每刻监督每个项目的风险走势，定期不定期地评审风险管理的绩效，实现直接管理和间接管理相结合，内部管理和外部管理相结合。要建立风险管理快速改进机制，对没有发现的风险、发展变化的风险、新出现的风险，实施快速有效的改进。对每一个区域、每一个国别、每一个项目要进行全面风险评估，识别风险事件，建立风险数量清单；分析风险坐标，建立风险等级清单；评价风险顺序，建立风险优先清单。实现风险评估各个阶段数量、等级、优先次序门门清，道道熟。在此基础上运用多种风险技术和策略，有效防控风险。只有这样，才能化险为夷，基业长青。

缅甸皎漂深水港建设项目的风险管理，必须纳入中缅合作项目风险管理的体系之中，必须纳入"一带一路"风险管理的框架之中。只有这样，才能够从根本上实现对这个项目的全面风险管理。如果游离出这个体系和框架，单独一个项目，在国际合作的平台上是无法实现全面风险管理，有效防控各种风险的危害的。现在，诸多国际合作项目自身都进行了不同层次的风险管理，但还是问题多多，矛盾重重，风险众多，危机时有发生，关键就在于没有全面彻底的风险管理体系和框架，得不到各个层次、各个方面、各种资源的有力支持。在风险管理这个问题上，散兵游勇、各自为战已经不起任何作用。只有整体框架、整个体系综合运作，才能够事半功倍，防患于未然。

（二）重点突破，融入当地，做好企业责任

缅甸皎漂深水港建设项目的重点是把一浪高过一浪的反对声音变成一浪高过一浪的支持声音。从目前看，仅仅与政府合作，法律允许，合同完备是做不好项目的，因为缅甸的国情特殊，中央政府同意，地方政府不同意是不行的；政府层面同意，民间层面不同意也会使项目停止。项目合作各方都同意，社会责任、环境保护缺乏沟通也会出问题。另外民族矛盾和宗教矛盾交织在一起，也会为项目制造各种风险。再加上国外反对势力和负面舆论的发酵，必定会造成项目欲干不行、欲罢不休的骑虎难下之势。

总结走出去所有项目和在缅甸开展的所有国外项目，成功的做法主要有如下十点：一是抓关键、抓龙头、抓牛鼻子。紧紧和政府密切合作，这是趋势，这是主流，这是关键。在此基础上，动员政府做反对派、抵制派、消极派的工作。二是在做好中央政府工作的基础上，做好地方政府的工作，实现中央政府与地方两个积极性的全力支持。这需要从中缅国家层面协调沟通解决。三是加大媒体宣传，全方位进行正面报道，宣传项目对国家和当地的积极意义。四是在投资构成上，要尽力降低中方比例，提升缅方比例，增加当地居民和相关方投资比例，使整个缅方上下左右都能感受到这个项目是他们国家的，是相关方共同的。在项目的投资比例上，树立起他们的主人翁精神，满足他们是主人的情怀。五是深入细致地做好失地居民和利益相关方的补偿，使他们感到近期补偿很超值，远期收益获得感很直接，消除后顾之忧和恐惧心理，使他们把项目当成过上现代化幸福生活的契机。六是要与当地社会组织建立密切联系，宣贯项目给当地各个方面带来的向好转化。要通过我们国家的中缅协会与缅甸的缅中协会形成一系列促进项目发展的倡议和活动，以此联合众多社会组织来支持、维护项目的开展，变反对声浪为支持高潮。七是发扬人道主义精神，落实企业社会责任，关心当地社区的疼痒和诉求，优化项目周边环境，实现不同文化融通、融入、融合，使项目扎根于当地，服务于当地，惠及周边和未来。几十年的合作，面广量大的主客观环境，没有融入当地社会的决心和行动，项目是不能持久的。八是要运用一切手段，集中一切力量，发挥各方面作用，把美英日印等国的反对组织和机构挡在项目影响范围之外，防止他们干扰、搅局、破坏、撬走。在这方面要特别防止日本企业的不正当竞争。仰光迪洛瓦经济特区最早是上海金桥公司使用中国政府给缅甸赠款帮助缅方规划设计的项目。规划好后由于缅方原因一直没有启动。吴登盛总统执政后重新启动了该项目，日本却成为仰光迪洛瓦经济特区的牵头开发方。九是强化项目安全风险防控，防止宗教极端分子、民族仇恨人员的破坏行径。尤其要注重劳务纠纷引起的危机事件。在这方面我们不少对外投资企业都吃过大亏，上过大当，有的甚至破产倒闭。十是学习借鉴先进国家对外投资项目的好经验、好做法，发扬工匠精神，深耕细作，精益求精，保证项目质量，做成精品工程，产生品牌效应，带动其他新项目的推进。

（三）配套联动，专业操作，提高管控水平

要把缅甸皎漂深水港建设项目风险管理好，必须上到国家层面下到项目层面，上下协调，左右联动。所有流程和节点，所有主观因素和客观条件都要纳入风险管理的运作流程之中。要塌下身子，深入一线，撸起袖子，苦干实干。必须要有迎着风险上的精神，必须敢啃硬骨头，不解决风险隐患誓不罢休。在苦干的基础上必须会干。会干就是专业的事情由专业的人去干并且干好。现在最大的问题是缺乏风险管理的专门人才。要下决心培养和发掘适合项目的风险管理专业人才，包括中国、缅甸还有其他方面的人才。把这些人才集合在一起，首先理解掌握风险管理的总体要求、基本框架和具体流程，然后根据他们各自的特点和优势，分配到不同的节点，去抓具体的风险隐患，认真做实做好。比如环境风险要有环境风险管理专家去做，安全风险要有安全风险管理专家去做，民族风险要有民族风险管理专家去做，政治风险要有政治风险管理专家去做。

一般来讲，一家大型跨国公司所存在的风险有11000种以上。要把风险分门别类地落实到不同的风险管理专家和人员手里，各负其责，认真管好。有些风险可以合并归类，系统调理，集合几个方面的专家和人员共同管好。还有些风险需要有项目方和地方政府、中央政府共同管理。这样就需要成立专门的管理委员会，分工协作，共同管好。就一个项目来讲，要建立风险管理信息网络应用平台。在这个平台上，所有的风险因素，所有的风险发展趋势，所有的风险应对措施等，都要交流、分享、沟通、协商，相互之间提出意见和建议，各种资源整体规划，有效运用。在此基础上，合作所在国，合作所在区域，一直上升到国家层面，都要建立互联互通的风险管理信息网络平台。在这个平台上无论哪里的项目出现风险变化，整个网络的所有人员第一时间都能知道，都可以提出风险评估意见和风险应对策略。各个级别要根据风险管理的权限，迅速做出风险处置，避免信息滞后，反应迟钝，应对不利，造成损失。要形成风险管理网络评估，风险管理远距离应对，风险管理举全体之力解决的整体局面。这样任何一个项目都不是孤立的，都不是各自为战的，都不是应对乏力的。这样就能有效地解决了项目单位孤立无援的问题。这个网络平台会越做越快，越做越大，越做越强，形成有中国特色的在世界各地行之有效的风险管理应用综合平台。

总之，缅甸皎漂深水港建设项目是"一带一路"的重要支点，是走出去进行世界范围内合作的重要渠道，是打破西方国家企图扼制中国的关键举措。尽管风险巨大，只要认真进行全面风险管理，就能够建设好、管理好、运营好，就能够为实现伟大的中国梦、世界梦发挥应有的重大而深远的作用。

第二节　社会组织阶段风险评估

调研题目：《境外非政府组织境内活动管理法》从正式颁布到全面实施的过渡期内，对境外非政府组织在华活动管理的风险评估与防控措施

《境外非政府组织境内活动管理法》（以下简称《管理法》），从正式颁布到全面实施有七个多月的过渡期。在这个过渡期之内，我国政府相关机构要根据《管理法》的要求，调整管理体制，制定管理细则，出台管理办法，做好一切正式管理的准备工作。这就是说，在较短的时间之内，对境外非政府组织在华活动，要依法进行管理体制的变更，管理机制的重建。在这个新旧管理体制的调整期间，会出现体制、机制、原则、标准的极大空当，形成安全管理上的漏洞、错位和缺失，出现转变时期的特殊风险和安全隐患。评估这个转变时期的特殊风险，消除这个转变时期的特殊隐患，责任重大，意义重大。

一、过渡时期，境外非政府组织在华活动会出现新的特点

任何时期都有其不同于其他时期的特点。过渡期虽然不长，但牵扯到国外与国内、政府与机构等诸多的方面，可谓牵一发而动全身，一动引百动。这个时期，方方面面都会因为《管理法》的出台和实施而发生着变化和调整。这些变化和调整就是我们需要特别关注的新特点。

（一）绝大多数境外公益组织会因《管理法》的出台产生为难情绪和不被信任的感觉。他们都认为，对境外组织在华活动立法，依法管理是国际通行做法和必然趋势，但管理比原先严格了，手续比原先复杂了，活动比原先规范了。由粗放管理过渡到依法精准管理，在思想上想不通，在感情上不接受，在操作上有抵触。处在新旧体制的适应期，绝大多数会出现不适应综合征。

（二）少部分有渗透行为的境外非政府组织会因为《管理法》的出台，调整新的活动策略。一是利用过渡空当加快渗透步伐，利用管理上的空白进行前期布局。二是充分利用合法化的形式夹带渗透的"私货"。三是加大利用第三方境外公益组织传播西化文化。四是资助境内社会组织实现渗透的目的。五是利用学术讨论、理论研究，影响境内学术界和理论界的思想。六是通过培训、考察、交流影响培养亲西人员。七是与各类草根组织合作开展项目，进入管理的盲区，逃避监管。八是利用各种活动所产生的人脉网络实施各种渗透。九是利用互联网，影视作品，文学作品等实施大范围、广义上的洗脑和渗透。十是利用社会矛盾、民族矛盾、宗教矛盾、文化矛盾、区域矛盾及各类焦点，挑拨煽动，制造社会不安定因素。以上诸点，原先有之，以后也会有，只是当前有可能更为显著和突出。概括这一时期的主要特点就是：直接渗透和间接渗透相结合，以间接渗透为主；高层渗透和低层渗透相结合，以高层渗透为主；思想渗透和行为教化相结合，以思想渗透为主；第一方渗透和第三方渗透相结合，以第三方渗透为主。就是说颜色革命的使命不会改变，渗透的力度不会因《管理法》的出台而减弱，但是会随着《管理法》的出台，形式更隐蔽，手段更间接，范围更广大，用心更险恶。

二、过渡时期，管理境外非政府组织在华活动的主要风险点

从无法到有法，从有法到执法，在这个转变的特殊时期，会集中爆发一系列特殊的风险。识别这些特殊的风险，对安全管理境外非政府组织在华活动，既是当务之急，又是重大职责所在。概括地讲，过渡时期，管理境外非政府组织在华活动的主要风险，有如下11个方面，但不限于此。

（一）境外非政府组织集体撤离风险

境外非政府组织在华活动的有近万家，有相当一部分没有登记注册，也有相当一部分开展活动有困难，还有一些处在半休眠状态，只有少部分资金雄厚，组织强大，人员素质高，运作能力强的组织，活动积极而频繁。如果严格按照《管理法》的要求，规范性地在国内开展活动，随时接受职能部门的监督检查，肯定有相当部分境外非政府组织不具备这个条件。在《管理法》正式实施之前，肯定有部分要撤离。部分撤离，就可能影响到其他组织，出现一哄而散、集体撤离的情况。这是《管理法》实施之前一个重大的风险点。

（二）聚众街头抗议风险

大部分的境外非政府组织，看到严格规范的《管理法》马上要实施，在制订时集体抗议无效的情况下，经过较长时间的私下串通，会利用各种场合提出质疑和抗议。如果说服教育和管理规劝不到位，有可能串联境内组织借某些项目和公益活动，实施聚众街头抗议。这种风险在云南、新疆、西藏等境外组织项目众多、活动长久的地方，如果预防措施不及时、不到位，是有可能发生的。

（三）联合反制风险

《管理法》出台并实施，一开始就遭到了反华敌对国家和势力的强烈反对和顽强抵制。他们强烈的反应和反对是反华政治性需求的必然表现。可以肯定地说，《管理法》实施，敌对国家和势力进行反制，不仅是可能的，而且是必然的。如果我们在国家合作和沟通方面不及时，出现联合反制，是非常有可能的。这种联合反制主要表现在中断或减少在华的公益合作项目和国际公益交流合作。这个风险，我们必须引起高度重视。

（四）《管理法》执行空当风险

管理过渡期，管理机构变化，管理职责移交，管理人员调整，在转出与接收之间，有一个幅度和空当，容易形成管理上的空白地带和相对真空环境。这个时期是最容易发生问题的。它的主要问题不是疏于管理，而是管理不接续。别有用心的境外非政府组织会在这个转换期，利用各种手段和办法，进行不可告人的活动。

（五）管理人员不熟悉业务风险

管理移交具体负责的人员，由于各种原因导致，部分或局部进行调整。新的管理人员由于业务能力不强，管理经验不足，面对复杂多变的境外非政府组织，会产生管什么、怎么管、管到什么程度的困惑。尽管有法律法规的明文规定，面对不同的境外非政府组织，怎么样落地操作，怎么样掌控边界，肯定有一个熟悉的过程。在这个过程中，有的境外非政府组织就会别有用心的寻找机会和空当。

（六）管理细则不完善风险

《管理法》出台，只是法律原则和基本框架及主要业务流程，具体的工作细则、管理流程、行为标准、监督检查，有一个不断细化、完善、补充、提高的过程。在这个过程中最容易出现各种风险。

（七）渗透隐蔽性风险

经过30多年的发展，境外非政府组织在华活动，由进入的初始阶段逐步发展到成熟阶段。他们活动频繁，接触人员广泛，各种沟通联系方便，形成了广泛的人脉渠道和信息网络。他们愿意采取点对点、人对人的合法外衣下的私下渗透；边缘化项目，包藏政治目的的渗透；深入政策、法律、社会、文化、研究制定的渗透；与广大新崛起的企业界知名人士文化行为的渗透；参与各类社会矛盾，推动社会不同层面对政府不满的渗透。这些隐蔽性的方式和行为，目标指向国家政治和体制，一旦积聚到一定的数量，就会爆发大的政治事件。其突破口可能是弱势群体维权、民族矛盾、区域差别、贪污腐败、环保扶贫等方面。无论从哪个突破口爆发政治事件，其他力量和组织就有可能会公开联动响应，形成一定的群体势力，矛头直指国家政治和根本利益。所谓的颜色革命就是这个路径。

（八）管理反馈不及时风险

由于境外非政府组织数量众多，他们活跃在社会的各个层面，尤其是老少边穷地区，有些学科和领域举行的活动专业性较强，有些内容则比较宽泛。这样对他们的管理，由于人员、管理体制等各种因素，就难以做到全覆盖。就是进行有效管理的活动，由于公益性和渗透性混淆在一起，不及时进行总结甄别，有效反馈，也很难发现渗透的苗头和目标，很难做出有效及时的防控。

（九）不能寓管理于服务之中风险

对境外非政府组织的管理，既是一门技术又是一门艺术。只有把管理融汇在服务之中，在服务之中突出管理的要素和职责，实现二者的有机结合，才能达到预期的目标。现在，我国对境外非政府组织在华活动的管理，更多体现的是管理的严肃性，还没有走出管理服务性的路子。这样就造成管理与服务脱节，该管的管得不全面不到位，该服务的不会服务没有服务好，没有达到管理服务的目标。

（十）不能及时发现蜕化变质分子风险

由于境外非政府组织长时间在我国进行渗透活动，他们已经分期分批地培植了思想上的反对派，行动上的对立面，反政府组织的核心层。这些人员利用合法外衣，有组织、有目的的开展各种非法活动。由于隐蔽性极强，很难及时发现。这些人是国家的重大隐患，发现得不及时就会成为重大风险。

（十一）不能及时识别传统媒体、新媒体及各种文艺作品的渗透风险

由于个别境外非政府组织受敌对国家的各种资助，他们对我国的渗透是整体的、全面的、可持续性的，形成了立体滚动、不断扩大外延、不断强化内涵的系统工程。其中，利用传统媒体和新媒体手段，利用各种文艺作品和影视作品进行思想上的渗透和行为上的教化，是最为重要的领域和侧面。近些年来，国内各种思潮，坊间各种污蔑领导人和扩大内部矛盾的信息都程度不同地隐藏着境外非政府组织渗透的影子。很多政治倾向性、思想指向性很强的影视作品和其他大量文学作品的涌入，相当部分内容也是敌对国家在意识形态领域不断渗透的表现。

三、过渡时期，管理境外非政府组织在华活动的风险评估

经过广泛调查和深入研究，根据国际标准组织《ISO31000风险管理原则与指引》所提供的框架流程和工具模型，按照发生的频率和造成的危害两个维度，识别出了过渡时期，管理境外非政府组织在华活动的11种风险：境外非政府组织集体撤离风险、聚众街头抗议风险、联合反制风险、管理法执行空当风险、管理人员不熟悉业务风险、管理细则不完善风险、

渗透隐蔽性风险、管理反馈不及时风险、不能寓管理于服务之中风险、不能及时发现蜕化变质分子风险、不能及时识别传统媒体、新媒体及各种文艺作品的渗透风险。以上11种风险在过渡期内，能否影响我们国家的安全和根本利益，在管理时能否有效掌控，实现互利合作、共赢发展，必须做出科学的评估，确定风险的等级和影响程度。只有这样才能够未雨绸缪、防微杜渐，保证国家根本利益的安全实现。

根据实践经验和理论研究的结果，我们确定每类风险因素的权重为W，取值范围为：0,1。W的取值越大，表示某类风险在所有风险中的重要性越大。其次，确定风险可能性大小的等级值为C。将风险划分为五个等级：很小、较小、中等、较大、很大。等级值C按风险可能性由小至大分别取值为：0.2、0.4、0.6、0.8、1.0。然后将每类风险因素的权重与等级值相乘，求出该类风险因素的得分。把各类风险的得分加总求和，即得出综合风险的分值（见表1）。综合风险的分值越高，说明风险越大。一般而言：

综合风险分值为0.2～0.4时，表示该风险较低。

综合风险分值为0.41～0.7时，表示该风险中等。

综合风险分值为0.71～1.0时，表示该风险很高。

表1　过渡时期管理境外非政府组织在华活动风险综合评价

风险类别	风险权重（W）	风险发生的可能性（C）					W × C
		很小 0.2	较小 0.4	中等 0.6	较大 0.8	很大 1.0	
境外非政府组织集体撤离风险	0.15		√				0.06
聚众街头抗议风险	0.13		√				0.05
联合反制风险	0.12			√			0.07
管理法执行空档风险	0.05			√			0.03
管理人员不熟悉业务风险	0.05			√			0.03
管理细则不完善风险	0.05			√			0.03
渗透隐蔽性风险	0.10				√		0.08

管理反馈不及时风险	0.10		√			0.04
不能寓管理于服务之中风险	0.05				√	0.04
不能及时发现蜕化变质分子风险	0.10				√	0.08
不能及时识别传统媒体、新媒体及各种文艺作品的渗透风险	0.10				√	0.08
综合风险						0.59

从表1我们看出，过渡时期管理境外非政府组织在华活动的综合风险值为0.59，风险程度中等。意味着过渡时期对境外非政府组织在华活动的管理应该着重加强。从总体上分析，大的风险不会出现，但综合各种风险，如果形成系统风险就不能忽视。具体的识别与评价结论是：境外非政府组织集体撤离风险较小；聚众街头抗议风险较小；联合反制风险中等；管理法执行空当风险中等；管理人员不熟悉业务风险中等；管理细则不完善风险中等；渗透隐蔽性风险较大；管理反馈不及时风险较小；不能寓管理于服务之中风险较大；不能及时发现蜕化变质分子风险较大；不能及时识别传统媒体、新媒体及各种文艺作品的渗透风险较大。

四、过渡时期，管理境外非政府组织在华活动的风险防控措施

过渡时期，时间短、任务重、风险多，全力以赴做好风险防控措施，既是历史的重托，也是当务之急，绝不可调以轻心，大而化之。具体来讲，要从以下七各方面抓好境外非政府组织在华活动的风险防控措施。

（一）统一思想，明确目标，特殊时期更要树立国家利益高于一切的意识

过渡时期不长，工作千头万绪，识别好风险，集中精力稳步过渡。在这个阶段，思想不能乱，作风不能散，各项工作交接要到位，在管理上不留任何死角和空当。一线工作人员要有高度负责的精神，全神贯注做好每一项工作，真正实现对境外非政府组织在华活动，由粗放管理到法制管理，到精准管理。

（二）迅速建立过渡时期对境外非政府组织在华活动的风险管理框架

要整体策划，顶层设计，建立全流程、全方位、全人员的全面风险管理体系。要排查境外在华非政府组织所存在的所有风险点，一定要把管理对象识别出上中下、左中右、好中差。一定要把国内与境外非政府组织有联系的社会组织调查核实清楚，弄清楚这些社会组织与境外非政府组织合作的需求，合作的内容，活动进展的状况，合作产出的形式，弄清楚国内非政府组织在对外合作中，是否影响国家安全和根本利益。一定要把握境内外社会组织合作所开展的所有活动，过去有哪些，现在做哪些，将来还要做哪些。一定要把控活动的规范性、公益性、合法性。一定要考察机关管理队伍的纯洁性、政治性和反腐防腐的能力，同时对管理者的管理能力、管理策略要有充分的了解和把握。就是说一定要管好管理对象、管理过程和管理者自身。严防这三个方面在任何情况下、任何时候出现问题。要建立对境外非政府组织在华活动的风险管理标准和流程，实现框架全封闭运转，在监督检查和改进提高上狠下功夫。

（三）要建立对境外非政府组织在华活动的信息平台

现在是互联网时代、大数据时代，各种渗透和西化意识传播渠道广泛，传播方式简便。建立信息平台，就能够快速有效地了解、掌握、监控各种不法行为和渗透活动，就能够实现领导的快速决策，快速管理和快速处置，把各种不安全因素消灭在萌芽之中。

（四）要迅速培养和扩大一支高素质的监管境外非政府组织在华活动的人才队伍

现在，境外社会组织和境内社会组织发展迅速，规模巨大，各项活动牵扯方方面面，各种不安全因素和渗透行为随时都有可能发生。而我们的监管队伍尽管经过多年的培养有了提高和进步，但是从数量上来讲仍然比较少，人才极度匮乏，难以形成高质量的管理效果。借《管理法》出台和实施这个有利契机，落实编制，调整人员，优化管理队伍，促进管理质量，就显得尤为重要。否则，《管理法》再好，也难以操作落地，达到预期的目的。

（五）加强组织建设和政治领导

有能力、有资格参与境外非政府组织在华活动的境内社会组织，要加强对他们的政治领导和组织建设。有条件的要建党委或党支部，没有条件的可派专职或兼职党的工作者，及时实施政治学习和政治领导、政治监督，不能让其脱离党的路线、方针和政策。这种政治上的领导和组织上的建设，要固定化、常态化，不能使党的领导在社会组织中有空白地段。在华的境外非政府组织要区别不同情况，派驻直接或兼职政治联络人，帮助境外非政府组织了解党的政策、国家法律和积极向上的人文精神，同时与他们共同策划各种公益项目和活动，并时时进行有效的监管和控制，不给他们任何钻空子的机会。

（六）大造反渗透舆论，大搞正面宣传和积极向上的公益合作的氛围，用正义的声音、正义的舆论、正义的形式，阻止心怀叵测的境外非政府组织的阴谋诡计

舆论的阵地如果你没有正面声音，负面的声音就会充斥。上层建筑中如果不占领或占领得不充分，就会被西化意识和思想去占领。要组织专家团队，针对境外非政府组织的渗透，进行反渗透、反制裁、反教化。各种阵地不能没有我们的声音，不能没有我们的作为。渗透与反渗透，争夺与反争夺，教化与反教化，历来是惊心动魄、你死我活的，决不可束之高阁，麻痹大意。

（七）要扎紧篱笆，谨防国外敌对势力和非政府组织拉拢、腐蚀管理人员

对境外非政府组织的管理人员是渗透和利用的重点对象。一旦我们的管理人员被拉拢下水，管理的战线就会出现巨大的风险缺口，就会给国家造成巨大的安全损失。管理岗位责任重大，风险巨大，需要各级组织和社会各方面共同帮助、促进、监督，使其担负起国家交付的使命和人民殷切的希望。

综上所述，《管理法》的出台和实施，是我国法制建设的必然趋势。无论是境外还是境内的社会组织，只要依法自主地开展活动，自我约束、自我运营、自我发展，为国际合作和共同进步添砖加瓦，就是可圈可赞的

事情。如果心怀叵测，渗透西化，无论是过去还是现在或是将来都是行不通的，只能是搬起石头砸自己的脚。我们应该以《管理法》为武器，加快全面风险管理的步伐，进行战略顶层设计，完善框架标准流程，实现精准安全管理，为实现伟大的中国梦而努力奋斗。

第三节 社会组织年度风险评估

调研题目：2017年境外非政府组织在华活动政治安全风险评估及对策建议

2016年7月份C20（二十国集团民间社会会议）在青岛胜利召开，9月份G20会议在杭州胜利召开。两次会议的召开标志着我国社会组织逐步发展壮大，走向成熟；中国在国际政治、经济、社会各方面逐步发挥主导和引领作用。以这两次会议为历史里程碑，凸显了我国在国际社会中的重要地位和大国形象。与此同时，2017年我国《境外非政府组织境内活动管理法》（下称《管理法》）即将全面实施，十九大胜利召开。以上四件大事，全面彻底、毫不留情地刺激了以美国为首的西方社会对我国的全方位的围堵截杀和捣乱破坏。除了军事、政治、经济、金融等方面，采取不可告人的手段，危害我国以外，他们惯用的行之有效的伎俩是发挥在华活动的各个方面的社会组织，进行思想意识形态、政治经济形态、社会人文形态的各种颠覆渗透活动，已达到遏制我国健康快速发展的目的。因此，在多事之秋，历史重大转折时期，国内外各种矛盾激化，各种力量激烈搏杀的关键阶段，全面系统地评估2016年境外非政府组织在华活动政治安全风险的基本情况，预判2017年境外非政府组织在华活动政治安全的风险走势，掌控有可能发生的危害社会的各种突发事件，提出科学有效的应对措施和政策建议，就显得非常重要和完全必要。

一、2016年境外非政府组织在华活动政治安全风险基本评估

2016年作为转折年、关键年、提升年、创新年，具有极其不平凡的意义。除了我国在总体上取得一个又一个的胜利以外，以美国为首的西方社会也充分发挥非政府组织在我国的活动，制造了一个又一个阴谋，采取了一个又一个手段，进行了一个又一个活动，立体全方位地广泛深入地展开了危害我国政治制度和核心利益的进攻破坏，在各个方面制造了混乱，造成了损害。总结2016年境外非政府组织在华活动政治安全风险的基本情况，与2015年相比，无论是规模、范围、力度、后果，都有较大的变化。

全面评估2016年境外非政府组织在华活动政治安全风险的总体情况，综合风险等级为中等偏上，为66.78%。境外非政府组织在华活动所产生的政治安全风险主要有41项，其中风险等级较高，风险分数在15分以上的有9项。一是西化思想全面渗透风险，20分，级别为4；二是立体联动机制快速发酵制造混乱风险，20分，级别为4；三是重大事件反复多方位叠加扩散风险，20分，级别为4；四是插手敏感案件风险，20分，级别为4；五是监管测评制度缺失不完备不及时风险，16分，级别为4；六是利用基层选举风险，16分，级别为4；七是抗阻"一带一路"倡议实施风险，16分，级别为4；八是对重大事件政治敏锐性不足风险，15分，级别为3；九是敌对机构策反我相关人员风险，15分，级别为3。以上九大风险严重程度高，发生可能性大，是全年重点掌控的政治安全风险。中等风险15分～8分，有21项。较低风险6分～2分，有11项。详见表2、表3、图1。

表2 2016年境外组织在华活动政治安全风险评估表

序号	名称	严重程度	发生可能性	风险等级	
				分数	级别
1	西化思想全面渗透风险	4	5	20	4
2	立体联动机制快速发酵制造混乱风险	5	4	20	4
3	重大事件反复多方位叠加扩散风险	5	4	20	4
4	插手敏感案件风险	4	5	20	4
5	监管测评制度缺失不完备不及时风险	4	4	16	4
6	利用基层选举风险	4	4	16	4

7	抗阻"一带一路"倡议实施风险	4	4	16	4
8	对重大事件政治敏锐性不足风险	3	5	15	3
9	敌对机构策反我相关人员风险	5	3	15	3
10	利用各种媒体技术和策略手段形成快速打击风险	3	4	12	3
11	利用民族矛盾风险	3	4	12	3
12	利用贫困群体风险	3	4	12	3
13	干扰《管理法》执行风险	3	4	12	3
14	负面热点事件政治化风险	2	5	10	2
15	街头政治抗争风险	2	5	10	2
16	境内外多方组织勾连整体发力风险	3	3	9	2
17	国际布局周边布点全方位围堵设障风险	3	3	9	2
18	退居幕后远程指挥借第三方发挥作用风险	3	3	9	2
19	相关组织人员反渗透能力不足风险	3	3	9	2
20	国内社会组织党建滞后风险	3	3	9	2
21	利用宗教信仰风险	3	3	9	2
22	利用贫富差距风险	3	3	9	2
23	依托官方背景风险	3	3	9	2
24	管理法规制度流程缺失不完善风险	2	4	8	2
25	管理机构组织整体素质相应能力不高风险	2	4	8	2
26	反制措施不足不到位不及时风险	4	2	8	2
27	对抗西化国内周边国际布局缺失风险	2	4	8	2
28	国内社会组织主动渗透能力弱风险	2	4	8	2
29	利用国内外组织合作风险	2	4	8	2
30	官员与社会组织负责人勾结腐败风险	2	4	8	2
31	利用渐进式培训宣贯洗脑风险	2	3	6	2
32	反渗透教育不足措施不力风险	2	3	6	2

33	国内社会组织政治敏锐性不足风险	3	2	6	2
34	借部分青年信仰缺失培植亲西势力风险	2	3	6	2
35	推动颜色革命风险	5	1	5	1
36	培植亲信制造事端或混乱风险	2	2	4	1
37	全方位支持培训核心团队形成骨干网络风险	2	2	4	1
38	回避监管风险	2	2	4	1
39	反体制落地实操风险	2	2	4	1
40	非法组党结社风险	3	1	3	1
41	借维权之名行牟取政治利益之实风险	2	1	2	1

表3 2016年境外组织在华活动政治安全风险综合评价表

序号	名称	风险权重（W）	可能性（C）	$W \times C$
1	西化思想全面渗透风险	0.0331	1	0.0331
2	立体联动机制快速发酵制造混乱风险	0.0413	0.8	0.0331
3	重大事件反复多方位叠加扩散风险	0.0413	0.8	0.0331
4	插手敏感案件风险	0.0331	1	0.0331
5	监管测评制度缺失不完备不及时风险	0.0331	0.8	0.0264
6	利用基层选举风险	0.0331	0.8	0.0264
7	抗阻"一带一路"倡议实施风险	0.0331	0.8	0.0264
8	对重大事件政治敏锐性不足风险	0.0248	1	0.0248
9	敌对机构策反我相关人员风险	0.0413	0.6	0.0248
10	利用各种媒体技术和策略手段形成快速打击风险	0.0248	0.8	0.0198
11	利用民族矛盾风险	0.0248	0.8	0.0198

12	利用贫困群体风险	0.0248	0.8	0.0198
13	干扰《管理法》执行风险	0.0248	0.8	0.0198
14	负面热点事件政治化风险	0.0165	1	0.0165
15	街头政治抗争风险	0.0165	1	0.0165
16	境内外多方组织勾连整体发力风险	0.0248	0.6	0.0149
17	国际布局周边布点全方位围堵设障风险	0.0248	0.6	0.0149
18	退居幕后远程指挥借第三方发挥作用风险	0.0248	0.6	0.0149
19	相关组织人员反渗透能力不足风险	0.0248	0.6	0.0149
20	国内社会组织党建滞后风险	0.0248	0.6	0.0149
21	利用宗教信仰风险	0.0248	0.6	0.0149
22	利用贫富差距风险	0.0248	0.6	0.0149
23	依托官方背景风险	0.0248	0.6	0.0149
24	管理法规制度流程缺失不完善风险	0.0165	0.8	0.0132
25	管理机构组织整体素质相应能力不高风险	0.0165	0.8	0.0132
26	反制措施不足不到位不及时风险	0.0331	0.4	0.0132
27	对抗西化国内周边国际布局缺失风险	0.0165	0.8	0.0132
28	国内社会组织主动渗透能力弱风险	0.0165	0.8	0.0132
29	利用国内外组织合作风险	0.0165	0.8	0.0132
30	官员与社会组织负责人勾结腐败风险	0.0165	0.8	0.0132
31	利用渐进式培训宣贯洗脑风险	0.0165	0.6	0.0099
32	反渗透教育不足措施不力风险	0.0165	0.6	0.0099
33	国内社会组织政治敏锐性不足风险	0.0248	0.4	0.0099
34	借部分青年信仰缺失培植亲西势力风险	0.0165	0.6	0.0099
35	推动颜色革命风险	0.0413	0.2	0.0083
36	培植亲信制造事端或混乱风险	0.0165	0.4	0.0066
37	全方位支持培训核心团队形成骨干网络风险	0.0165	0.4	0.0066

38	回避监管风险	0.0165	0.4	0.0066
39	反体制落地实操风险	0.0165	0.4	0.0066
40	非法组党结社风险	0.0248	0.2	0.0050
41	借维权之名行牟取政治利益之实风险	0.0165	0.2	0.0033
综合风险				66.78%

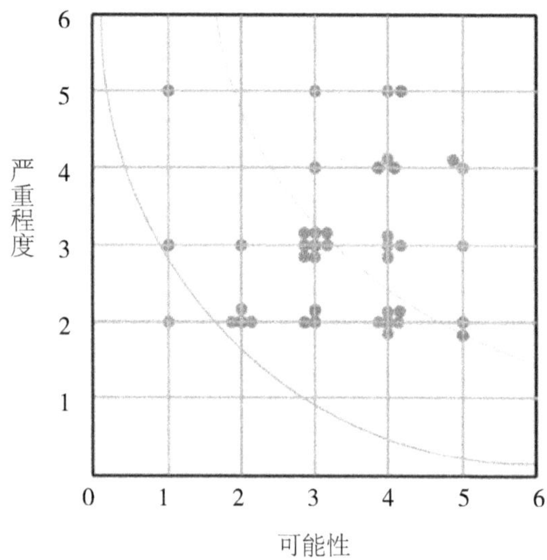

图1 2016年境外组织在华活动政治安全风险评估矩阵图

注释：

1.从右往左为风险上带、风险中带、风险下带。

2.风险上带中的风险为优先级处置的风险。

3.风险中带中的风险为加强管控的风险。

4.风险下带中的风险为密切关注、加强管理的风险。

5.风险坐标图中的两条曲线为风险带划分中位线。

二、2017年境外非政府组织在华活动政治安全风险综合评估

根据马克思主义哲学对立统一规律、质量互变规律的基本原理，根据风险管理基本框架标准和风险评估流程，根据墨菲定律和海因里希法则，全面评估2017年境外非政府组织在华活动政治安全风险状况。41项风险中有18项风险与2016年相比具有增大趋势，有11项风险与2016年基本相同，有12项风险与2016年相比呈减小趋势。2017年境外非政府组织在华活动政治安全综合风险水平为69.92%，比2016年增长3.14%。按照黑天鹅小概率规律、涟漪效应、蝴蝶效应和多米诺骨牌效应，2017年境外非政府组织在华活动的政治安全风险十分严峻。分析评价2017年境外非政府组织在华活动的政治安全风险巨大变化，探究其必然趋势和根本原因，掌控其产生的后果和发生的可能性，是维护我国政治制度、国家安全、根本利益的可靠保证。

综合分析2017年境外非政府组织在华活动政治安全风险与2016年相比有最为突出的如下八个特点。

（一）政治安全风险的国际性

主要表现在抗阻"一带一路"倡议实施风险和国际布局周边布点全方位围堵设障风险两个方面。这两个风险在2017年都成增大趋势，并且风险等级都很高，一个是4级，一个是3级。这充分说明G20杭州峰会、"一带一路"倡议、亚投行设立、国际重大合作在世界范围内产生了巨大影响，我国国际地位迅速高升，话语权、主导权凸显。这一切都使中国成为敌对国家和敌对组织的眼中钉、肉中刺，他们极力破坏我国的国际地位和声望，具体行动策略是周边地区设点围堵，合作区域形成对抗和破坏。这样就有国家政治安全扩展到国际政治安全，逼迫我们区域作战和国际作战，而二者的胜败直接影响到国内政治安全的稳定。我们在国内维护政治安全有一定的基础和经验，但是周边和国外，尤其是广泛的亚欧非地区，就存在明显的力量不足、经验不足、合作不足。政治安全的国际化给我们提出了新的课题和要求。在这些区域，如果败下阵来，我们国家的国际战略和国际使命都会受到严重影响。因此，外线作战风险明显加大，对根本利益

的威胁明显加重，必须引起高度关注。

（二）政治安全风险的叠加性

敌对势力和组织在我国经营多年，积累了一定的人脉和资源，多年操纵一些历史重大事件，反复炒作、反复恶化、反复扩散，形成了他们渗透破坏的王牌。比如民族矛盾、宗教矛盾、贫富差距、腐败案件、人权问题、环境保护等问题，被用来反复多侧面的做文章。不断叠加的结果就是形成社会的不安定、不稳定因素，分化瓦解党的领导和政治制度，抹黑社会形象，唱衰社会制度，破坏社会团结，形成对立势力和群体。这些反复叠加的事件经过多年的发酵，破坏政治安全的势头逐步显现。所以，在这些事件的重大节点上，我们应该采取强有力的措施加以控制和消除，使他们的阴谋不能得逞。

（三）政治安全风险的勾连性

几十年来国外敌对性质的非政府组织通过项目资助，深入到我国老少边穷地区，通过与当地社会组织、相关机构合作，进行能力建设培训、项目合作，在扶贫、环保、社区、教育、妇女、儿童、老人、青年、节水、能源等方面，深耕细作，反复运营，多方投入，扎下了根，布下了点。这些看似不相关联的项目、群体和组织，在发展的过程中形成了勾连趋势。这些勾连经过多年的沉淀，逐步从不同的侧面，诋毁我国政治制度，瓦解我国基层组织，用心险恶，措施有力，步骤明确，初见端倪。他们的这些活动包装十分华丽，在中长期能够发挥较大的作用。这也是政治安全风险的重要组成部分，必须十分警惕，加以合理引导，否则，就会成为被忽视的小概率事件，就会形成海因法则所揭示的重大危机。

（四）政治安全风险的隐蔽性

《管理法》的出台和实施，我国政治制度的稳定，社会政治素质的整体提高和全方位的沉重打击，使敌对群体感到在我国进行渗透西化活动的恐慌和危机。他们为了完成不可告人的历史使命，尽管危机重重，也不愿意退出战场，而是采取多种策略伪装保护自己，避免受到打击。一是他们开展的所有项目更愿意包装成有官方背景的项目。二是通过国内第三方机构具体操作，传播西化意识形态和理念。三是通过培植第三国社会组织与国内发生联系，而他们在幕后指挥。四是利用高校、科研机构等个别政治意识不强的人员的业务或学术沟通，点对点的渗透，面对面的西化，零距离的策反，使之成为他们的业务骨干和情报人员。隐蔽性在今后相当长的一个阶段内都是一个非常重要的特点，它增加了维护政治安全的复杂性和艰巨性，逼迫我们要用火眼金睛来识别风险、分析风险、评价风险。

（五）政治安全风险的扩散性

由于互联网技术在跨界传播上的快速性，西化敌对组织利用这一手段能够迅速抓捕最可利用的事件，迅速传播、发酵、升级、扩散，形成蝴蝶效应和涟漪效应，制造最大范围内的思想混乱和政治事件。这些事件如果抓得紧，传得快，就会形成一浪高过一浪的负面浪头，就会形成此起彼伏的负面新闻，就会聚集成一股又一股的负面力量。尤其是这些快速传播的负能量与部分群体切身利益密切勾连，能够在某一个时点上形成燎原之势，造成难以控制的政治局面。这些风险如果频繁发生，必定酿成大祸。

（六）政治安全风险的重点性

作为斗争策略，敌对势力和西化组织，很懂得抓重点事、重点人，由此形成骨干、结成网络，逐步壮大。某些民族或宗教极端分子都是他们重点培养、重点发展、重点实施破坏活动的骨干。由这些重点人物造成的街头事件、暴力事件，已经影响了我国的正常社会秩序。这些人已经成为敌对势力的帮凶，有的就是敌对势力。他们非常猖狂，反国乱政的决心很大，造成的负面能量能够迅速扩散。所以应该予以坚决打击，决不可姑息迁就，养虎为患。

（七）政治安全风险的教化性

所有的渗透西化万变不离其宗，都首先是从洗脑教化开始。经过几十年的实践摸索，西化组织在洗脑教化方面形成了一整套行之有效的方式和策略。他们打着能力提高，素质教育，民主建设，价值取向等旗号，夹带私货、潜移默化、循序渐进，在润物细无声中改变一些人的政治信仰和正向价值取向。运用的教化形式多种多样，有国内外培训、国内外考察、国内外研讨、国内外读书见面会、文艺作品、网络作品、线上聊天等。另外一个值得注意的倾向是，利用国内大的不法培训机构，在传播相关知识的基础上渗透西化思想和负面价值取向。目前，要特别关注像"创造丰盛"这样的欺诈性不法培训机构，最有可能被敌对西化组织所利用。另外，要特别关注居民区秘密小聚会、定期小聚会，这样的秘密组织大的社区都时有发现，必须引起高度重视。因为他们的指向非常明确，完全是对社会的不友好，对国家政治制度的不认同，对正向信仰的不遵从。

（八）政治安全风险的艰巨性

我国政治安全风险管理多年，形成了一批业务能力强，政治素质高，思想意识坚定的队伍。他们辛勤的工作保证了我国几十年政治安全无忧。他们的艰苦劳动和巨大付出得到了社会的承认和人民的认可。但是目前国际国内政治形势发生了深刻变化，敌对态势出现了各种各样的新情况、新特点，敌对西化组织采取了一系列新的策略和手段，加快了西化渗透的步伐，使我们的应对策略显得不够周全完善出现了缺口。千里之堤溃于蚁穴。墨菲定律所揭示的规律在政治安全风险领域必然会出现。所以，我们不能为过去的成绩沾沾自喜，应该振奋精神，全力以赴做好各种防控工作。

综合评估2017年政治安全风险，喜忧参半，不可掉以轻心。总体的判断是风险的范围在扩大，风险的级别在提高，风险的危害在加重，风险的形势变得严峻。但是只要我们能够正确识别出风险的根源，分析评价出风险的危害，就能够采取有效的应对策略，战胜渗透，战胜西化，牢牢掌握斗争的主动权和主阵地，实现政治安全，维护政治制度，促进工农业生产和人民生活的健康发展。具体评估结果见表4、表5、表6和图2。

表4 2017年境外组织在华活动政治安全风险评估表

序号	名称	严重程度	发生可能性	风险等级分数	风险等级级别	变化趋势
1	西化思想全面渗透风险	4	5	20	4	相同
2	立体联动机制快速发酵制造混乱风险	5	4	20	4	相同
3	重大事件反复多方位叠加扩散风险	5	4	20	4	相同
4	插手敏感案件风险	4	5	20	4	相同
5	抗阻"一带一路"倡议实施风险	4	5	20	4	增大
6	敌对机构策反我相关人员风险	5	4	20	4	增大
7	利用各种媒体技术和策略手段形成快速打击风险	4	5	20	4	增大
8	负面热点事件政治化风险	3	5	15	3	增大
9	街头政治抗争风险	3	5	15	3	增大
10	对重大事件政治敏锐性不足风险	3	4	12	3	减小
11	境内外多方组织勾连整体发力风险	3	4	12	3	增大
12	国际布局周边布点全方位围堵设障风险	3	4	12	3	增大
13	退居幕后远程指挥借第三方发挥作用风险	3	4	12	3	增大
14	利用宗教信仰风险	3	4	12	3	增大
15	利用贫富差距风险	3	4	12	3	增大
16	依托官方背景风险	3	4	12	3	增大
17	利用渐进式培训宣贯洗脑风险	3	4	12	3	增大
18	借部分青年信仰缺失培植亲西势力风险	3	4	12	3	增大
19	监管测评制度缺失不完备不及时风险	3	3	9	2	减小
20	利用基层选举风险	3	3	9	2	减小
21	利用民族矛盾风险	3	3	9	2	减小
22	利用贫困群体风险	3	3	9	2	减小
23	干扰《管理法》执行风险	3	3	9	2	减小
24	相关组织人员反渗透能力不足风险	3	3	9	2	相同

25	培植亲信制造事端或混乱风险	3	3	9	2	增大
26	全方位支持培训核心团队形成骨干网络风险	3	3	9	2	增大
27	国内社会组织主动渗透能力弱风险	2	4	8	2	相同
28	利用国内外组织合作风险 .	2	4	8	2	相同
29	非法组党结社风险	4	2	8	2	增大
30	管理机构组织整体素质相应能力不高风险	2	3	6	2	减小
31	反制措施不足不到位不及时风险	3	2	6	2	减小
32	对抗西化国内周边国际布局缺失风险	2	3	6	2	减小
33	官员与社会组织负责人勾结腐败风险	2	3	6	2	减小
34	反渗透教育不足措施不力风险	2	3	6	2	相同
35	国内社会组织政治敏锐性不足风险	3	2	6	2	相同
36	回避监管风险	2	3	6	2	增大
37	推动颜色革命风险	5	1	5	1	相同
38	国内社会组织党建滞后风险	2	2	4	1	减小
39	管理法规制度流程缺失不完善风险	2	2	4	1	减小
40	反体制落地实操风险	2	2	4	1	相同
41	借维权之名行牟取政治利益之实风险	2	2	4	1	增大

表5　2017年境外组织在华活动政治安全风险评估变化表

序号	名称	严重程度	发生可能性	风险等级		变化趋势
				分数	级别	
1	抗阻"一带一路"倡议实施风险	4	5	20	4	增大
2	敌对机构策反我相关人员风险	5	4	20	4	增大
3	利用各种媒体技术和策略手段形成快速打击风险	4	5	20	4	增大
4	负面热点事件政治化风险	3	5	15	3	增大
5	街头政治抗争风险	3	5	15	3	增大

6	境内外多方组织勾连整体发力风险	3	4	12	3	增大
7	国际布局周边布点全方位围堵设障风险	3	4	12	3	增大
8	退居幕后远程指挥借第三方发挥作用风险	3	4	12	3	增大
9	利用宗教信仰风险	3	4	12	3	增大
10	利用贫富差距风险	3	4	12	3	增大
11	依托官方背景风险	3	4	12	3	增大
12	利用渐进式培训宣贯洗脑风险	3	4	12	3	增大
13	借部分青年信仰缺失培植亲西势力风险	3	4	12	3	增大
14	培植亲信制造事端或混乱风险	3	3	9	2	增大
15	全方位支持培训核心团队形成骨干网络风险	3	3	9	2	增大
16	非法组党结社风险	4	2	8	2	增大
17	回避监管风险	2	3	6	2	增大
18	借维权之名行牟取政治利益之实风险	2	2	4	1	增大
1	西化思想全面渗透风险	4	5	20	4	相同
2	立体联动机制快速发酵制造混乱风险	5	4	20	4	相同
3	重大事件反复多方位叠加扩散风险	5	4	20	4	相同
4	插手敏感案件风险	4	5	20	4	相同
5	相关组织人员反渗透能力不足风险	3	3	9	2	相同
6	国内社会组织主动渗透能力弱风险	2	4	8	2	相同
7	利用国内外组织合作风险	2	4	8	2	相同
8	反渗透教育不足措施不力风险	2	3	6	2	相同
9	国内社会组织政治敏锐性不足风险	3	2	6	2	相同
10	推动颜色革命风险	5	1	5	1	相同
11	反体制落地实操风险	2	2	4	1	相同
1	对重大事件政治敏锐性不足风险	3	4	12	3	减小
2	监管测评制度缺失不完备不及时风险	3	3	9	2	减小
3	利用基层选举风险	3	3	9	2	减小
4	利用民族矛盾风险	3	3	9	2	减小

5	利用贫困群体风险	3	3	9	2	减小
6	干扰《管理法》执行风险	3	3	9	2	减小
7	管理机构组织整体素质相应能力不高风险	2	3	6	2	减小
8	反制措施不足不到位不及时风险	3	2	6	2	减小
9	对抗西化国内周边国际布局缺失风险	2	3	6	2	减小
10	官员与社会组织负责人勾结腐败风险	2	3	6	2	减小
11	国内社会组织党建滞后风险	2	2	4	1	减小
12	管理法规制度流程缺失不完善风险	2	2	4	1	减小

表6　2017年境外组织在华活动政治安全风险综合评价表

序号	名称	风险权重（W）	可能性（C）	W×C
1	西化思想全面渗透风险	0.032	1	0.0320
2	立体联动机制快速发酵制造混乱风险	0.04	0.8	0.0320
3	重大事件反复多方位叠加扩散风险	0.04	0.8	0.0320
4	插手敏感案件风险	0.032	1	0.0320
5	抗阻"一带一路"倡议实施风险	0.032	1	0.0320
6	敌对机构策反我相关人员风险	0.04	0.8	0.0320
7	利用各种媒体技术和策略手段形成快速打击风险	0.032	1	0.0320
8	负面热点事件政治化风险	0.024	1	0.0240
9	街头政治抗争风险	0.024	1	0.0240
10	对重大事件政治敏锐性不足风险	0.024	0.8	0.0192
11	境内外多方组织勾连整体发力风险	0.024	0.8	0.0192
12	国际布局周边布点全方位围堵设障风险	0.024	0.8	0.0192
13	退居幕后远程指挥借第三方发挥作用风险	0.024	0.8	0.0192
14	利用宗教信仰风险	0.024	0.8	0.0192
15	利用贫富差距风险	0.024	0.8	0.0192

16	依托官方背景风险	0.024	0.8	0.0192
17	利用渐进式培训宣贯洗脑风险	0.024	0.8	0.0192
18	借部分青年信仰缺失培植亲西势力风险	0.024	0.8	0.0192
19	监管测评制度缺失不完备不及时风险	0.024	0.6	0.0144
20	利用基层选举风险	0.024	0.6	0.0144
21	利用民族矛盾风险	0.024	0.6	0.0144
22	利用贫困群体风险	0.024	0.6	0.0144
23	干扰《管理法》执行风险	0.024	0.6	0.0144
24	相关组织人员反渗透能力不足风险	0.024	0.6	0.0144
25	培植亲信制造事端或混乱风险	0.024	0.6	0.0144
26	全方位支持培训核心团队形成骨干网络风险	0.024	0.6	0.0144
27	国内社会组织主动渗透能力弱风险	0.016	0.8	0.0128
28	利用国内外组织合作风险	0.016	0.8	0.0128
29	非法组党结社风险	0.032	0.4	0.0128
30	管理机构组织整体素质相应能力不高风险	0.016	0.6	0.0096
31	反制措施不足不到位不及时风险	0.024	0.4	0.0096
32	对抗西化国内周边国际布局缺失风险	0.016	0.6	0.0096
33	官员与社会组织负责人勾结腐败风险	0.016	0.6	0.0096
34	反渗透教育不足措施不力风险	0.016	0.6	0.0096
35	国内社会组织政治敏锐性不足风险	0.024	0.4	0.0096
36	回避监管风险	0.016	0.6	0.0096
37	推动颜色革命风险	0.04	0.2	0.0080
38	国内社会组织党建滞后风险	0.016	0.4	0.0064
39	管理法规制度流程缺失不完善风险	0.016	0.4	0.0064
40	反体制落地实操风险	0.016	0.4	0.0064
41	借维权之名行牟取政治利益之实风险	0.016	0.4	0.0064
	综合风险			69.92%

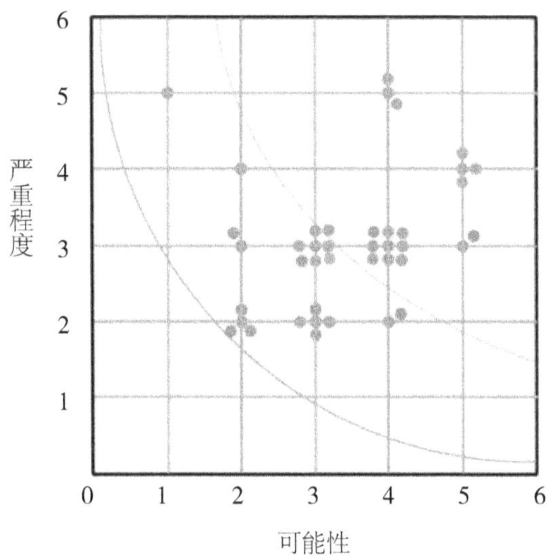

图2 2017年境外组织在华活动政治安全风险评估矩阵图

注释：

1.从右往左为风险上带、风险中带、风险下带。

2.风险上带中的风险为优先级处置的风险。

3.风险中带中的风险为加强管控的风险。

4.风险下带中的风险为密切关注、加强管理的风险。

5.风险坐标图中的两条曲线为风险带划分中位线。

三、2017年境外非政府组织在华活动政治安全风险对策建议

雄关漫道真如铁，而今迈步从头越。一万年太久，只争朝夕。2017年是大事年、多事年、难事年，以美国为首的西方社会必定采取一切手段，危害我国的政治安全。境外非政府组织作为急先锋，必定运用各种手段和方法，强化渗透力度，加大渗透措施，挑动各种事端，侵害我国政治制度和根本利益。我们必须集中精力，高度关注，痛下狠手，保证政治制度、人民利益、社会稳定、国际合作不受任何损害。具体来讲，有如下八个方面的紧迫任务。

（一）防微杜渐、未雨绸缪，树立全面、主体、综合防控境外非政府组织在华活动政治安全风险的意识，具有紧迫性

意识高于一切、主导一切，没有防控风险的意识，就不会有防控风险的行动和措施。这些年来，我们在防控境外非政府组织在华活动政治安全风险的意识方面，有提高、有进步、有成效，但是还不全面、还不彻底、还不到位。因风险意识不强，造成的风险管控漏洞还大量存在，时有发生，造成危害。因此，提高风险管控意识，绷紧风险管控神经，增强风险管控敏感性，捕捉风险苗头，深挖风险根源，就显得非常关键和重要。要对所有人员进行风险管控意识提高的深入细致的教育工作，在敌对情况严峻的形势下，绝不能因为意识不强、意识不敏锐、意识不全面、意识不透彻、意识不到位而出现风险。各级各方面要狠抓风险管控意识，做到经常抓、重点抓、突出抓。毛主席说抓而不紧等于不抓。在一定意义上说，有了意识就有了基础，有了提高，有了成效，有了安全，有了保证。

（二）顶层设计、网络布局，建立境外非政府组织在华活动政治安全风险管理框架，具有紧迫性

风险发展有其固有的规律，它是全面、立体、滚动、渐进式发展的，它具有隐蔽性、跳跃性、突变性、放大性、系统性等诸多特点。靠分散的实践摸索和具体经验汇总，就好比瞎子摸象，盲人骑马，顾此失彼，抓一漏万。只有建立科学严密的风险管理框架和基本流程，才能在整体上、发展上全面掌控风险。风险管理的基本框架主要包括授权承诺、总体设计、基本流程、监测评审、持续改进五个方面。其中授权承诺主要是表述风险管控的意愿和决心。总体设计主要是制订风险准则、风险计划、风险环境。基本流程主要是风险评估和风险应对。风险评估包括风险识别、风险分析、风险评价。风险应对主要是应对计划和应对策略。监测评审主要是监督检查风险管理的适用性和有效性。持续改进主要是改进风险管理过程中的错误、漏洞和不完善。以上这个基本框架，有效衔接，高效运转，卓有成效，才能有效防控风险。如果只有框架，但运转不好，那么风险照样防不住，如果连框架都没有，连流程都没有，那么强调风险防控，只能是

空谈。这就是目前我国部分领域出现的有风险不会抓，抓不住，抓不牢，抓不好，风险越抓越多，越抓越乱，越抓越严重的基础原因所在。现在到了必须马上快速建立风险管理基本框架的时候，再用原始的办法抓风险，已经不合时宜，必定会对风险掌控造成极大的损害。

（三）横边竖底、责任到位、激活机制、奖罚严明，调动一切力量，为境外非政府组织在华活动政治安全风险防控献策出力，具有紧迫性

风险能否防住，要靠制度、要靠机制、要靠责任、要靠一切力量，这其中科学有效的运营机制，全面彻底的责任范围，合理公正的奖罚措施，是最为关键和重要的。目前，我们在风险防控上，横不能到边，竖不能到底，空间范围和领域深度模糊不清，奖惩激励缺乏力度和激发作用，没有调动起各个方面的力量全力以赴地防控风险。因此出现了众多的风险事件，众多的被利用的负面群体。因此，要采用全面彻底的激活机制，全覆盖地调动社会各方面力量，为我国的政治安全出谋划策，贡献力量。

重点突破、严控整体，在初始阶段狠抓苗头、火种，对插手时机和事件早期防控境外非政府组织在华活动政治安全风险，具有紧迫性。在整体防控风险的基础上，要突出重点，突破难点，抓住焦点问题，全力解决。这其中最为关键的是风险的初始阶段所表现出来的苗头、火种、端倪、微弱的趋势，需要高度关注，全力抓好。这些是风险事件构成中的第一阶段、第二阶段，就是风险源、风险原因阶段。这个时候，风险源已经明确，风险原因已经凸显，有的已露出风险苗头，出现不被人注意的、司空见惯的、能够发展成巨大灾难的风险事件。按照墨菲定律，这种不易察觉的风险苗头必然会造成重大风险灾害。由于处在量变阶段，危害性质不十分明显，人们往往忽视。在这个阶段，就是风险防控人员大显身手的时机。只要我们能够掌握风险发展的规律，就能够铲出苗头，掐灭火种，在初始阶段管控风险，就不至于产生蝴蝶效应和多米诺骨牌效应。

（四）走出去、请进来，打进去、拉进来，在错综复杂、犬牙交错的态势中，化被动为主动，积极迅速地站主位、抓主导、扩大阵地、掌控境外非政府组织在华活动政治安全风险主战场，具有紧迫性

国家政治安全防护是敌对斗争。要战胜敌人，保护国家的政治安全，就必须了解对手，掌握对手，就必须熟悉对手的意图、策略、方式、途径、手段，就必须了解和掌握对手关注哪些事件，关注哪些结点，关注哪些人群，关注哪些区域。要做到这一点，必须走出去、打进去，全方位了解掌握敌情，同时增强反渗透能力，强化渗透手段和策略，通过各种途径和办法，使敌对阵营的相关人员为我所用，提供各种信息和情报。只有这样，才能够在复杂的国际环境中，找准主要目标，抓住主要问题，占领有利地形，掌控事态发展，取得重大胜利。在这方面，做了大量的工作，但就目前形势看还远远不够。尤其是"一带一路"倡议的实施和不断推进，工作的范围已经失去国界，政治战略发展到哪里，哪里就是战场。下一步在重点抓好国内战场的基础上，应扩大范围，突出抓好周边战场和港澳台战场。同时配合"一带一路"倡议，合作发展到哪里，哪里就是工作的重点；项目扩展到哪里，哪里就是斗争的焦点。从中长期来看将面临三个战场，一是国内战场，二是周边战场，三是国际战场。第二战场和第三战场的比重呈上升趋势，风险份额会逐步加大，应该未雨绸缪，及早做出组织安排，战略安排，人员安排，工作重点安排，使三个战场遥相呼应，互为犄角，相互协同，共同取胜。

（五）贯彻《管理法》，建章立制，落地实操，堵塞漏洞，提高能力素质，增强防控境外非政府组织在华活动政治安全风险的针对性和有效性，具有紧迫性

2017年贯彻实行的《管理法》，为管理境外非政府组织提供了法律准则与依据，这是我国管理境外非政府组织一个重大的转折点和提升点。有法可依、依法建制、依制见标、依标落地，形成了法制化、规范化、实操化管理的格局。在这个过程中，有大量的工作需要完成。一是具体的规章制度、标准流程、行动守则，要依法完善系统，有操作性。二是要落实相关组织机构，区分职责和管辖领域。三是配备相关人员并培训提高其业务能力和整体素质。四是要配备相应资源，保证机构人员良性运转。五是理顺部门之间关系，衔接配合边界，有分工、有合作，合而不分、分中有

合，堵塞漏洞，填补空当，高效联动，整体发力，科学运转。在这个过程中，要突出建立政治安全风险管理的整体标准、区域标准、系统标准，用法规、标准、制度、流程、责任的规范化，刚性促进境外非政府组织在华活动政治安全风险防控工作扎实落地。

（六）建立专家团队，智库群体，宏观系统谋划，微观具体指导，全面培训，定期研讨，综合评审和智慧管控境外非政府组织在华活动政治安全风险，具有紧迫性

维护国家政治安全是一个高难度动作的系统工程，一般的工作标准和工作要求难以达到目标。因为工作的对象是敌对国家整体发力，敌对组织综合布局，全面策划，系统联动的组合行为。并且国际、区域、国内统一安排，时间、结点、时机、区域、人员、内容各不相同，并互为所用。他们不是散兵游勇，而是立体、整体联动，最大的特点是分进合击，隐蔽风险点，沉到基层、沉到具体领域、沉到具体组织，通过艰苦细致的、常年不断的、持续全方位的具体工作，促进量变和部分质变，时机成熟，爆发力量，直击国家根本利益和政治制度，他们谋求的是颜色革命。面对这样的敌对势力和组织，没有强大的专家团队和智库群体从总体上宏观上谋划指导，操作落地，智慧管控，是难以维护政治安全的。形成庞大的专家智库团队是当务之急，时不我待。对这一点必须有充分的认识、高度的重视和快速的行动。

（七）利用互联网、大数据、云计算等先进高科技手段和技术，快速准确监控政情、经情、社情、文情、舆情、敌情，提高智能化程度，全天候防控境外非政府组织在华活动政治安全风险发生，具有紧迫性

现在所有敌对势力和组织在传统手段和策略的基础上，都迅速运用现代化的高科技手段和技术，进行各种破坏活动。尤其是运用互联网、云计算、大数据远程便捷地进行意识形态领域的西化渗透，具体的组织指挥也远程运用互联网技术进行便捷的实施。这些新的特点增加了政治安全风险的突发性、放大性和破坏性。我们应该针锋相对，建立起我们自己的信息快速指挥应用平台，想在对手前面，看在对手前面，走在对手前面。目

前，这种快速的信息应用平台加上风险管理的智能要素，在国外大的机构和企业已普遍使用，我国的部分国企、机构也在应用。国家政治安全至关重要，应该尽快应用信息平台，全方位管控各种政治安全风险。

百尺竿头，更进一步。愿在2017年团结协作，同仇敌忾，在扑朔迷离，混沌胶着的敌我态势中，擦亮眼睛，提高警惕，精准发力，快速行动，直击要害，为维护我国的政治安全做出贡献。

第四节　社会组织风管框架构建

调研题目：社会组织风险管理战略框架构建

在世界范围之内，风险管理有70多年的历史。发达国家，如美国、德国、英国、加拿大、澳大利亚等，在整个社会经济生活中普遍建立了全面风险管理标准，并卓有成效地使社会各个层面都嵌入全面风险管理的框架。2009年国际标准组织召集28个国家的风险管理专家制订、出台了"风险管理原则和指引"。这是风险管理的国际标准，这个标准在全世界通用。许多国家同等执行国际标准组织的风险管理标准，在本国不再单独制订另外的标准。日本在风险管理方面做得最为深入和到位，在国家层面上，首设国家首席风险管理官。

在中国，以2006年国务院国资委出台《中央企业全面风险管理指引》为标志，开启了全面风险管理的时代。之后，财政部等五部委出台了《企业内部控制配套指引》，在金融企业、上市公司全面推行企业内部控制。全国工商联紧跟其后，推出了《民营企业风险管理指引手册》。国家标准委员会于2009年出台了《风险管理原则与实施指南》，近期即将出台公共事务风险管理原则与指引。

就目前的情况看，在全世界范围内，在中国的国家层面，都在大力推广全面风险管理，并且上升到了世界战略、区域战略、国家战略的高度。今后，不懂风险管理的术语、原则、框架、流程，就无法在全世界范围之内有效沟通与合作。风险管理是一个职业，是一个产业，是一个国家战略，是目前中国最缺的一块短板。它强势来袭，高调亮相，是时代的客观必然。令人不可思议的是，意识超前、思想活跃、信息灵便、敢于创新、善于发展的社会组织，对风险管理反应迟钝、漠然不理。尽管风险使他们中的个别人痛不欲生，生不如死，身败名裂，但也没有顺应趋势，学习风险管理，掌握风险管理。现在是到了登高振臂、大声呼吁的时候了。社会组织在全国范围内应该建立风险管理原则和指南，在社会组织中应该强力推行风险管理理论，在社会组织的制度、流程、标准、机制中嵌入全面风险管理框架，使社会组织全面提升到一个新的阶段。

下面，我对社会组织中风险的种类、存在的根源、实行全面风险管理的意义、建立全面风险管理的战略框架，粗谈浅议，抛砖引玉。

一、社会组织存在风险的基本种类

一个大型公司的风险至少在11000种以上，一个国家级的社会组织所存在的风险，至少也在几千种以上。识别和分析社会组织中风险的种类和数量，是对社会组织进行风险管理的基础和前提。下面我就社会组织中前几类的重大风险略作浅析，以供分享。

（一）领导风险

我国社会组织的领导风险，主要表现在领导错位上。一是有党政机关背景的领导按照党政机关的要求来领导社会组织，把社会组织变成了党政机关，使本来具有活力的社会组织，因领导错位，变成了死气沉沉的组织机构。领导党政机关和领导社团组织是两码事，它们有各自不同的内在机理，不能混为一谈。二是有企业背景的领导按照企业运营的方式来领导社会组织，其领导方式也发生了偏移。企业的运营和社会组织的运营不是一回事，有较大的差别。企业以盈利为目的，社会组织以公益为第一要义，根本是两回事。领导方式错了，社会组织的运营也发生了扭曲。更有甚者，有的企业出身的领导把社会组织的秘书处作为企业的二级办事处室，把秘书长作为他企业的中层干部。这样来领导社会组织，不出问题是偶然的，出问题是必然的，并且要出大问题。现在问题的关键是，在较短的时间内，还无法改变他的领导方式，还无法使他按照社会组织的规律来领导社会组织。这是处在现阶段社会组织的一大悲哀，并且这种现象除了草根组织以外，具有较大的普遍性。

（二）管理风险

目前我国的社会组织在管理方面，存在的主要问题是，完全缺乏或部分缺乏管理标准，缺乏管理制度，缺乏管理流程，缺乏管理机制。有一些发展比较好的社会组织在管理方面能够建章立制，并能够优化管理，突出抓管理效益，但这毕竟是少数。多数是有管理，无制度；有制度，无流程；有流程，无机制；有机制，无活力。社会组织的管理不同于其他方面的管理，有独特的规律和特点。如何达到精细化管理，产生社会效益和经济效益，是一个非常突出的问题。由于不会管，管不好；不管没问题，一管出问题；不管不行，管了也不行。出现管理缺位、偏离、错位、盲区，其风险极大。

（三）监管风险

中国的社会组织几十万家，对众多的社会组织有效地指导监督，使其在正确的方向、正确的道路上发挥正确的作用，就显得尤为重要。但目前的状况是，监管机构由于人员少，日常工作量大，疲于应付的事情多，很难腾出时间、集中精力有效地对社会组织监管，出现了监管乏力，监管缺位，监管失效；该控制的没有控制起来，该规范的没有规范好，该放开的没有放开，该鼓励的没有鼓励，造成了社会组织活力不足，动力不够，规范程度不高，发挥作用不大的局面。

（四）战略风险

社会组织在成立的时候或在以后的活动当中，都制定了发展战略，但是汇总各个社会组织发展战略的落实情况，又令人大跌眼镜，非常失望。原因是战略制订出来以后，只是挂在墙上，说在嘴上，写在纸上，没有和近期、中期、远期目标相对接，无法使战略落地，无法按照战略的目标进行。这样，社会组织就变成了没有战略目标和方向的乌合之众。大家都在忙乱，但怎样干，什么时间干到什么程度，干的意义何在，产出效果是什么，都因无战略方向或与战略衔接不紧密而失去意义。战略是社会组织的灯塔和旗帜，是社会组织的方向和目标，如果不能落地，这个社会组织就没有前途，就走不远，非常可怕。

（五）组织风险

中国的社会组织，其内部组织结构有待进一步的优化和提高。现在绝大多数的社会组织只有理事会、秘书处，而没有监事会，没有形成有效监督的运行机制。少数社会组织建立了监事会制度，但作用发挥得不好。按照社会组织正常的运营机制，应该是由理事会、秘书处、监事会、风险管理委员会四个部分组成。理事会是决策机构，秘书处是执行机构，风险管理委员会是保障机构，监事会是监督机构，四者缺一不可。现在社会组织的组织架构，没有统一规范的要求，大部分残缺不全，不能有效发挥作用，这样就使得个别非常脆弱的社会组织，因失去了组织架构的有力保障而变得风雨飘摇，朝不保夕。

（六）财务风险

财务是社会组织的命脉，是保持社会组织发展的血液。财务出现问题，整个社会组织就无法生存，更谈不上发展。现在那些僵尸社会组织、休眠社会组织、半休眠社会组织，由于资金链断裂，出现无人员、无场地、无活动的局面。没有资金，什么都做不成，巧妇难为无米之炊。现在问题的关键是，绝大多数社会组织除了收取会费以外，没有别的资金来源。会费一旦收不上来，整个组织就停止摆动，这种现象比较普遍。应该形成有效的财务制度，应该建立积极的盈利模式，形成社会组织的造血功能。只有具备相当大的财力支撑，才能保证社会组织的生存与发展。现在社会组织最缺的就是资金，最难解决的也是资金，在资金上没有出路，整个社会组织就没有活路。在整个中国经济运行下滑的重大压力下，社会组织缺乏资金的困境会进一步恶化，生存危机越来越严重。有相当一批的社会组织因资金短缺而自行消亡。这是值得我们高度重视的问题。

（七）腐败风险

中国的政治腐败、经济腐败、金融腐败也严重影响着社会组织，使社会组织成为腐败的重灾区。主要体现在通过社会组织以合法、合情、合理的名目和活动进行政商勾结、政企勾结、权力寻租、利益输送，形成塌方式腐败、系统性腐败、平台式腐败、渠道式腐败。在社会生活中，把社会组织这个健康的有机组成部分变成了腐败的大染缸。某一个地方的党政官员出现违法腐败问题，毫无例外地都牵扯到当地的社会组织。相当多数的社会组织的主要领导人，担任领导职务是为了勾结腐败官员，通过不正当手段谋取私利。

（八）法律风险

由于我国社会组织发展的时间较短，社会组织的理论提升和实践总结有一个过程，在此基础上形成的相关的法律法规，也在不断的完善和提升当中。由于社会组织法律意识有待提高，相关法律法规有待完善，这样就造成了某些社会组织中的某些个别人不知依法，依法不严，更有甚者钻法律不健全的空子，明目张胆的违法犯法，在社会上造成了极坏的影响，也严重的阻碍了社会组织的生存和发展。

（九）人才风险

中国的社会组织尤其是商协会，最核心的机构是秘书长领导下的秘书处。这个机构上为理事会服务，下为会员服务，对内是平台，对外是渠道，要懂政策法规、行业标准、前沿理论、落地实操，要能写会讲，会计划活动，会解决问题，又要具备整合各种资源的能力。应该说秘书处是社会组织的参谋部、策划部、活动部，它需要的人员既要有智商，更要有情商，是复合型的高素质人才。而目前我国的社会组织中，秘书处的人员绝大多数是半路出家，是在干中学、学中干，边干边摸索，摸着石头找办法，抓着秫秸找出路。有的不会搞策划方案，拿不起笔，写不了材料；有的不会讲话、不会做事，解决问题的能力欠缺。像这样的秘书处直接影响了社会组织的正常运转，直接阻碍了社会组织各种功能的高效发挥，必须尽快改变这种局面。现在的问题是，找不到高素质的合适人才来担任相应的工作。前些年，有的城市高薪聘请社会组织的秘书长，应聘者众多，但符合条件的是零，无果而终。另一个情况是，我们国家的高等院校没有培养社会组织专职人员的院系，有个别的相关专业因教材、老师都在成长期，也无法在较短的时间内培养出合格的人才。人才问题是困扰社会组织发展的重大风险，必须集中全社会的力量来解决。

（十）项目风险

社会组织必须进行一系列公益性的、合作性的项目。这些项目国内国外都有，有能力的社会组织做国外的项目较多，能力差些的社会组织主要是进行国内的一些横向合作项目。现在，政府倡导社会组织发挥优势由政府和机构来购买其各类项目，这样社会组织做项目就成为了一项重要工作。项目做得好，能够提升社会组织的整体水平；项目做不好，就极大地影响社会组织的声誉。在社会组织项目风险上，存在的主要问题，一是动用了较大的人力物力，做的项目计划书不符合标准和要求，有投入无花开；二是项目计划书审核通过，执行项目无能力、无资源、半途而废，只开花不结果；三是在项目运作的整个过程中，投机取巧、缺斤短两、弄虚作假，达不到项目的预期，出现结小果、结差果的现象。中国的社会组织将来生存和发展的方向应该是输血和造血相结合，以造血为主，这其中一个很重要的方面就是做好项目。做项目是社会组织生存和发展的基础之一，但遗憾的是现在我们的社会组织基本上不会做项目，会做项目的也做不好项目，这个现象需要从根本上扭转和提高。

（十一）服务风险

在我们国家的社会组织中，为会员服务是重中之重。评价一个社会组织的优劣，从根本上要看这个社会组织为会员服务水平和能力的高低。近30年来，我国社会组织在对会员服务上从各个不同的层次和侧面都进行了一系列有益的探索和实践。从总体上说，取得了较大的进步和成就，但存在的问题也较多。最主要的问题是，会员需要的服务不能提供或提供得不及时、不到位。会员不需要的一些活动经常搞、反复搞，这样就出现了会员厌倦，而组织者忙乱的局面。由于社会组织为会员提供服务存在，不会、不好、不合适、不及时、没有连续性、没有全面性、没有提高性、没有效益性等问题，就使得社会组织这个平台失去了相应的凝聚力、向心力、感召力，呈现出平台很大，一盘散沙，渠道很多，没有活水，可有可无，有形无实的局面。

（十二）政策风险

社会组织每时每刻都会无一例外地遇到政策风险。主要表现在：一是学习政策不够，所有活动跟不上政策的发展，或者偏离政策的方向，出现社会组织与政策脱节的现象，造成极大的风险和危机。二是各方面能力素质不够，无法适应政策的变化和调整，茫然不知所措，一头雾水找不到东南西北。比如现在社会组织管理取消业务主管单位，实行无主管单位的社会组织管理体制。这样相当一部分在国家机关基础上成立的社会组织就不知道该怎么样进行工作。离了娘断了奶，相当一部分社会组织不知道怎么样活，有的甚至无法存活。这种现象在我国不是个别现象，而是普遍现象。在社会组织管理中，要进行相当长一段时间的适应和调整，有的根本无法适应，也根本无法调整，只能顺其自然的消亡。这是我们不愿看到的现象，但是会必然产生的现象。

（十三）政治风险

各级各类社会组织都必须在政治上与党中央保持高度一致，都必须维护法律法规、政策路线的严肃性，都不允许危害国家的根本利益和重大关切。但是，在国内外开放的大政治环境下，国外敌对势力和相关组织机构为了达到他们不可告人的目的，往往通过国内的社会组织和机构，以调研、活动、会议、考察、工作坊等形式窃取我国的政治、经济、外交、军事、金融、社会等重要情报。有的国外组织渗透到我国的社会组织之中，利用巧妙的伪装，进行损坏我国核心利益的不法活动。近年来我国社会组织的政治风险凸显，已进入高危期和频发期，应高度关注，警钟长鸣，避免各种政治风险的陷阱。这两年，我国相关部门就查处了一批利用社会组织开展活动，窃取情报的不法分子。这种不法分子现在有，将来肯定还有，并且呈上升趋势。

二、社会组织存在风险的根源分析

中国社会组织的风险既多又杂，以上所列13种风险，只是笔者认为非常重要的方面，其实还有更多的风险没有列入。在列入的风险中，又可从各个方面和层次细分出更多的风险。马克思主义哲学认为，对立统一是天地间的根本规律。世界上的一切事物都是既有对立又有统一的。有对立统一，就有相互间的联系与作用；有相互间的联系和作用，就有事物的运动和发展；有运动和发展，就有矛盾和风险的存在。所以，矛盾无处不在，风险无处不有。正视矛盾的存在，正视风险的存在，是一个辩证唯物者的品质。正视矛盾和风险的存在，是为了分析它们产生的根源，分析它们产生的危害，分析它们产生的机遇，找到解决矛盾和风险的办法，实现我们的预期目的。总结当下，我国社会组织的风险，主要有如下五个方面的主要原因，而不仅限于此。

（一）社会组织起步晚、发展快、不成熟

中国的社会组织，从改革开放开始，到目前只有30多年的历史。在这么短的时间之内，中国的社会组织井喷式发展，一夜之间从无到大。这样体量巨大、各具特色、千差万别的组织机构，发生乱象、造成乱态、形成乱果，就不足为奇。由于我国强大的政体和国体，保证了社会的稳定和健康，即使社会组织发展有些混乱，对社会也不会造成较大的危害。就国家来讲，社会组织的风险是可控的，但具体到一个社会组织，这些风险是不可控的，这就是为什么许多社会组织迅速产生又迅速消亡的主要原因。新竹恨不高千尺，唯有扎根到深远。中国的社会组织，只有静下心来，打好基础，做足功课，才能够健康地生存和发展。新且快，激进浮躁，这是社会组织产生众多风险的根源之一。欲速则不达，过犹不及。稳妥求实应该是现在社会组织重点研究和思考的问题。

（二）对社会组织管理的法律法规、政策措施不够完善

组织的运营是一个庞大的系统工程，需要从整体上对社会组织运营进行整体设计，使之按照科学规律来建立相关的政策法令、规章制度、标准流程、奖惩机制等。显然这方面做了大量工作，但还是不够完整、不够全面、不够系统、不够科学。尤其是现在，政治经济形势发生巨大转变，国际形势产生多方面动荡，以互联网为代表的高新科技不断出现，由此催生了许多新的业态。在这种情况下，社会组织的顶层设计、制度建设、运

行模式都要进行积极地修正、完善、补充、转变、提高、跟进。很显然，这些工作目前都极度滞后，没有跟上新形势的转变。在这些空当、差距之中，在原来风险的基础上，又增加了新的风险，使社会组织的风险确确实实进入了高发期、频发期，非常容易产生突发事件和重大危机。

（三）社会组织管理人员的素质参差不齐，有待提高

社会组织良性运转靠的是为人服务，靠的是以人为本。而为人服务，以人为本是最难的，需要有高素质的人才才能够完成。而我国社会组织人才极度匮乏，又没有形成有效的平台和机制，所以在社会组织运营中出现各种问题，造成众多风险，爆发各种危机，就在所难免。培养高素质的社会组织人才，是一项长期的任务，在较短的时间内很难完成。在较长时间内，社会组织人才匮乏的风险很难从根本上改观，社会各方面对此要有一个充分的心理和思想准备。

（四）学习国外社会组织运营经验不够

国外社会组织随着经济社会的发展，经过几十年甚至几百年的实践，形成了完整的社会组织体系、社会组织制度、社会组织机制，其运转比较科学、合理、适当。国外大学和相关研究机构对社会组织正常运转都有较为深入的研究和指导，形成了社会组织的理论体系和文化氛围。国外社会组织的先进经验和运营方式是值得我们深入学习和借鉴的。在这一方面我们做得不够。我们虽然有学习，但学得不全面、不彻底。虽然有借鉴，但借鉴的表面性的东西多些，精神实质少些。加之不能结合本地的实际，所以学得驴唇不对马嘴，难以形成显著的成效。这也是我国社会组织风险较大的原因之一。

（五）社会组织人员不懂风险管理，没有掌控风险的能力

我国社会组织中，由于主客观多方面的因素所致，存在大量的风险。这些风险，因社会组织的不同而又各具特色。善于发现这些风险、评估这些风险、处置这些风险，才能保证社会组织的正常运营。但遗憾的是，我们国家没有社会组织风险管理这门课程，也很少有人系统地研究社会组织中有哪些风险，应该怎样防范。更没有人设计社会组织风险管理的框架和

模型，帮助社会组织掌控风险、化解危机、创造价值、服务社会。总之，社会组织有风险，但不懂风险，不学习风险管理，不在实践中运用风险管理，是社会组织不能防控风险的基本原因。

三、社会组织风险管理的重要意义

加强社会组织风险管理是当务之急，势在必行，意义重大。现在坦白地讲，社会组织风险管理既滞后于企业风险管理又滞后于公共风险管理，是我国全面风险管理大局中的一块空白之地，应该引起多方面的高度重视。研究历史、分析现实，横向比较国外的先进经验，现在到了全面加强社会组织风险管理的紧要关头。搞好社会组织风险管理，既有深远的历史意义，又有重大的现实意义，我们应该引起高度重视。

（一）社会组织加强风险管理，有利于组织本身的健康成长

社会组织和人一样是一个有机整体。一个人在生理上出现问题，找医院看医生，整个社会为人的生理健康提供了防止风险的机构和人员。那么社会组织出了问题、有了风险怎么办呢？医生就是社会组织中的人，医院就是社会组织本身。所以社会组织中的每一个人都应该学习风险管理，社会组织应该建立风险管理制度和机制。只有这样才能够防范风险，长远发展。

（二）社会组织加强风险管理，能够使其发挥更大的社会作用

社会组织只要能够管控风险，能够健康稳定地生存和发展，就能为社会做出较大的贡献。因为一个社会组织，要么是由行业的精英所组成，要么是由社会的精英所组成，要么是由区域的精英所组成。有的偏重于理论研究，有的偏重于能力提高，有的偏重于全方位联合，有的偏重于落地实操。他们的能量很大，联系很广，超前探索，执行有力。在市场经济充分发展的社会生活中，作为第三方机构，承载着管理社会、管理行业的职能，承载着联系政府、联系基层单位的职能。只要是它本身不出问题，没有风险、没有危机，内部机体发挥的作用是无限的。所以，防控社会组织的风险，其根本目的是让社会组织在社会生活中发挥更大的积极作用。

（三）社会组织加强风险管理，有利于提高会员单位的整体素质

一个个体、一个机构、一个企业，通过认真分析比较，加入一家或多家社会组织，是为了提高素质、占有平台、开发渠道、交流信息，产生更大的效益。他们希望社会组织为他们提供广阔的视野、丰富的资源、众多的机会、多方面的保障。如果社会组织自身经营管理不善，乱象丛生，麻烦不断，风险频出，自顾不暇，就很难有效地为会员提供高素质、全方位的服务。不仅如此，一些矛盾还会纠缠到会员，一些风险还会波及会员，一些坏的习惯和恶劣的文化也会带坏会员。使本来成为社会的正能量的机体，变成腐蚀会员单位的毒源。由此可见，社会组织加强风险管理，形成正能量氛围，对会员单位的意义是多么重大，对会员单位的提高是多么重要。

（四）社会组织加强风险管理，有利于国内外合作

社会组织只有加强横向联合、纵向联合、国内外合作，才能够健康快速发展。尤其是在世界范围内，大的行业社会组织的合作已成为趋势。行业之间的跨界合作也越来越多。没有合作，就没有发展；没有合作，就没有进步；没有合作，就没有提高。目前，这些合作遇到了一个重大的问题，就是没有共同的风险管理语言、风险管理文化、风险管理标准。在谈论合作问题时，鸭同鸡讲，语言混乱，有的事倍功半，更多的是半途而废。可见，社会组织加强风险管理理论学习、掌握世界通用的风险管理语言和文化，是多么的迫切。

（五）社会组织加强风险管理，有利于政府监督管理

社会组织具有完整的风险管理理论、框架体系、模型工具，就会提高自身的整体水平和规范程度。有诸多的风险问题，通过自身风险管理的机理就能够迅速地发现和有效地处置，真正形成自我生存、自我发展、自我监督、自我治理的机制。社会组织自我风险管理的能力加强，形成高效正气的机构，形成健康向上的机体，就能够减轻政府指导、管理、监督的压力，腾出更多的时间和精力，进行前瞻性的研究和引导，进行顶层设计和规划，形成社会组织完整、科学的架构。

四、社会组织风险管理的框架构建

我国社会组织风险管理战略架构的总体设想是：根据国际标准组织制定的、在世界通行的组织风险管理的原则与框架，结合我国有关公共风险管理、国有企业风险管理、民营企业风险管理、企业内控指引、部分行业纵向风险管理体系等文件或手册，出台社会组织风险管理标准。这个标准是原则、指南与框架，核心是全面风险管理。所谓的全面是指全流程、全方位、全人员。全流程指的是整个过程，包括事前、事中、事后。全方位指的是社会组织运行的所有节点。全人员指的是从理事长、会长到理事会、秘书处、乃至全体会员。社会组织风险管理有三大部分组成，一是管理者风险管理，二是运营过程风险管理，三是管理对象风险管理。主要体现在社会组织的战略风险管理、操作风险管理、财务风险管理、项目风险管理、服务风险管理、合作风险管理等方面。

（一）顶层设计，完善组织架构

在理事会中设风险管理委员会、设首席风险管理官。在秘书处中设风险管理部。在社会组织的专业委员会中设专职或兼职风险管理岗位和人员。社会组织中的全体人员，要制订责权利相统一的风险管理奖惩标准，要赋予社会组织中每一个人风险管理义务和职责。

（二）梳理流程，完善系统体系

按照建立环境、风险评估、风险处置、风险监督、风险改进的基本流程，在充分沟通和咨询的基础上，嵌入社会组织所有的管理流程和体系之中，与各项业务运营融为一体，发挥风险管理嵌入社会组织运营中的独特作用。

（三）排查风险，建立风险坐标图

社会组织风险管理是一个常态性的工作，要采取风险管理的技术、模型、工具，排查出全组织中的所有风险。然后按照发生的频率和产生的危害，通过各种权重分析比较，建立每个社会组织的风险坐标图，定期跟踪风险、处置风险、调整风险排序，始终把风险控制在不影响目标实现的范围之内。在这个过程中，要特别重视系统风险的发生，要特别重视遗留风险的存在，要特别重视处置风险中发生的新风险的危害。要建立动态、循环、闭合、扬弃的系统。

（四）监管机构对社会组织必须实行风险管理

社会组织的监管机构要根据社会组织风险管理标准和要求，制订相应的社会组织风险管理办法，要设社会组织风险管理的专职监管人员，要制订一套对社会组织进行风险管理具体监管的流程、标准和措施。要定期和不定期地对社会组织风险管理实施有效的监督和管理。保证社会组织能够控制风险、防止重大危机的出现。

（五）学习发达国家社会组织风险管理的先进经验和措施，结合我国社会组织风险管理刚刚起步的现实状况，丰富和补充我国社会组织风险管理的体制安排、制度设计和运作流程，避免再犯前人的错误

我们要实行拿来主义，站在前人的肩头、站在外人的肩头，发展中国社会组织风险管理的事业。

综上所述，中国社会组织风险管理，现在是从无到有，刚刚起步，我们应该认识社会组织所存在的风险，分析产生的根源及其危害，鼓起搞好风险管理的勇气，明确建立社会组织风险管理的重大意义，从全局上、整体上、流程上、制度上、标准上、运营上进行顶层设计和宏观构建，真正建立起具有中国特色的社会组织风险管理体系，保证中国社会组织通过风险管理，健康稳定地走在世界的前列。

第五节　民营企业风险发展机遇

调研题目：首都产业转型升级民营企业十大发展机遇

转型作为基本概念最初应用在数学、医学和语言学领域，后来才延伸到社会学和经济学领域。苏联联共（布）中央委员会政治书记处书记、真理报主编、党内头号理论家和经济学家布哈林，于1918年至1921年在研究市场经济向计划经济的转型过程中首先使用经济转型的概念。布哈林经济转型思想集中体现在《过渡时期经济学》这本著作之中。

1978年中国改革开放由高度集中的计划经济体制向市场经济体制转型，取得了翻天覆地的变化。中国经济通过三十年的高速发展，生产力结构、生产关系结构、生产方式结构、产业布局结构、经济形态结构都发生了巨大的变化，产生了巨大的差异和矛盾，使整体经济运行极度不协调、不和谐，内在地提出了企业转型、产业转型、经济转型的需求。2008年由美国次贷危机、欧债危机引起的全球金融危机和经济危机，从外部要求国家产业转型、经济转型。现在到了全球范围内经济形态彻底转型的阶段。党的十六大报告在深化改革的基础上，正式提出中国经济转型的任务。近几年，国内外形势的深刻变化，中国对内、对外重大政治战略、经济战略的调整，进一步促使经济转型提到重要的议事议程。现在，全球许多国家、全国各个区域都在进行经济转型。

那么什么是经济转型呢？经济转型是指一种经济运行状态转向另一种运行状态。具体地讲，是指一个国家或地区的经济结构和经济制度在一定时期内发生的根本转化。经济转型是经济体制的更新，是经济增长方式的转变，是经济结构的提升，是支柱产业的替换，是国民经济体制和结构发生的一个由量变到质变的过程。当前中国经济转型的实质是，用现代科技改造传统产业，发展高新技术产业，提高经济发展中的高科技含量，通过经济转型实现产业升级，主要表现在产业链和价值链的提升。这两个链的提升具体表现在，创新能力提升、产品质量提升、市场竞争力提升。中国的转型升级方向在习近平主席的经济理论中有重要概括，这就是开放发展战略、创新发展战略、协同发展战略、绿色发展战略、共享发展战略。今后5到10年是按照习近平主席提出的五大发展战略思想，在国内外全面、综合、协调、持续展开的转型升级的重要阶段。

按照习近平主席提出的五大发展战略进行经济转型升级、产业转型升级、企业转型升级，对民营企业发展有哪些机遇？我认为机遇是立体全方位的，发展空间是多角度多侧面的，发展风口和发展机遇是千载难逢的，概括地讲主要有如下十个方面。

一、在首都产业转型升级期间，国际市场开拓，为民营企业发展提供了机遇

政治无国界，经济无国界，合作无国界，发展无国界。以2016年9月4～5日G20峰会在杭州成功举办为时间节点，以"一带一路"倡议和亚投行、丝路基金为标志，以其他多方面国际合作组织有效合作为辅助，中国经过几十年的准备和前期探索实践，正式启动经济全球化合作战略。2016年上半年民营企业进出口6300亿美元，同比增长34.3%，高出外贸总体增速25.7%。这个数字说明民营企业国际合作的步伐在加快，势头在增长。经济全球化是无法抗拒的必然趋势。分析世界经济发展的特点和走向，积极慎重地进行国际合作有重大的机遇。与发达国家合作，要突出高新特点，抓住科技含量高、市场潜力大的技术、项目、产品和产业。要在引进高精尖技术上下功夫。与中等收入国家合作，要瞄准它们的空当、缺位和软肋，发挥自己的优势。现在许多中等发达国家陷入主权债务危机，比如委内瑞拉，像这一类国家合资合作的空间就更大。与发展中国家尤其是贫穷落后国家合作，帮助他们进行基础设施建设，实现工业化，前景更是广阔，具有立体综合、长时间、大纵深的特质。在这里需要提醒各位的是，民营企业打拼到现在，一路艰辛，要勇敢地走出去，志在四方，胸怀天下。明清时期，山东有六千万人勇闯关东，求得生存和发展。福建、浙江、广东等省人民下南洋，很多人创造了财富神话。美国旧金山在河流中发现金矿，一批广东人听说后漂洋过海，在美国打下了一片天地。这些都说明中国人不保守，有闯劲，敢为天下先。我在评审创业项目时，就发现一个在刚果创业的小伙子回来筹措资金，买渔船到刚果做渔业生意。我认为在开拓国际市场方面，最大的空间和潜力是，距离越远越好，差别越大越好，空间越多越好，互补性越强越好。我到埃及考察，发现他们许多企业要招商引资，其工业化水平和技术水平落后中国几十年。我带队到美国招商引资、洽谈项目，美国的很多城市到代表团来推荐他们的项目，有许多项目技术含量很高，但由于缺乏资金生产，产品无法投入市场。综上所述，开拓国际市场，无论是发达国家还是欠发达国家，无论是条件好的地

区还是差的地区，都有巨大的市场潜力，都有巨大的合作空间，都有巨大的商业机会，就看企业是不是敢作为。现在项目发展到哪里，哪里都能得到国家的支持和保护，在这种情况下还不敢走出去大有作为，就只能坐失良机，失去发展的空间。

二、在首都产业转型升级期间，城市群体建设，为民营企业发展提供了机遇

中国的城乡结构严重失衡，城市化率45%，比高收入国家的77%、中等收入国家的54%要低得多。中国的现代化过程就是城市化过程。城市化建设是一个立体综合的、全方位的建设过程，包括都市、大城市、中等城市、小城市和小乡镇。按照区域布局，综合功能，优势互补的要求，要形成各具特色的城市群链，如京津唐城市群链，长三角城市群链，环渤海城市群链，黄河九省一市群链，珠三角城市群链等。这些城市群链的建设具有极大的市场潜力和发展机会。都市、大城市有较好的技术资源、人才资源和运营模式，中小城市有较好的土地资源、人力资源和项目资源。要从大往小做，从小往大做，中间往两头做。在群的功能上下功夫，在链的合作上用力气，这其中商机无限。中国的城市化进程发展不平衡，差距比较大，需要的时间比较长，尤其是西部城市建设和东部中小城镇建设需要大量的投入，需要大量的合作，需要大量的开发。一定要看到中国在城市化进程中的巨大商机，尤其是小城镇建设潜力更大。据估算城镇化每提高1个百分点，新增投资需求6.6万亿元，能够替代10万亿元出口。农民身份每转变1%，每年需要租售住房700万套，这会引爆巨大的内需。浙江经过几年的准备，到2015年首批特色小镇新开工建设项目431个，共入驻企业3300家，新增税收21.3亿元。现在沿海的诸多小城镇，环境优雅，历史悠长，文化深厚，交通便利，功能齐备，非常利于开发建设，这是中国城市化进程中的重头戏。没有中国小城镇的建设，就不能从根本上消除二元经济模式，就不能实现真正意义上的现代化。

三、在首都产业转型升级期间，创新创业驱动，为民营企业发展提供了机遇

中国的民营企业是推动经济发展的重要力量，对我国GDP贡献率高达60%以上，吸纳农村转移劳动力70%以上，提供城镇就业岗位80%以上，占市场主体的数量90%以上。可以说没有民营企业就没有我国改革开放的大好形势，就没有我国经济社会的全面提高。但是我们要充分看到民营企业的先天不足和严重缺陷，主要是产权结构不合理，经营模式不科学，组织管理不到位，人才资源不够用，科技含量不高，市场竞争力不足，可持续发展不强。据中国企业家调查系统数据，我国21.5%的企业处于停产和半停产的状态，受调查的企业中，90%以上是中小民营企业。自2008年金融危机爆发以来，企业的生存环境日益恶化，行业竞争不断加剧，利润极度萎缩。据研究，我国中小民营企业60%在5年之内破产，85%在10年之内倒闭，平均寿命只有2.4年。究其根本原因，处在目前最严酷的经济环境下，民营企业生存和发展受到严重威胁，除其他外，就是创新创业能力不足。一个值得深思的现象要引起我们足够的重视，这就是高新技术有60%以上是在民营企业手中，有新技术不会用、不敢用、不能用。这就需要有创新思维，运用好创新技术，开发创新模式，形成创新竞争力。在整个创新创业过程中，民营企业的商机是巨大的，要敢于利用新技术，要敢于开发新产品，要敢于创新新模式。只有这样，才能够走出低谷，站在市场的制高点，形成巨大的经济效益。我在近几年参与评审的600多个创新创业项目中，发现有许多项目能够填补省内空白、国内空白，处在世界领先的地位。这些项目潜力无限，只要迅速开发，就能够取得巨大的经济效益。现在需要民营企业家深入细致的调研，科学合理的分析，大胆快速的引进，实现高新技术与资本管理的高度融合。只有这样，才能够开发出领先的产品，形成巨大的效益。在这个过程中，要敢于想新、敢于创新，不怕试错、不怕曲折。这是走出困境、迎来春天的唯一出路。否则就只能困死、等死，或者被挤死。

四、在首都产业转型升级期间，信息智能技术，为民营企业发展提供了机遇

互联网、云计算、大数据、智能化作为生产工具的基本构成，提高了生产力水平。它融合了劳动者、劳动工具、劳动对象三要素，提升和发展了劳动者的素质，提升和促进了劳动工具的水平，还代替和扩展了劳动对象。信息智能技术改变了生产关系、生产方式、经济基础和整个人类社会。他既是工具，又是能源，还是经营对象。它渗透在社会的各个层面，推动传统行业的消亡和新兴产业的兴起，导致整个社会发生深刻的质变。在这个翻天覆地的质变过程中，以信息智能技术为基础，会建立新型的企业关系、产业关系和社会关系，这其中会派生出方方面面的市场潜力和重大机会。信息智能作为重要的产业，在经济体制和结构转型升级中发挥着不可替代的作用，民营企业家应该在这个大变革时代，走在前头，勇立潮头，抓住机会，占领先机。

五、在首都产业转型升级期间，低碳环保提升，为民营企业发展提供了机遇

金山银山不如绿水青山。经过三十多年的发展，整个国家的经济水平和生活水平有了极大提高。由于环境保护意识差，经营管理低级粗放，导致环境污染严重，环境质量恶劣，严重影响人民群众的生活质量。现在到了低碳环保不达标就一票否决的程度。虽然有了各方面法律法令和规章制度，但要消除污染，清洁环境还需要一个漫长的过程。在这个漫长过程中，急切需要环境治理的新技术、新项目、新产品、新模式，这是一个巨大的机会，也是一个大有作为的空间。民营企业要抓住机遇，迅速介入，形成自己的技术优势、产品优势和项目优势。在这方面，既有政府的政策倾斜，又有国外先进的经验和技术，还有广大人民群众的大力支持。只要认真做，就能够出成绩，出效益，还整个社会一个蓝天碧水，绿树红瓦的清洁环境。

六、在首都产业转型升级期间，自主品牌打造，为民营企业发展提供了机遇

中国三十多年的经济发展，民营企业从无到有，从小到大，到目前已具备相当的规模和实力。但仔细分析，中国的民营企业大而不强，多而不优，快而不久，散而不聚，形不成核心竞争力。究其原因，主要是模仿的多，加工的多，贴牌的多，缺乏真正的自主产品，缺乏真正的品牌打造。正因为此才出现这样的现象：如果经济形势好，就一拥而上；如果经济形势不好，就一哄而散。要下决心在前三十年的基础上，结合自身优势，自主设计、自主生产、自主推广出真正属于自己的品牌。也可以在细分市场的基础上，再细分市场。在生产链、产业链的基础上，截取或开发独具特色的属于自主产权或独具优势的产品，精深打造，做深做透，形成品牌。在这一点上，我们要向日本学习。日本有一家1400多年历史的企业，名字叫"金刚组"。日本超过1000年的企业有7家，超过500年的企业有39家，超过200年的企业有3146家，约占世界总数的60%，超过百年的企业有五万家，为世界之最。日本的企业为何长寿？其根本的原因就是抓住一个产品坚持做、精深做，做出诚信，做出品牌，如拉链大王、扣子大王、豆腐大王、寿司大王、羊羹糕大王、只卖一本书大王等。台湾的鼎泰丰小笼包世界连锁店排名第二，连麦当劳、肯德基、星巴克都排在它后面。

七、在首都产业转型升级期间，社会服务强化，为民营企业发展提供了机遇

我国在城市化进程中，严重不足的是服务。服务是一个巨大的产业，主要有四个方面组成：一是以教育、医疗、社保、就业等为主要内容的公共服务。二是以商贸、餐饮、旅游等为主要内容的消费服务。三是以金融、保险、物流等为主要内容的生产服务。四是以咨询、评审、方案、公益等为主要内容的政府购买服务。以上四个方面的服务构成了社会服务产业。这个产业有发展、有提高，有扩大，但不完善、不合理、不科学的地方较多，形成了巨大的社会需求。这个需求庞大而持久，门槛低、介入快、容量大、层次多，能够吸纳众多的民营企业参与其中，甚至有很多方

面是一个巨大的卖方市场。虽然有需求，有资金，有市场，但这个领域也存在诸多问题，包括无人才，无产品，无项目，无服务。

八、在首都产业转型升级期间，养老规模扩大，为民营企业发展提供了机遇

我国到目前为止已进入老龄化社会，65岁以上的老人1.3亿。养老产业是一个巨大的产业链条，有居家养老、社区养老、初级养老院、中级养老院、高级养老院组成。从总体上讲，养老产业的卖方市场更大。到目前我们没有真正形成老年社会的服务、技术、产品、模式、文化等。要建立整个老年社会的全方位的服务体系、服务结构和服务流程，需要做的太多，我们国家目前几乎处在起步阶段。在日本适用于老年的产品就有三十多个大类，具体物品多达二百多个小类。而我们国家的老人居家养老，适合的产品和服务寥寥无几，根本撑不起养老产业和养老服务。民营企业应该研究养老服务、养老文化、养老旅游、养老产品、养老设施，迅速地由点到面，逐步推广，形成独具中国特色的养老产业。

九、在首都产业转型升级期间，农业产业趋势，为民营企业发展提供了机遇

中国由二元社会发展为城市社会，必须实现农业产业化。只有把农民变成居民，农村变成社区，实现土地的高度集约经营，才能够从根本上实现现代化。农业是整个社会的基础和命脉，应该有高素质的人才来管理，应该实现企业化运营，应该投入全方位的机械设备、智能仪器，才能够使农业承担起国民经济基础的作用。在我国18亿亩农田经营中，除少部分集约经营以外，大部分是由老弱病残妇来种植，尽管有相当好的政策倾斜，但长此以往，农业这个弱质产业会更弱。一旦发生突如其来的天灾人祸就会影响国民经济的正常运行。在美国只有3亿多人口，农业人口600万，不足总人口的2%，但是美国农业傲视全球，是美国最具核心竞争力的产业之一。到目前为止，美国共有耕地面积28亿亩，农场207.6万个，粮食产量约占世界总产量的1/5，是世界上第一大农作物出口国。小麦产量5600万吨，世界第三位。玉米产量3.32亿吨，世界第一位。大豆产量7000万

吨，世界第一位。棉花产量2160万包，世界第三位。我们要赶上或达到美国的种植水平，还有相当大的差距和时间。这其中孕育了巨大的市场潜力。到农村去从事农业生产，提高农作物的数量和质量，既是国民经济的需求，也是企业获取巨大利益的需求。除农业粮食种植以外，蔬菜、花卉、林果、畜牧、水产品也孕育着较大的市场潜力。

十、在首都产业转型升级期间，风险管理产业，为民营企业发展提供了机遇

中国经济发展到目前，出现了诸多的矛盾和问题，除宏观政策、国际环境、经济结构、具体运营出现问题需要调整以外，还有一个非常重要的原因，这就是国民经济运行存在短板。这个短板就是风险管理。在我们国家，体制、制度、结构、流程、标准等缺少风险管理这个维度，这样就造成了各种各样的矛盾、损失、危机。习近平主席指出："今后五年可能是我国发展面临的各方面风险不断积累，甚至集中显露的时期，我们面临的重大风险，既包括国内的经济、政治、意识形态、社会风险以及来自自然界的风险，也包括国际经济、政治、军事风险等。如果发生重大风险又扛不住，国家安全就可能面临重大威胁，全面建成小康社会进程，就可能被迫中断，必须把防风险摆在突出位置，'图之于未萌，虑之于未有'，力争不出现重大风险或在出现重大风险时扛得住、过得去。"习近平主席关于风险的重要论述为我们敲响了警钟。我们应该加强风险管控，未雨绸缪，防患于未然。那么怎样加强风险管理呢？就是要建立风险管理应用平台，实现风险管理培训、咨询、制度建设、信息系统建设一条龙服务，要把风险管理框架、流程嵌入到社会的所有组织和层面之中。要建立风险管理标准、制度、法律法规和文化。这是一个宏大的工程，需要社会的所有人员参与才能完成。同时这也是一个巨大的产业，需要有志之士积极参与，认真经营。

综上所述，从十个方面简单叙述了民营企业在转型升级过程中所应该把握的机遇。各位企业家要根据自身的企业特点，分析研究经济形势和市场趋势，拿出具有操作性的选择。只有这样，才能在这个严冬季节穿上棉袄，踏上征程，迎接明天的辉煌。

第六节 社会组织国际沟通机制

调研题目：社会组织参加C20峰会长效机制建议

2016年7月5日至6日，二十国集团民间社会会议（C20）在青岛胜利召开。习近平主席对这次会议高度重视并向会议发来了贺信。习主席在贺信中指出："民间社会组织是各国民众参与公共事务、推动经济社会发展的重要力量。""二十国集团民间社会会议听取社会声音、凝聚社会共识，在推动政府与民间良性互动、助力全球经济治理方面发挥了重要作用。"来自54个国家和地区的200多名社会组织代表参加会议，围绕"消除贫困、绿色发展、创新驱动与民间贡献"这个主题，展开了广泛而又深入的讨论，形成了《2016年二十国集团民间社会会议公报》，并提交G20峰会。这次峰会代表面之广，会议规格之高，会议规模之大，与G20峰会联系之密，讨论主题关注度之高，在历史上前所未有。

毋庸置疑，C20峰会作为G20峰会的配套会议，每年举办一次将成为常态。充分认识C20会议的重要意义，办好C20峰会，进而参加好C20峰会，表达好中国立场，讲好中国故事，参与好世界治理，发挥好社会组织在国际事务中的作用，是当前摆在我国政府和社会组织面前的一个重大课题，必须按照习主席的要求，高度重视，认真解决。

一、社会组织参加C20峰会必须进行顶层设计

落实社会组织走出去战略，参加C20峰会是最重要的路径。C20峰会发声高、影响广，是中国社会组织在国际社会上发挥作用的重要舞台。要表达好中国的政治关切，要阐述好中国的国际价值观，要引领国际公益事业，必须经营好这个阵地。一是要设计好关注的主题。二是要设计好沟通的策略。三是要设计好落实的渠道。四是要设计好合作的伙伴。五是要设计好影响的范围。六是要设计好进行的时段。七是要设计好互动的流程。八是要设计好产出的价值。以上八个方面要站在国家层面，从总体上规划

设计，要与国家的国际政治、国际经济、国际社会的目标、方向相一致，形成国际宏观战略的有机组成部分。

二、社会组织参加C20峰会必须建立战略框架

C20峰会是各国社会组织集中发声的阵地。各个国家的政府和社会组织都会倾注全力来占领这个阵地，发出最强音，争取最大的支持率，形成主导性的话语力量，实现本国的政治目标。我国社会组织在C20峰会要想占领重要席位，争取主导性的话语权，必须熟练掌握会议规律，形成实现目标的战略框架。

第一，按照我们国家的国际目标和政治关切，区分敌对社会组织、友好社会组织、中间社会组织三个部分。针对这三个不同部分，要积极作为，主动出击，建立应对的战略框架，形成制衡和影响的组织力量。

首先，对敌对的社会组织要搞清楚他们的动机和目的，阻止负面影响的散发、负面作用的发挥、负面力量的集合。要积极与他们沟通接触，不要消极躲藏回避，要敢于面对他们渗透的思想、行为、组织、策略、模式、手段等，采取更加科学有效的策略方式，反渗透、反宣贯、反策划。要采取一切办法，集中一切资源，扩大我们的阵地，缩小他们的范围，堵塞他们的渠道，使之不断边缘化，非中心化。

其次，对友好社会组织要加大合作的力度，要加快产出的速度，要形成更加友好的氛围，要影响带动相关联组织的聚合。最好与友好社会组织通过充分沟通和协商，确定一至两个重大领域，选择三到五个重要项目，进行全方位的论证规划，全力以赴做好做精，形成品牌和样板，作为C20峰会的重要产出，影响带动C20峰会由坐而论道，到落地操作的转变，实现既说又做，既说好又做好的理想效果。

最后，对中间社会组织要增大沟通力度、化解消极因素、求同存异、密切关联，形成正向积极的力量。要不断宣贯我国的政治主张，要不断宣贯我国社会组织的国际价值观，要不断宣贯不同国别社会组织沟通协作的重要意义。采取不同策略手段，展示我国社会组织的国际素质和正向影响力。将我国社会组织成熟的国际合作经验和国际项目分享给他们，使他们

充分认识到我国社会组织积极正面的形象，科学良性的行为，国际合作带动正向力量的良苦用心。使他们积极主动的靠拢我国社会组织，相互团结在一起，共同完成国际合作的使命。

总之，三种不同的社会组织，要形成各自不同的应对框架，建立不同的策略，通过不同的路径，实现我们的政治目的。

第二，要建立政府、企业、专家团队、国内社会组织、国外社会组织及各种社会力量相互融合的框架，实现立体、循环、可持续往前发展的机制。C20峰会既是一个社会组织的行为，更是一个国家的行为。要举全国之力，说好中国话，打好中国牌，唱好中国戏，做好中国梦。任何局部的观点、割裂的观点、与己无关的观点、无所作为的观点都是错误的。

第三，为了加快实现参会社会组织的成熟度及策略技巧，参照G20峰会三驾马车的做法，建立上届、当届、下届参会社会组织学习、借鉴、互动、帮助、提高、完善的机制，形成纵向贯通的强劲实力，保证参会社会组织在上一届基础上更加成熟，进一步形成会议的主导力量。要建立参加C20峰会社会组织所有人员的档案，要制订参加C20峰会社会组织的标准，要完善参加C20峰会社会组织的考核机制，要硬性要求参加C20峰会社会组织必须写出有重大参考作用的总结报告、调查研究材料。管理机构要分门别类的归纳、整理、汇集成册。要从参会人员中筛选出经验实用、理论独特的优秀社会组织领导人，不定期地召开参加C20峰会的经验交流会、理论研讨会、项目合作分享会。通过各种办法和措施，把参加C20峰会的社会组织变成我国社会组织中最优秀的先锋力量，变成我国社会组织国际合作的领头羊和排头兵。

三、社会组织参加C20峰会必须统筹兼顾

社会组织走出去战略是一个立体、全方位、可持续的过程。社会组织参加C20峰会，作为走出去的一个重要方面，在国家层面上必须把这项活动与"一带一路"倡议、与国际援助项目、与国际公益活动配套联动，不能孤立行事。可根据国际战略，集中一批项目、课题、活动、援助等，整合成C20峰会能够引起广泛关注的议题，带动国际社会组织共同行动。这

样就需要整体策划、统筹安排、策略实施。不能把参加C20峰会与"一带一路"倡议割裂、与国际公益合作割裂、与国家的政治环境割裂，要作为一个整体来运作。否则就达不到预期的目的。

四、社会组织参加C20峰会必须突出重点

C20峰会参加的社会组织众多，提出的议题也是各种各样、各具特色。尽管大会对主要议题有所规范，但在分论坛讨论和大会集中分享上，几乎每个代表提出的诉求都各不一样，另外，每个国家参加的社会组织也各不相同。这样，就导致了峰会议题的分散性、峰会代表注意力的分散性。由于会议期较短、分散力较强，我们参加会议要想达到目的，必须集中全力突出一到两个重点，调动各方面的资源和力量，梳理出会前、会中、会后的流程节点和任务目标，集中全力解决好。这是一项艰难的任务，但必须认真去完成。否则就会出现有议论无结论，有结论无行动，有行动无结果。会议很热闹，结果很糟糕。

五、社会组织参加C20峰会必须进行制度安排

C20峰会作为影响世界的常态性的高规格的会议，我国社会组织每年都必须参加，在国际舞台上都必须发出重要声音，都必须参加全球联动和治理。这是一项重要的国际活动，在国家制度上要做出科学合理的安排。一是在国际活动财政预算上做出计划，保证资金的充足性。二是要制订专门的文件，对管理和参加这项活动做出明确的规定。三是在组织上要做出恰当的安排，要形成一个完善的专家团队、管理团队、执行团队和监督团队。因为这是一项常态性的工作，必须有常态性的管理机构。只有这样才能保证这项工作的高效性和可持续性。

六、社会组织参加C20峰会必须提高素质

我国的社会组织起步晚、发展快、素质差，在整个国际舞台上表现不尽人意。三十多年的改革开放，我国成为世界第二大经济体，在国际舞台上发挥的作用越来越大，企业在国际合作中也做得有声有色、风生水起。作为三位一体的社会组织，国际经验少、沟通能力差、业务素质低，与正在崛起的新型大国不相适应，必须尽快提高社会组织的整体素

质，尤其是国际素质。一是从各个方面调集、调配、招聘有业务能力的人才、专家，补充到参加C20峰会的管理和参与团队中来，使其发挥骨干作用。二是针对C20峰会的特点，进行专项培训，必须尽快提高人员素质。三是组织社会组织的相关人员，到国内外有经验有素养的社会组织参观学习，取长补短，尽快取得参加国际会议的经验。总之，要采取一切办法，发现人才，培养人才，形成庞大的人才队伍，建立人才储备库、人才使用库，形成在C20峰会上站主位，定主调，唱主角，掌控整个舞台的庞大的社会组织优秀领导人军团，为国家战略、世界协调发展服务。

七、社会组织参加C20峰会必须进行风险管理

C20峰会牵扯面广，参加人员多，举办地经常变化，各国的政治、文化背景也各不一样。参加的社会组织也各有特点，整个会议组织比较复杂，所讨论的议题有的敏感性比较强，场外好多组织也有各种各样的看法和诉求，还有一些社会不安定的因素存在等。在这种情况下，无论是举办还是参加C20峰会，都有必要进行好风险管理。要建立好风险管理的框架和流程，进行风险识别、风险分析和风险评价。要建立风险预测、风险预警、风险预防、风险处置的过程体系。尤其是要集中全力预防和化解突发的重大危机事件。要教育每一个参会人员树立风险管理意识、强化风险管理责任、创造风险管理价值。只有这样，才能有效地建立起参加C20峰会的长效管理机制。

综上所述，举办和参加C20峰会是我国国际战略，尤其是"一带一路"倡议的重要组成部分。C20峰会是一个高大上的国际舞台，我们要演出波澜壮阔的剧目，形成真正意义上的国际话语权，就必须着眼于长远、着眼于宏观、着眼于顶层、着眼于战略、着眼于全局，精心设计和谋划，建立良性的运行机制和操作模式，宣贯中国的政治主张，讲透中国的精彩故事，把中国的梦想变成世界的梦想。

第七节 社会组织国际合作设计

调研题目：社会组织国际公益合作战略角色顶层设计

2016年4月19日－20日，在北京"亚洲发展合作中的非政府参与者：NGO的角色"高层论坛中，几十位来自亚洲不同国家的社会组织的专家学者，从不同角度和不同层面，论述了社会组织在国际公益合作中的地位与作用，分享了各自的公益实践和经验，提出了国际公益合作的想法和见解。本人认为，就社会组织在国际公益合作中的角色，大家是见解纷纭，莫衷一是，没有形成一致的共识和统一的行动。理论和实践的结点是处在国际公益合作的初期，各个层面参差不齐，差别较大，在逐步走向成熟与合理。在这个时段，亚洲各国社会组织的相关专家，应该统一思想，集中精力，认真研讨，达成共识，真正弄清楚社会组织在国际公益合作中的角色到底是什么，这个角色应该担当起什么样的义务和责任，目前大家应该做哪几项工作才能真正推动社会组织在国际公益合作中的进程。笔者结合自身30多年的社会组织管理与运营经验，参照本次高峰论坛各位专家学者的不同见解，根据相关学者就社会组织国际公益合作的理论研究，提出如下三个基本观点，与各位分享：一是在国际公益合作中，社会组织作为主力军是大势所趋；二是在国际公益合作中，社会组织的顶层框架设计是关键所在；三是在国际公益合作中，社会组织运营的具体路径是当务之急。由于本人才疏学浅，论述当中肯定有不当之处，恳请亚洲各国社会组织的专家学者提出批评指正，以便共同学习，共同讨论，共同提高，共同促进社会组织在国际公益合作中的发展。

一、在国际公益合作中，社会组织作为主力军是大势所趋

总结过去，展望未来，汇总各方面的信息，加上理论研判，我们得出的结论是：社会组织是国际公益合作的主力军。主力军这个战略角色，过去是，现在是，将来更是。得出这个结论，是由社会组织自身的性质、职责和地位所决定的。

一是社会组织的职责就是国际公益合作。从大的国际公益组织到区域性公益组织再到国家公益性组织，它们都是为进行国际公益合作而组建的，它们的使命就是国际公益合作，离开了这个使命，它们就没有存在的价值和意义。而各国政府机构的国际合作是全方位的，包括政治、经济、外交、军事、文化、艺术、环境、公益等。在全方位的国际合作中，公益合作尽管是很重要的组成部分，但不是全部。国际公益合作只是政府的部分职能，而不是政府的全部使命。在某种意义上和某种层次上，政府更关注政治、经济、外交、军事等国际合作。这是政府的使命所在，职责所在，性质所在。至于说社会组织和政府在某一项国际公益合作中谁发挥的作用更大一些，更长一些，那只是一个具体的局部的另当别论的事情。它无法改变社会组织和政府的性质与使命。

二是社会组织具备了国际公益合作的人才队伍。尽管走出国门有效地进行国际公益合作的组织所占比例不是很高，但是就国际公益合作的人员数量来说，社会组织与其他任何组织相比，数量多，素质高，形成了一个庞大的国际公益合作的人才队伍。这个人才队伍，过去和现在都活跃在国际公益合作的舞台上，并演出了一系列精彩的剧目，令世人刮目相看。将来在这个舞台上聚集的专业人才会越来越多，演出的国际公益合作的剧目会越来越精彩。这是一个不可阻挡的潮流。其他组织由于不具备社会组织所独有的公益性质，因而在国际公益人才的培养和发展上会明显落后社会组织。

三是社会组织承担国际公益合作服务外包的能力越来越强。国际公益合作是一个专业性很强，时效性很强，产出效益性很强的特殊工作。由于社会组织常年进行国际公益合作工作，集聚了大量的资源，积累了丰富的经验，形成了专门的工作标准和业务流程，而其他组织和机构由于不具备社会组织的诸多特点和能力，它们在国际公益合作项目中更愿意服务外包，委托有经验的社会组织帮助它们实现国际公益合作的梦想。许多国家政府机构也都愿意通过民间社会组织实现国际公益援助。从取得的效果看，这种国际公益合作服务外包将是全世界范围之内进行公益合作的最佳方式和必然趋势。这样专业的事情有专业的组织来做，就减少了国际公益合作中的人力成本、财力成本、物力成本，整合了资源，提高了效益，达到了目标。

四是社会组织在国际公益合作中主力军的战略角色受到质疑，是因为力量分散，宣传不够，单边项目较多，没有形成平台，没有整合资源，没有对外形成强大声音所致。在多年的国际公益合作中，社会组织做了大量的工作，由于力量分散和宣传不够，影响力较小。近些年新兴发展国家国际公益合作项目剧增，但由于经验不足，效果不佳，产生了些负面影响，这些也阻碍了人们对社会组织国际公益合作主力军地位的认识。

总之，社会组织在国际公益合作中是主力军，它的战略角色和战略地位不容怀疑，随着社会组织在国际公益合作中作用的不断发挥，就会自行消失。我们应该坚定信心，鼓起勇气，发挥作用，推进国际公益合作事业发展。但目前我们遇到的困难和问题很多，其中最核心的是没有统筹规划，整合资源，顶层设计，迅速行动，打开局面。

二、在国际公益合作中，社会组织的顶层框架设计是关键所在

纵观目前世界范围内，社会组织国际公益合作的现状，最大的特点是各行其是，形不成统一的规范。要想促进社会组织在国际公益合作中发挥更大的作用，取得更为显著的成效，当务之急和关键所在是对社会组织在国际公益合作中所具有的战略地位和角色，进行总体上、全局上、宏观上、长远上的顶层框架设计。具体来讲主要有如下七个方面，但不限于此。

（一）社会组织在国际公益合作中，要发挥主力军作用，必须完善治理结构

国际公益合作面广量大，充满各种差异和复杂的矛盾，合作之间的协调和沟通极其困难。要达到公益合作的目标，需要有强大而科学的组织框架和治理结构。目前，亚洲各国的社会组织其治理结构各具特点，不尽完善，应该形成统一的、合理的、科学的结构框架。这个完善的结构框架是：会员大会、理事会、监事会、秘书处，即"三会一处"体制。在理事会中设发展委员会和风险管理委员会。在秘书处设风险管理部和其他相应部门。这个治理结构相互制衡，有效运转，避免了层次管理的弊端，消除了框架缺失的危害，奠定了社会组织在国际公益合作中的基本架势。

（二）社会组织在国际公益合作中，要发挥主力军作用，必须优化运营机制

完善的治理结构形成以后，必须建立有效的运营机制。在社会组织中，要形成责权利的统一，要形成奖励和惩罚的结合，内部业务要公开透明。要改变过去单一的公益服务，转变为经营服务。这就是保留公益的内容，增加经营服务的要素和机理，激发社会组织在国际公益合作中的活力，形成有效运转的长效机制。现在，绝大部分社会组织走不出国门，没有形成国际公益合作的态势，说到底是缺乏长期有效的运营机制。有的社会组织用尽千难万险走出国门，由于机制不活，后劲不足，在国际公益合作中发挥的作用也少得可怜，充当配角都很勉强。有的社会组织在国际公益合作中逞一时之势，发挥了些作用，但缺乏长效机制和可持续性。

（三）社会组织在国际公益合作中，要发挥主力军作用，必须建立信息平台

国际公益合作是一项常态性的工作。在整个流程中，事前、事中、事后都需要大量的交流与沟通，都需要大量的人力、财力、物力的整合，都需要协调各方面的关系。这样就形成了一个庞大而复杂的信息集散体。要处理复杂而庞大的各种信息，必须建立国际公益合作信息交流平台。这个信息交流平台集中所有国际公益合作的支援方和受援方的各种信息，各类公益项目的各种信息。并将这些信息梳理、归类、分享、整合，提供给信息的需求者和应用者。只有这样才能用互联网技术提高社会组织国际公益合作的效率。目前，世界范围内的社会组织国际公益合作的运营模式应该是：互联网+公益合作平台。建立这个平台是大势所趋，当务之急。不建立这个平台，按照目前现行的状况运营，社会组织的国际公益合作就是一种落后的、陈旧的模式，这种模式必将被时代所淘汰，所摒弃。

（四）社会组织在国际公益合作中，要发挥主力军作用，必须进行全

面风险管理

　　社会组织在全球范围内，由于没有引入全面风险管理，形成了在管理方面的陈旧和落伍。风险管理在全世界兴起有70多年的历史。在世界三大组织中，企业作为盈利追求最强劲的组织率先嵌入风险管理。在漫长而痛苦的失败教训中，发达国家的企业从事后风险管理推进到事中风险管理，进而发展到事前风险管理，形成了企业全面风险管理的框架和流程。公共事业部门借鉴企业全面风险管理的理论，实现了管理者风险管理、管理对象风险管理、管理过程风险管理，形成了公共事业活动全面风险管理。国际标准组织根据各国企业和公共事业机构风险管理的实践经验，制定出台了在全世界范围之内通行的全面风险管理原则与指南。目前，世界各国，尤其是发达国家都在遵守和执行国际标准组织制订的全面风险管理标准。这个标准说到底是组织标准，就是说所有组织，包括企业、公共事业单位、社会组织都必须执行这个标准。目前其他组织都在积极的执行这个标准，并取得了显著的成效，而令人遗憾地是，社会组织尽管风险很大，却没有意识到实行风险管理的重要性和紧迫性。这就是社会组织在世界范围内矛盾不断，成效甚微，发展乏力，合作不久，效益不佳的根本原因。

　　社会组织在公益合作中，必须全面嵌入风险管理。这主要是根据国际标准组织关于风险管理的原则与指南，建立社会组织国际公益合作的全面风险管理标准，制订社会组织国际公益合作的全面风险管理计划，梳理社会组织国际公益合作的全面风险管理环境，识别社会组织公益合作的风险点，制定风险清单，对识别出的各种风险点按照发生的频率和造成后果的程度这两个维度进行评价，绘制风险坐标图，然后对照风险标准，制订风险处置策略，根据风险处置结果，定期不定期进行风险监控与评审，根据风险评审的结果，动态管理整个社会组织在整个国际公益合作中的各类风险。在社会组织进行国际公益合作中嵌入风险管理，是必须要做的一项工作。这个嵌入是全面嵌入，全面指的是全流程、全方位、全人员，要横到边竖到底，不留任何死角。只有这样，社会组织在公益合作中才能具有有效性、持续性和安全性。

（五）社会组织在国际公益合作中，要发挥主力军作用，必须培养国际复合型人才

社会组织国际公益合作是一个庞大的事业，需要方方面面的人才，共同努力才能够做长做好。而现在在社会组织中，能够操作国际项目的人才非常缺乏。必须采取有效措施解决社会组织国际公益合作中人才匮乏的问题。一是广泛招收具有国际公益合作能力的人才。这种人才要有较高的语言能力，较高的政策水平，较高的运营能力，较高的奉献精神，较高的责任意识，能够融入公益合作项目的氛围当中，形成中坚力量。二是在社会组织中，选择年轻有为、事业心强、公益心强、好学上进、献身公益合作事业的有为青年，集中培训，速成提高。三是将有经验有能力，能够独当一面的社会组织国际公益合作的人才派到不同的有需求的社会组织中，带领大家在实际的公益合作项目中，言传身教，行动学习，提升大家的整体素质。四是请社会组织国际公益组织的专家学者有重点地参与重大的公益合作项目，以顾问的身份指导、监督、评审、改进公益合作项目，并把项目做成标杆和样本，供其他社会组织学习借鉴。五是关心帮助社会组织中进行国际公益合作项目中的管理人才，使其献身于公益合作事业，成长于公益合作事业，成就于公益合作事业。培养他们做公益事业的自豪感，尊严感，使之一生献身于公益合作事业，不断壮大公益合作的人才队伍，使公益合作事业蓬勃发展。

（六）社会组织在国际公益合作中，要发挥主力军作用，必须法制规范

没有规矩不成方圆。社会组织在国际公益合作中要想发挥巨大作用，必须建章立制，形成规矩，否则，各唱各的调，鸭同鸡讲，就会杂乱无章，形不成合力。首先，要制订社会组织国际公益合作章程，规范国际公益合作的原则、目标、框架、标准、流程、操作等；要制订工作手册，奖惩界限，责任与义务的衡量；要有职责规范，该干什么，干到什么程度，用什么原则来衡量都要说清楚，讲明白，使一切活动都在规定的范围之内运行。一切都要有章可依，有法可循，形成高效、科学的运行机制。其

次，要把社会组织在国际公益合作中的各项规章制度、条令手册落实到每个社会组织的每个成员身上，使他们能够理解、掌握和运用。再次，在具体的运用当中，由于新的情况的出现和现有规章制度的不完善，需要不断地监督、评审、调整、补充和提高，使各项规章制度、法令手册不断适应变化了的新情况、新环境，更加有效地促进社会组织国际公益合作的发展。

（七）社会组织在国际公益合作中，要发挥主力军作用，必须建立和而不同的文化氛围

不同社会组织有不同的组织文化；不同国家的社会组织，组织文化的差异性更大。再加上风俗习惯、文化环境、宗教信仰、历史变迁、人文喜好等的不同，社会组织在国际公益合作中遇到的最大障碍就是文化的巨大差异，而又在短时期之内无法改变和消除。在这种情况下，求同存异，和而不同，就是我们遵循的最基本的原则。只要是合作双方在公益目标上是相同的，在公益价值取向上是合拍的，在公益行动上是合作的，在公益效果上是显著的，其他的差异，各方面的不同，都可以接受和包容。

三、在国际公益合作中，社会组织确定具体运营的路径是当务之急

一万年太久只争朝夕。社会组织公益合作发展到今天，在确定顶层框架设计的基础上，当务之急就是迅速展开落地执行工作，将顶层设计落实到国际公益合作之中。顶层框架设计主要包括七个方面，但具体展开各项工作，需要分轻重缓急和先后顺序，具体操作路径如下：

一是成立社会组织国际公益合作联盟。将具有和将来具有国际公益合作实力和诉求的社会组织联合起来，成立共同联盟体。按照社会组织的治理结构，形成内部组织框架，建立相应的沟通联系部门，研究开发部门，信息集散部门，资金管理部门，宣传推广部门，学习培训部门，监督监察部门，风险管理部门等，以此形成一个结构合理、运转高效、目标明确、行动一致的运营机构，迅速展开各方面的工作。

二是运用互联网技术，建立强大的信息运用平台，提高整个组织的运转效率。

三是根据顶层设计的要求，集合相关专家，制订和出台社会组织国际公益合作的法律法规、政策规定。

四是组织相关专家对联盟体之内的社会组织，进行调查考核，按照顶层设计的治理结构和运营机制，分期分批，有重点有侧重地改造升级其治理结构和运营机制，使之适应当代快速高效的公益活动。

五是对加入联盟的各社会组织主要负责人分门别类进行培训提高，使之具有联盟所要求的各项能力和素质。

六是迅速将公益合作的项目列出清单，根据时间和重要程度，建立合作项目坐标图，制订合作项目计划，分解落实到各社会组织之中。有些单边或多边公益合作项目要迅速汇总，调整资源，优化项目结构，提升项目效果。

七是把全面风险管理嵌入社会组织联盟的所有流程和方位列出风险清单和风险坐标图，制订风险管理策略和危机管理预案，保证各项公益合作项目健康平稳的执行。

八是考察学习世界上国际合作项目做得好的社会组织，借鉴它们的经验和做法，补充、丰富和完善合作联盟的各项计划和落地实操。

九是编辑和发行社会组织国际公益联盟的工作手册，使每一项公益活动都在规定的范围内正常运行。

综上所述，社会组织在国际公益合作中已经处在一个非常关键的战略转折点和提升点。社会组织只有抓住机遇，大胆转型，大胆升级，整合资源，优化结构，创新机制，经营服务，在互联网+公益合作应用平台上，最大限度地发挥出主力军的作用，形成国际公益合作事业健康、稳定、持久发展的新局面。

第八节 创业创新风险管理纲要

调研题目：大学生创业风险思考

2015年6月以来，本人应邀分别参加了大学生创业路演和大学生创业入园的评审活动。前后评审了100多个创业团队的项目计划书，并现场进行了提问、答疑和点评。汇总各省市大学生创业的项目，审阅本省市大学生创业的部分计划，对大学生创业有了几点认识，供大家分享。

一、鼓励大学生创业是激发内生动力的长远战略

把年轻人引导到创业、创新的征途之中，能够引导和开发出整个国家的智力和智慧，用目标、责任、前途、效益、国家利益，把整个国民凝聚在一起。如果说"一带一路"是国家的外生动力，那么大学生创业就是国家的内生动力，两个动力一起用力，两个轮子一起转动，就能够保证国家平稳健康的发展。

二、大学生创业突出的是一个"敢"字

要敢于面对新生事物，要敢于面对新的领域，要敢于面对新的困难，勇敢地迈出第一步。任何成功的企业家都是敢字当头，勇于创新。自古英雄出少年。古今中外的历史都证明年轻人创业创新具有独特的优势。历史上许多成功的人士，相当多数都是年轻人。一个国家要形成敢想敢做的作风，创业创新的氛围。

三、既要大胆又要科学还要实操性强

创业的目标一旦确定，剩下的问题就全部成了脚踏实地的工作。市场的调研、战略方向的确定、各种资源的整合、创业团队的组建、组织架构的建立、财务资产的管理、外部环境的驾驭、品牌形象的提升等都需要具体、细致、周密、科学的落实并步步到位，不留空缺。这些需要耗费大量的时间、大量的精力和大量的资源。没有这些基础性的工作，别说发展，连生存都很困难。这些必须做好才能生存和发展的基础工作，对刚出校门的大学生来说是一个严峻的考验。这一关会把相当多数的创业者挡在门外，使他们夭折在创业的起步阶段。对这一点，创业者要有足够的认识。

四、市场不同情弱者，竞争不相信眼泪

在目前这个充分饱和的买方市场中，竞争异常残酷，利润十分微薄，经济下行压力十分巨大。企业亏损、倒闭、甚至行业崩溃，已是司空见惯。城市破产、区域破产、国家破产已不新鲜。在世界五百强的企业中，3～5年

之内倒闭的并非个案。这种恶劣的大环境更增加了大学生创业的难度。

五、打铁需要自身硬，新竹难担千斤重

创业需要创业者自己综合的、整体的高素质，尤其是要有千回百折、不屈不挠的精神，要有千斤重担、一人勇挑的毅力，还要有吃苦受累永不叫苦的肚量，而这些正是大学生创业所缺乏的素质。要具备这些素质也不是一朝一夕能够完成的，许多创业者都是在提高素质的路上失败的，因为市场不允许试验。

六、风险管理是全社会都缺的一块短板，而大学生更短缺

我们国家5000年的历史长河中有风险管理的思想，有风险管理的实践，但都是散落的，没有形成系统的风险思维，风险管理理论是我们国家一个急需快补的缺陷，而创业的大学生更需要恶补。但现在最大的问题是无处可补，无法快补。在所有大学生创业的计划书中，要么没有风险管理的概念，要么有也是轻描淡写，不知所云，更有甚者连什么是风险都不知道，这样创业怎么能够成功？实在令人担忧。

七、硬环境很硬，软环境很软

政府对大学生创业提供的公共服务，这一手是硬的，而辅导大学生创业，扶上马送一程，在导师选用上，这一手是软的。政府提供孵化器，提供30多项优惠政策，这有利于大学生创业。但是再充足的物料放在刚出校门的大学生手里，他们也是盖不成摩天大楼的，这就需要导师的精心培育和支持，帮助创业者精心设计，精心施工，否则就是"半拉子工程烂尾楼"。

八、创业创新要从娃娃抓起

从学前教育、小学、中学、大学都要融入创业创新的元素、思维和实践。整个社会都要建立创业创新文化，要建立创业创新制度和机制。只有这样我们国家才能够真正实现大众创业，万众创新的局面。

第九节 一带一路志愿服务对策

调研题目："一带一路"志愿服务问题分析及对策建议

习近平同志提出的"一带一路"倡议构想是促进世界和平发展、共同繁荣的中国主张。习近平同志的倡议构想得到了举国上下的全力支持，同时也赢得了一百多个国家和国际组织的积极响应。如何实现习近平同志关于"一带一路"倡议构想，搞好志愿服务是一个不容忽视的重要方面。志愿服务是习近平同志"一带一路"倡议构想的重要组成部分，研究志愿服务对"一带一路"建设的重大作用，分析志愿服务目前存在的问题及其根源，设计志愿服务的顶层框架，是目前我们面临的急需解决的重大课题。

志愿服务是人类关系的基本表现，指的是由个人或组织在不以经济利益为目的的前提下，进行的利他性活动，促进福祉和改善人类生活。志愿服务的特点是自愿性、无偿性、公益性和组织性。志愿服务的范围主要是扶贫开发、医疗卫生、教育教学、社区建设、环境保护、应急救援、大型赛会、海外服务等。志愿服务的功能主要涵盖社会动员、社会保障、社会融合、社会教化、促进社会和谐和进步等。志愿服务不仅对被服务对象产生积极影响，也对志愿者自身产生积极作用。目前，世界范围内的志愿服务主要呈现五种趋势：一是志愿服务法制化；二是志愿服务政府化；三是志愿服务机制化；四是志愿服务全民化；五是志愿服务社区化。

从以上志愿服务的性质、特点、功能、范围、趋势来看，志愿服务在世界范围内对政治经济运行、社会生活发展、公共事业提高、人民生活改善具有重大的促进作用，同时对习近平同志提出的"一带一路"建设倡议也有不容忽视的重要意义，主要体现在：开展志愿服务能够实现民心相通，是民心相通的融合剂；开展志愿服务能够促进国际经济合作，是国际经济合作的推进剂；开展志愿服务能够巩固国际友好交流，是国际友好交流的黏合剂；开展志愿服务能够消除国家之间的政治误解，是政治误解的消化剂；开展志愿服务能够阻挡敌对势力的破坏，是阻挡敌对势力破坏的阻断剂。

志愿服务对"一带一路"倡议的重大作用是显而易见的，但目前我国志愿服务由于发展时间短、各方面建设不够、运作经验不足等，还存在诸多不适应"一带一路"建设的各种问题和矛盾。充分认识这些问题和矛盾是实现志愿服务促进"一带一路"建设的重要前提。具体地讲，有如下五个方面：

第一，缺乏统一的管理机构。

世界发达国家的成功经验证明，国际志愿服务就国家层面来讲，必须建立统一的机构，进行统一的管理。而我们国家的现状是群龙治水、多头管理，各系统、各条块、各机构分别制定计划、分别设定项目、分别派出人员、分别进行管理。概括地讲，只有分散，没有统一，形不成举国家之力的统一管理机构；无法分工协作，统分结合，打出优势组合拳。管理不统一、管理机构不系统，到任何时候都做不好"一带一路"志愿服务项目。另外管理分散、政出多门、机构不协调还造成相当大的内耗和资源浪费，这也是做不好"一带一路"志愿服务的重要原因之一。统一建立完整系统的管理机构是目前的当务之急。没有统一完整的管理机构，"一带一路"志愿服务要走出国门，产生世界影响，只能是空谈。

第二，缺乏合理的制度安排。

没有制度就没有运行，没有制度就没有成效。说到底，"一带一路"志愿服务到目前来讲开展得不理想、不尽人意，最根本的问题是没有建立起"一带一路"志愿服务的国家制度。我们国家到目前没有出台与"一带一路"相适应的国际志愿服务法律；没有出台与"一带一路"相适应的国际志愿服务政策；没有制订管理"一带一路"国际志愿服务的制度；没有适合"一带一路"国际志愿服务的流程准则和执行手册；没有形成调动整合全国各部门和机构的政策规定。以上这些不制订好，不执行好，就无法进行"一带一路"国际志愿服务项目。制度是根本、政策是核心、标准是关键。这一切都是目前"一带一路"国际志愿服务方面所存在的不足。有的地方和机构在不同层面上制订了一些制度规定、政策法规，但是不全面、不整体、不统一、不深入、不细致、不科学，在实际运作当中大多数根本无法执行。很难设想一个制度不完整、政策不系统、准则不具体的项目能够科学高效地执行好。现在到了制订统一制度和政策规定的时候了，否则就会形成巨大的障碍。

第三，缺乏科学的运作模式。

凡是国际志愿服务搞得好的机构和组织，都能够设计出符合所在国项目的运营模式。在此基础上，在实践中不断补充完善，修改提高模式，就能够很好地承载项目，顺利执行完成。如美国的自由开放模式、日本的精耕细作模式，都在项目执行过程中各自发挥出非常强大的作用。而我们国家在国内志愿服务上有行政推广、文明影响、社会合作、人性培育、优势转化、内外互动等模式。这些模式在国内志愿服务过程中发挥了巨大作用，但是由于缺乏深入的海外探索和广泛的国际合作，"一带一路"国际志愿服务需要什么样的运营模式，到目前没有走出通行的路子，没有设计出符合所在国项目的运营模式。只是凭感觉、凭经验、凭国内实践来制订所在国项目的计划。由于没有科学合理的运营模式，志愿服务项目在管理、操作、可持续性上都缺乏理性安排，出现问题是不可避免的。良好的志愿服务模式是取得志愿服务成功的保证，失去了这个保证，志愿服务就失去它应有的光彩。缺乏国际志愿服务运作模式是"一带一路"志愿服务的又一重大问题，必须提到议事日程，尽快解决。

第四，缺乏足够的财力支持。

"一带一路"志愿服务项目没有纳入财政预算，有的只是根据具体计划做出年度安排。没有具体计划，财政在这方面的预算有时有，有时没有，就是有也少得可怜，根本无法和我国大国国际志愿服务相匹配。固定、长期、持续的财政资金安排是保证"一带一路"志愿服务的前提和基础。其他发达国家都把国际志愿服务项目作为固定的、每年递增的财政预算，他们的做法对中国是一个启发。另一方面，中国也缺乏"一带一路"志愿服务项目社会筹集资金的有效机制和模式。在社会上知道"一带一路"国际志愿服务的机构和人员比较少。就是知道了，他们捐赠的意识、捐赠的动机、捐赠的行为也没有激发出来，所以社会募集资金较少，无法弥补因财政资金少而出现的缺口。再者，"一带一路"沿线，我国项目众多、企业众多、机构众多、人员众多，他们最需要国际志愿服务为他们提供良好的外部环境和民心工程，但是缺乏倡导和机制，他们也完全没有意识到捐赠相关资金，支持"一带一路"志愿服务项目的必要性。概括地说，中国的资金是充足的，支持"一带一路"志愿服务没有问题。只是没有倡导宣贯、没有启发调动、没有引导实操，使这块资金缺口巨大，不足以支撑"一带一路"志愿服务项目的持续发展。

第五，缺乏合格的人才队伍。

就世界范围来讲，发达国家如美国、日本等经过多年的努力，储备了大量的、符合国际志愿服务要求的人才。这些人才主要由三方面组成：一是项目设计专家人才；二是项目管理专家人才；三是项目执行专家人才。这三方面的人才聚合在一起形成了推动志愿服务国际发展的综合力量。根据各方面的调查统计，美国和平队共派遣国际志愿者约22万，日本国际协力机构派遣超过4.9万，而中国青年志愿者海外服务计划2002–2015年派遣人数仅623，中国内地2017年仅派出2人参与联合国志愿人员组织（UNV）全额资助志愿者项目。对比中国与发达国家的志愿服务差距，人员派出少的根本原因是缺乏高素质、综合性强、能独立完成项目的执行人才。我们国家志愿服务人才缺乏，主要是缺乏良好的语言交流能力、独立的项目执行能力、项目可持续发展的管理能力、不同地区的项目设计能力、与所在国合作方的沟通配合能力、国际知识掌握能力。以上这些能力不具备，就不能很好地完成国际志愿服务工作，即使派出相关项目人员也无法完成特殊性很强的项目计划。从目前情况看，缺乏国际志愿者培训体系、缺乏高素质的国际志愿服务人才是"一带一路"国际志愿服务的最大短板。不解决这两块短板，国际志愿服务就是一句空话，更甚至会影响中国形象，阻碍国际志愿服务的顺利发展。

以上五个方面的简要论述，总结概括了目前我国志愿服务存在的主要问题。这些问题极大地阻碍了志愿服务在"一带一路"建设倡议中重大作用的发挥。认识志愿服务存在问题的根源，有针对性地提出顶层设计和框架措施，就能够充分发挥志愿服务的作用，促进"一带一路"建设倡议的顺利进行。概括地讲，主要有如下五个方面：

第一，出台政策措施，建立组织架构。

"一带一路"志愿服务目前存在的最大问题就是没有系统的政策措施，没有系统的组织架构。要促进"一带一路"志愿服务的发展，当务之急有两项工作必须尽快完成：一是建立"一带一路"志愿服务的政策措施。要在三十多家地方志愿服务法的基础上尽快出台全国志愿服务法。在志愿服务法的总体框架下，制订志愿服务政策、志愿服务管理办法、志愿服务工作手册、志愿服务奖惩准则等。要实现"一带一路"志愿服务政策的完整性和系统性，各个政府职能部门、各个社会组织、各个国内外相关机构都要有明确的政策规定和行动指引，只有这样才能在完整系统的政策、制度指引下实现"一带一路"志愿服务的目标。任何时候、任何情况下，没有政策制度，就没有贯彻执行；没有好的政策制度，就没有好的产出效益。制订系统的政策是当务之急，是摆在"一带一路"志愿服务面前的头等大事，要切实抓紧抓好，抓出成效。二是要建立"一带一路"志愿服务统一的组织架构，形成全国统一的、系统的组织，消除现在各自为政、多龙治水、分散内耗、形不成优势力量、攥不成拳头的不利局面。要把分散的组织机构变成统一的领导框架，然后横向根据职责要求，建立相关机构或赋予相关机构一定的职责，使其发挥作用；纵向从中央到地方，按照统一的架构，实行层级管理；同时要与国外机构、所在国相关组织和机构建立统一管理的组织层次，形成上下、左右、内外统一组织、统一指挥、统一行动的组织体系。只有这样，"一带一路"志愿服务工作才能散而不乱、大而不缺、遍地开花、有序发展。总之，出台统一的政策、建立统一的组织是"一带一路"志愿服务的关键，二者必须同时进行、双轮驱动、相互协调、共同推进。

第二，形成运作模式，搭建网络平台。

好的运作模式和平台是实现效益最大化的重要保证。美国、日本、韩国等发达国家经过近几十年的探索研究，都基本形成了适合本国特点，又适合所在国特点的运营模式和工作平台，卓有成效。我们国家要把"一带一路"志愿服务搞出特色，搞出品牌，产生国际影响，必须下大力气探讨运作模式和服务平台。笔者认为，中国的志愿服务与其他国家的志愿服务有显著的不同，它既具有一般国际志愿服务的性质，又有为"一带一路"服务的职能。这样，在建立运作模式时，就必须考虑"中国方案""中国需求"和"中国发展"。具体地讲，我们所建的"一带一路"志愿服务的运作模式是"三双共赢"模式，就是志愿服务与"一带一路"融为一体，志愿服务的所有布点和"一带一路"所有项目紧密结合，形成"三双"的特点。第一是"双依托"：所有志愿服务海外的点站建设要依托"一带一路"沿线项目的所在地址。志愿服务不要单独设置点站，要把点站设在国外合作项目的所在地。这样，志愿服务依托海外项目的物质基础、经济条件；而海外项目在企业社会责任发展上，依靠志愿服务进行融合开展。"双依托"的好处是节约成本、节省资源、抱团运营、各有促进、又相互弥补各自的不足，形成统一基础上"两支鲜花各自开放，又相互映辉"。第二是"双促进"：志愿服务要为中国海外项目服务，要为项目建立良好的民心氛围、社区氛围、项目长期发展氛围；海外项目要为志愿服务提供人力、物力、财力等方面的支持，把企业社会责任融入志愿服务之中，用志愿服务引导、促进企业社会责任发展。第三是"双发展"：志愿服务每一步发展，其成果除自身目标以外，都要体现在项目发展上；海外项目的每一步发展，除自身目标外，都要体现在志愿服务的发展上。"三双共赢"模式解决了海外企业社会责任专业不足的问题，解决了志愿服务物质基础不足的问题，实现了双赢、双提高、双发展。在此基础上，要建立国内与国外企业与志愿服务、国外机构组织与国内志愿服务组织线上线下相结合的统一运作平台，实现远距离、大跨度、快速准确的运作，最大限度提高各方面的效益。

第三，提高财力支持，加强监督管理。

要保证"一带一路"志愿服务的顺利进行，必须有强有力的资金支持，资金的充足保证是"一带一路"志愿服务的基础。要建立"三出一统一"的资金支持模式，形成稳固的资金支持基础。所谓"三出一统一"的资金支持模式是：国家财政要出资支持志愿服务；国内，尤其是海外有项目的企业必须出资支持志愿服务；社会组织及其相关机构必须出资支持志愿服务。三方面出资能够保证资金的充足性，并且要保证资金支持的增长幅度。所有资金都要纳入志愿服务基金池，统一管理、分散使用；统一监督评审、分散汇总结算。在这里，资金的进入和支出要形成有效的监督管理机制，不能出现任何腐败现象和挪用现象。对于基金池的资金可以由专门的机构运营，使其保值增值。另外，在志愿服务所在国，也可以广泛筹集资金，使国内资金、国外资金以及其他国际资金相融合，形成强大的资金基础，保证志愿服务的顺利进行。志愿服务基金化管理要出台正式政策，要建立相关管理制度，要形成监管机制，使其在管理和运营方面科学高效。

第四，加大培训力度，壮大人才队伍。

志愿服务在我国是一个新生事物，接触的人比较少，能够进行正常运作和执行的人员更少。因此，要加大宣传力度、加大招募力度，由专家统一设计项目模式，前期试点，逐步推广。在此基础上对执行志愿服务项目的人员要进行全方位的培训，主要包括：项目专业素质培训，英语和项目所在地语言培训、国际知识培训、志愿服务知识培训、项目所在国文化、风俗、习惯、宗教等常识培训。通过以上培训，使每一名志愿服务人员能够具有崇高的志愿精神，能够具备驾驭服务项目的能力，能够成为服务项目倡导者，进而成为培训海外企业相关人员、国际组织相关人员、当地机构相关人员的专家。发挥专家导师的作用，典型引入、逐步推广，形成示范项目。要培养志愿服务人员项目创新能力，使其在执行项目的过程中改进项目、提高项目、创新项目。要培训项目设计专家的设计创新能力，使其不断设计出更具有创新意义的、符合各方面特点的、应用效益广泛的品牌性项目，打造中国在世界范围内靓丽的名片。要打造志愿者的可持续发展生态环境，保证志愿者任务期满后的工作和学习机会。要培养国际志愿者交流群，在后续项目中形成志愿者"以老带新"的良性循环。

第五，加强风险管理，保障服务安全。

要想保障"一带一路"志愿服务健康稳定的向前发展，必须树立风险意识，实行全面风险管理。要把风险管理的原则、框架、流程全面嵌入"一带一路"志愿服务的所有流程、所有节点、所有人员。要实现全覆盖，横到边、竖到底、不留任何死角。要建立风险识别系统，形成风险识别清单；要建立风险分析系统，形成风险等级清单；要建立风险评价系统，形成风险优先顺序清单；要建立风险应对系统，形成风险应对策略清单；要建立风险监督评审系统，及时纠正和报告风险变化和发展情况；要建立风险改进系统，及时改进风险管理流程和方向。以上这些风险管理措施，要根据不同志愿服务的主体和项目，有计划、有步骤地实施。国际实践证明，风险管理能够为"一带一路"志愿服务保驾护航，能够确保"一带一路"志愿服务不出现大的波折和问题，能够实现"一带一路"志愿服务与国际接轨、与所在国接轨、与所进行项目及其相关机构接轨，安全稳定地实现所设计的目标。

综上所述，志愿服务是"一带一路"倡议的重要组成部分，是推进"一带一路"建设的重要力量。它存在的问题和不足只是暂时的，只是发挥作用中的问题。只要我们充分认识志愿服务对"一带一路"建设倡议的重大意义，彻底分析清楚志愿服务存在的问题及其根源，找出解决问题的办法，从整体上顶层设计，从全局上立体运作，从实践上狠抓实干，就能够推进志愿服务的发展，就能够通过志愿服务的发展，促进"一带一路"目标的最终实现。

（本文作者　林俊杰，联合国志愿人员组织项目管理助理，

国家注册企业风险管理师）

第十节 国外专家企业风管简述

调研题目：企业风险管理重在减缓

美国是企业风险管理做得较早较好的国家。综合相关专家对企业风险管理的部分观点，做简要介绍。

企业风险管理的领导者知道企业风险管理是一项艰巨的工作，他们也知道企业风险管理将需要整个企业所有职能部门领导和员工最大的努力去确保识别并管理风险。企业的盈利能力要求达到公司的战略目标，但除非风险被识别并处理，否则即使是面向目标的努力也会导致重大的损失。风险是具有不确定性的，当这种不确定性变的重要、具有破坏性并造成严重后果时，组织及其职能部门将会失败。因此，管理风险是成功的一个重要组成部分。首席风险官并不拥有组织各职能中的风险，但他们有责任让所有的职能部门参与到管理风险的关键流程中。他们必须为所有职能部门的领导者提供一种方法，帮助其理解存在于他们职能区域的风险，并对风险进行良好的减缓。

企业风险管理包括全面、纵横地观察组织的风险。在实体里，为了消除、改善、转移或准备接受风险，无论是可保风险还是不可保风险会在各个方面被识别。为了有效识别企业中的风险，有必要理解特定职能部门的风险，并理解风险是如何与其他职能区域和公司战略发生联系的。没有组织可以忽视风险。一个组织只需思考企业在当今世界面对的问题，就知道风险是现在真实存在的。尽管许多风险代表了威胁，但值得注意的是某些风险也可能构成机会。例如，人口变化可能对现有的某条生产线造成威胁，但同时也为产品线延伸或全新产品线的建立提供了机会。在对企业实施风险管理时，必须实施一套流程。对于企业风险管理的实践有两种被广泛认可的框架：COSO（美国反虚假财务报告委员会下属的发起组织委员会）企业风险管理整合框架和ISO（国际标准组织）31000：风险管理原则与指引。两种框架有一些差异，但都为企业风险管理提供了有意义的结构体系。

在今天的世界，风险等级的提高对几乎每个与组织相互作用的利益相关者来说都是显而易见的。这些利益相关者包括投资者、出借方、客户、雇员、供应商和卖主。这些利益相关方要么积极主动地需求如何管理风险的信息，要么期望风险被有效地管理。用一种正式的方式管理风险对所有企业来说已经势在必行。为了发行债券而评级的上市公司和非上市公司，必须关注企业风险管理。因为评级机构将把评价它们处理风险的能力作为整个评级评价的一部分。2012年11月13日，标准普尔对管理和治理发布了自己的评级标准。其中对所有公司管理评级标准的一个子要素就是"企业范围的风险管理标准和容忍度综合"。还有一些关于保险公司风险管理独特的子要素。标准普尔公司的标准也明确表达了管理风险在实现操作成功中发挥的重要作用。公司识别和管理风险的能力能够削弱或增强公司的信用价值。与任何必须被管理的事物一样，确保管理的有效性需要一种形式化的方法和流程。另外，所有的上市公司被要求在对美国证券交易委员会（SEC）提交的文件中就风险做报告。非上市公司和非营利机构也需要关注企业风险管理，因为它们可能有一些私人投资者或出借人就如何管理风险要求详细的报告。在这种情况下，公司必须给出令人信服的信息，证明它们正采取某种形式化方法处理风险。初创企业也应该拥抱接受企业风险管理，因为它们正处于发展中的脆弱阶段。它们可能从实践企业风险管理中收获等同于甚至超过创建公司的效益。

大多数组织，无论规模大小，都有一个战略规划。如果没有，至少它们也有长期的目的和目标。不论是哪种情况，都对未来有一个愿景。在愿景中为保证组织的成功和盈利能力达成某种结果。这些结果可能是定量的，比如推动市场份额、利润和股价快速增长；也可能是定性的，比如进入新市场、引进增强的自动化系统或改善薪酬激励计划。战略家流行使用的框架中，有一个叫作SWOT分析。通过分析每个要素，组织能够建立独特的响应对策，更好地运用优势、巩固劣势、利用机会、避免威胁或将威胁最小化。威胁，比如风险或不确定性，是抑制目标达成的潜在因素。威胁可能是当前的、也可能是新兴的，可能完全成形、也可能没完全成形，威胁造成的影响可能难以量化。但不管怎样，不能忽视威胁。

战略计划中的SWOT组成部分是战略和风险管理相交集的第一个点。一个组织可能面对的风险是无穷无尽的，所以企业风险管理中一种实用的方法是要重点关注那些对实现战略和长期目标构成威胁的风险。

企业风险管理流程的起始是一份明确的陈述，就是对公司战略、目标以及下面各职能部门目标的理解。流程的下一个步骤是识别与目标有关的主要风险。直到这时，风险才能被定量和定性，确定优先级，配对减缓计划。仅通过风险的初始状态是很难评判风险的。看起来寻常或无害的事物，在某些情况下，或一旦与其他风险相结合，却可能对组织战略的成功造成显著影响。这也是为什么风险识别的第一波过后应该列出一个全面的清单。为了减缓和监测风险，会为风险确定优先级，在这一过程中，清单将被缩减。战略和企业风险管理的第二个交集点涉及战略对策。战略对策是为了达到企业战略所渴望的未来状态而必须进行的步骤和行动。风险减缓计划应嵌入这些对策，用于处理可能使公司目标偏离的风险。企业风险管理是一个自上而下和自下而上的商业流程。说自上而下是因为进行企业风险管理的指令通常来自CEO或董事会。它的关键性反映了对达成公司战略、目标的需求。同时也是自下而上的，因为所有的职能区域都深入了解自己的操作运营，应该有助于去识别阻碍公司战略达成的风险。只要企业风险管理与公司战略相关，那么企业风险管理就具备相关意义。只要公司战略有企业风险管理可靠的支持，那么公司战略就会保持良好。

企业风险管理是一项企业范围的努力，每个职能部门都在识别风险和相关事务中发挥独特的作用。没有哪个职能部门对风险是免责的。而且各职能部门应最熟悉自己所面临的特定风险。职能部门以多种方式连接。风险管理就是一个最好的例证。风险管理与每个职能相连，因为风险出现在公司运营的每个方面。一个定义明确的风险管理流程能使各职能识别自己所拥有的风险。还能帮助职能部门发现与其他职能的哪个接点可能造成风险，或者说某个职能在哪个接点面临的风险对其他职能也呈现出风险，因此在多个职能部门间造成了互有关联的风险。例如：如果销售和客户服务两个职能都使用同一个呼叫中心供应商，一旦那个供应商不能运行，就在两个职能部门间造成了风险的关联。通过分别与各职能部门工作，将各职能部门召集到一起合作处理风险问题，风险管理就可以帮助解决或避免许多关联风险。要么因为未看到，要么因为看到却认为是其他职能部门的责任，所以总是有一些风险区域被忽略的可能性，然后没有职能部门去对风险承担责任。通过运用真正的企业范围的方式进行风险管理，可以让那些至今还以孤岛方式管理风险的组织有更大的机会去避免这些所谓的"空白区域"。确实，当提到风险的时候，没有哪个职能部门应该把自己认为成孤岛。

为了确保成功，企业风险管理需要在组织中得到民主化。即使CEO或董事会欢迎并信奉企业风险管理，但仅仅通过指定一名首席风险官或企业风险管理主任的方式来任命某人负责企业风险管理还远远不够。尽管需要指定某个人成为企业风险管理的领导者，但这个人并不拥有风险，也不可能处理所有的风险。更确切地说，是企业风险管理的领导者和其员工促进企业风险管理在各职能部门间的实施。通过所有职能部门的参与实施，组织将评估风险，计划减缓策略，监测进展并形成风险报告。

拥抱企业风险管理的文化始于一份CEO对整个组织明确的意向书。意向书要声明管理风险对组织的成功非常重要。CEO应该在重要讨论会上询问并谈及风险，比如绩效报告会和办公室探询。当高层团队和所有其他管理者在日常行动和决策中考虑风险时，一种以企业风险管理为支持的文化便成为现实。企业风险管理民主化可以确保组织中的人意识到管理风险，并意识到对管理风险负责。随着时间推移，民主化将加强拥抱企业风险管理的这样一种文化。企业风险管理民主化最有效的一种方法是建立明确的所有者。风险的所有权可以分三类来描述：（1）战略所有者——负责看穿可能处于风险中的任何战略目标所产生的成功的结果的个体。（2）风险类别的所有者——某个主题领域的专家（比如：监管问题专家、环境问题专家、地缘政治问题专家）。战略所有者和职能风险所有者都可向其咨询协商。（3）职能风险所有者——职能风险所有者负责在职能部门层面理解风险，理解风险如何与其他职能区域相关，理解这种关系随着时间的推移将可能如何变化。正是职能风险所有者在为了真正管理风险而设计的执行减缓流程的前线。这三个方面的所有者构成了企业风险管理所有权团队。他们不仅在风险方面知识渊博，还专注于每个风险如何影响战略、如何被减缓。

风险管理负责引导组织为管理风险而建立的流程。在真正的企业范围的风险管理方法中，这个流程需要对一个组织面临的所有风险进行识别、确定优先级、减缓、监测和报告，而不仅仅是对那些通过某种方式可保的风险。风险管理，作为一项职能，不是说"拥有"组织的全部风险。不过，风险管理必须使其他所有的职能区域理解他们的风险，并做出行动处理风险。

风险管理在培养"风险文化"中起着至关重要的作用。风险文化就是一种为了达成组织的目标，而意识到风险并理解管理好风险重要性的文化。

风险管理作为一项职能，不再仅仅是识别那些与保险解决方案相搭配的风险。更确切地说，是授权识别并合并一份单独的风险状况描述，其中包含所有职能的风险。某些不可保风险很可能之前就在拥有专业处理风险技术的职能部门被处理掉了。比如说，财务职能部门通常识别和管理信用风险、证券投资组合风险等。运用企业风险管理的方法，财务职能部门仍然识别那些风险并进行管理，但是风险管理职能部门也要发挥自己的作用。风险管理职能把风险整理到一份完整的风险状况中，并为那些风险的监测和报告提供报告格式。考虑到无数的潜在风险，组织需要一种方法将风险编制成风险状况的描述和目录，并在可理解和合理的范围内。

确立优先级使组织能够根据时间表、频率、强度和影响严重程度将风险排位。许多风险不会被编入最终的风险状况描述，因为结合其时间表、频率、强度和影响严重程度分析，这些风险不值得报告和监测。

风险也应该被分类。建立分类的目的是为了保证识别过程中的完整性。另外，把风险安排进某组类别也有助于对整个的风险状况进行理解和分析。同样的分类也应该用于所有的职能部门，以确保方法的一致性和广泛性。不过，某些职能在被选出的特定类别中可能没有任何风险。

在企业风险管理中，我们还应该考虑"黑天鹅"的概念。自从2008年美国房地产泡沫的崩溃以来，"黑天鹅"引起了人们极大的注意。在《黑天鹅：如何应对不可预知的未来》一书中，纳西姆·塔勒布把"黑天鹅"定义为一种尽管难以预测但对人们生活有巨大影响的事件。这种几乎不可预测事件的发生是有据可查的。尽管有着复杂的定量模型和最坏的设想计划，但出乎意料的事件和预先难以想象的事件还是以某种频率发生。当然，有时候不可预知的事情可能是积极的。但从保护组织免于负面后果的立场上来看，风险管理的作用是确保组织的模型和最坏的设想尽可能保持稳健，从而最小化不可预知的范围。一个组织如何对最坏的设想做出反应是给董事会、CEO和高层团队的一个问题。"黑天鹅"有点类似"完美风暴"。在一场"完美风暴"中，许多重要的风险聚集到一起，创造了一个相当于"黑天鹅"的东西。这也是为什么永远不要忽视组织中关联风险的一个原因。风险管理在关联风险的识别中起到了一个关键作用。尽管有各种各样的关联，但一个重要的类型涉及供应链。当不同的职能部门都暴露给同一个供应商或卖主或是来自同一地区的供应商时，一旦这些对手方中的一个或多个出现问题时，就产生了关联风险。例如，如果一个公司的若干个原料供应商位于同一区域，并且该区域遭受到了自然灾害，生产制造可能会无限期停工，导致无数的问题。对于塔勒布的理论，可以解释为"黑天鹅"事件有三个主要的特征：（1）它们在合理的预期范围之外。（2）它们会产生极端可怕的后果。（3）在事后，我们能够轻易地解释出它们发生的原因。尽管也许不可能对"黑天鹅"有所准备，但对"黑天鹅"有所了解能够帮助我们用一种新的超越表面层次的方法看待风险。机会总是垂青有所准备的人，而"黑天鹅"的本质是使事件不可预知，一家公司可以采取若干步骤为意外做好尽其所能的准备。（1）开发一个整个企业的操作视图。

视图不仅应包括公司的操作运营的地理位置，还应该由供应商、渠道合作伙伴、和客户的位置共同组成。（2）随着时间推移，开发一个公司的客户和供应商与其他组织关系的清单。虽然为这样跨度的关系开发减缓计划也许并不实用，但是理解这种延伸的视图可能使公司免于陷入完全意外的事件。（3）运用指引要点中描述的已开发的分类，识别可能导致对组织有影响的事件的设想情境。此外，虽然没人能看到未来，但对一个人所知的可能发生的事件做出反应永远比陷入意外要好。

一个实行企业风险管理的组织要实施一系列流程，随后才是组织内部的部门职能工作。在几乎所有案例中，这些流程包括：（1）识别风险。（2）根据可能性和影响的严重程度确定风险的优先级。（3）减缓风险的行动计划。（4）报告状况。（5）测量成果和/或以一定的时间间隔重复该流程。对部门来说，遵循企业层面设计的流程是义不容辞的。在还未采取企业风险管理的组织中，没有什么可以阻止部门用上述要素创建其自己的流程。无论如何，通过跨职能部门的方法，组织可以得到更好的服务。需要记住的是，从事参与这样流程的预期目的是为了确保实现公司战略的目标。未知的风险才会对企业和职能部门目标的达成造成真正的障碍。

一、识别风险

建立一个内部能够设置识别流程的环境非常关键。这个环境就是公司战略。参与风险识别的每个人都有必要问自己一个问题：有什么当前或新兴风险的存在可能阻碍战略计划目标达成？关于流程的识别阶段，有很多方式可用。许多组织采用一种自下而上的方法：每个部门的所有或部分雇员完成一份调查问卷，然后进行中层和高层管理会议。在会上这些总结上来的信息会被提炼和确定优先级。问卷调查通常以电子方式分发、收集和核对整理。另一个识别风险的方法是在职能部门间举行风险描述会议，或者鼓励在所有层面施行特殊报告。高级管理人员或风险委员会在识别其拥有的风险时，应充分认为自己与所有的职能部门的操作运营有联系。无论如何，问卷调查似乎是在风险识别过程的第一阶段用得最普遍的方法。不管用什么方法进行风险收集，应该给那些被要求识别风险的人一些关于如何识别相关风险的指导。此外，从这一点上来讲，各特定风险也应该与被识别的该风险拥有者有关。

二、确定优先级

正如前面所提到的，一个组织所面对的风险数量毫不夸张地说是不可估量的。如果试图识别和处理每一个可能想到的风险，那组织可能也没有多余的剩不下资源去干别的事情。显然，必须要有一种确定风险优先次序的方法，以便可以识别和处理那些最重要的风险。首先的问题或标准是：什么是最重要的风险？一个答案是：那些可能阻碍一个组织达成其战略目标的风险。不过，有许多风险符合这条标准，原因很简单，它只需具有风险的本质和风险的涟漪效应。让我们准备好通过之前第一遍筛选出的风险。接下来有几个其他的标准，包括：（1）这个风险多久以后可能实体化成形？（2）这个风险将会是重复性的吗？（3）它的强度有多少？（4）它对计划好的目标会有什么影响？或者违背了组织的底线？确定风险的优先级必然涉及测量任何特定风险的可能性和评价该风险事件的影响和后果。采用这样的测量方式一般会产生一套坐标系（可能性分数，影响分数），用于在热图或其他图表的坐标轴上划分出点，帮助建立优先顺序。测量可能性和影响涉及比例尺的使用，可以简单到用术语"高""中""低"来表示，或者用数值尺度，比如"一至三""一至五"或"1至100"。经验显示比例尺越简单，参与的人就能越简单地测量可能性和影响并得出一个评分。我们建议使用"一至五"的比例，这结合了简易性、一定的间隔比例和选择权。这是容易的部分。困难的部分发生在测定分数。有两种主要的方法：定量评分和定性评分。定量评分相对简单，例如，风险可能在下周或一年后发生，将导致某些可量化的影响，比如美元损失或成本的增加。可惜的是，不是所有的风险都是可以以这样的方式测量的。大部分风险需要用定性方法测量。如果可行的话可采用实在的（美元）价值或其他数值衡量诸如声誉风险、竞争风险的问题。但此类方法难度较大。诸如这些问题归根到底就是良好的老式商业判断。"员工士气空前低迷"或"竞争空前激烈"

都是普遍的定性为风险打分的方法。当然，公司可以用诸如董事会（委员会）调查或复杂的精算模型的方法去尝试并确立一个数值分数。例如，一份调查可以显示90%的员工对将强制实行的薪资冻结感到烦躁沮丧。但是这样的工具常常需要大量的时间和金钱。而且在很多情况下，它们只能简单地证实常识或直觉的判断。商业判断常常在确定风险的可能性和影响时发挥作用。问题于是变成了如何从这样的判断或估值转变成一些可以量化的东西。判断毕竟是在旁观者的眼中得出的。被一个人看作"天要塌了"的风险，可能在另一个人看来就是微不足道的。不过这种可变性是可以被克服的。

2007年，迈克尔·莫布森拿着一大罐豆豆软糖对他的73名哥伦比亚大学商学院的学生做了个演示。问他们认为罐子里都多少颗糖豆？学生们估算的范围在250到4100颗之间，真实的数量是1116颗。那些估值产生的集体误差率高达62%。这证明了个别学生缺乏估算能力。但有趣的是，学生们的平均猜测是1151，只有3%的误差。更令人惊奇的是，73名学生中只有2名的猜测比集体的平均值要好。所以，当学生个体在估算上有很大的偏差时，集体的估算却非常精确。迈克尔·莫布森总结断定："不同的群体总是会比普通的个体预测得更加精确。所以群体的预测要比群体中的个体预测要好。不是有时，而是总是。并且集体的预测能力中准确性和多样性能够平等。"类似的也可以应用到确立得分上，以判断所有的测量结果。如果风险管理从公司中集合了一个合理但有限的由个人组成的团队，可能是管理执行团队或风险委员会，这个团队可以集体决定如何测量每个主要风险。

这时候我们需要点击"暂停"按钮并问一个重要的问题：风险是不是正在被评估成一个直接与组织战略的关键要素相关事物？或者已经转变为尝试测量每个公司所面对的已知风险的过程？如果是前者，那么你正评估一个直奔主题的风险，即一个现在真正重要的风险。如果是后者，那么风险评估和这个流程中的其他步骤正陷入困境，从而无法达成有意义的结果。

一旦确定了比例尺的刻度范围，就应该用其评估风险并确定风险优先级。所以，有必要开发一个比例尺的定义并始终用于企业。

三、可能性：时间表、频率、强度

时间表：适用于依据时间测量的风险因素。例如，风险是否可能下周发生，或在未来5年内的某时发生？应用在立即发生的风险分数会高；那些在未来更远时期发生的风险分数会低。

频率：用于根据风险可能多久发生一次确定风险等级。经常发生的事件得分高；那些不常发生的得分低。

强度：用于不能或最好不要根据时间或发生频率测量的风险因素。例如：曾出现过的竞争风险、信誉风险或产量需求风险因素。当这些风险发生时，它们是恒定的，不是单次或两次的事件。这些风险只能由强度等级确定。

四、影响：严重程度

确定一个风险的可能性是不够的。还需要确定底线影响，或风险的代理。影响可以被明确描述，比如收入损失、成本增加、罚款和处罚数量、投资收益下降或市场价值。不同的职能可能通过不同的定量方式考虑影响。例如：财务职能部门可能根据美元或收入的百分比评价客户损失的影响，而公共关系部门可能依据组织形象或客户流失的原始数据考虑这种损失。

五、风险减缓

风险减缓的普遍方法是开展和实施一种控制。大多数商业领导者都不会否认控制的重要性，但是事实是，一个组织所依赖的执行控制的人却经常抗拒这种控制。如果企业风险管理能够成为组织文化中不可或缺的一部分，那么就有了一种更好更简单的实施控制的方法来决定如何提高或改进有潜在风险的业务流程以处理风险。一旦风险被识别出来，第一步要做的就是询问"哪个业务流程与该风险有关"。例如：有什么现有的流程将用于支持公司改变薪酬激励计划的决策？涉及战略决策的流程和潜在风险可能包括：（1）收集新的将用于激励评价的各类绩效数据。潜在风险：报告的准确性。（2）更改自动化系统，为管理者提供管理者不同的数据，录入新的绩效形式和分级方案以替代旧的形式和方案等。潜在风险：信息技术（IT）系统发生变化。（3）对那些受影响的变化，以积极的方式沟通。潜在风险：小道消息的泄露。

在恰当的位置确定风险减缓流程：（1）绩效数据需要存在么？如果不需要，将如何开展绩效？·以及在适当的地方进行什么控制以确保准确性？（2）绩效数据如何被收集和储存？如何保证绩效数据的安全？（3）系统改变流程是否足够强健去处理这个项目？（4）在改变中，是否牵涉第三方处理器？（5）如何测试新激励计划的潜在成果，以确保其激发有意义的行为和结果？（6）当前这些变化的沟通流程是否可接受？是否需要新的流程、媒介和测量专业知识？

六、监测

企业风险管理流程中最重要的要素之一是监测风险环境和沟通环境中的变化，以确保能在风险发生前行动。对大部分企业来说，风险环境是一个一直流动的恒定状态。变化或小或大，或来得快，或发展得慢。这些变化可能改变风险的影响或可能性。不管在什么情况下，变化都不可避免地改变着组织中风险的等级。不仅要监测风险环境和个别风险以确定风险是否会更快形成或带来更大的影响，还要监测已开发的风险减缓计划。监测是持续性活动，对于与组织整体绩效计划和监测系统相适应的监测活动，每个组织都需要为其建立程序和时间表。在所有情况下，风险的所有者应对该监测风险负责。同样重要的，风险所有者必须和公司的其他个体或职能区域沟通其风险。沟通渠道应该建立完善，定期沟通应成为规范。

七、报告

风险报告通常通过风险管理部完成。为了合并来自组织中各职能部门的风险信息，风险管理部有许多信息报告的途径。风险管理部将合并的信息报告给其直系管理部门，并最终报给首席执行官（CEO）和董事会。报告包括哪些风险？这些风险发生频率是多少？每个组织的报告都各不相同。建立风险委员会也可以促进报告。这样一个委员会的优势在于，委员会能够作为关注重点在公司的多重职能区域间进行风险识别、减缓和问题讨论的服务工作。委员会也在企业中加强了风险信息的宣传。更进一步来说，它有助于在组织中建立风险意识文化。建立风险委员会并定期开会，也是确保进行沟通的一个方法。企业风险管理委员会的使命是：（1）对当前或新兴的可能影响组织达成目标能力的风险进行识别、量化和确定优先级。（2）在收集风险信息方面协助风险管理。（3）采用头脑风暴法风险减缓行动。（4）监测减缓计划的有效性。（5）保持了解企业状况，识别未来潜在的风险并就恰当处理风险的计划提供意见。（6）评审整个风险管理计划的有效性。尽管没有唯一的模板，但委员会应至少包括：（1）首席财务官和财务总监；（2）操作或工厂管理主管；（3）首席信息官；（4）首席市场官；（5）首席风险官或风险经理；（6）战略主管或研发主管；（7）内部审计主管；（8）人力资源主管。尽管委员会可能由来自这些职能部门的代表组成，但委员会人员的水平层级越高，委员会输出的信息可信度越高。

（翻译：林俊杰，联合国志愿人员组织项目管理助理，

国家注册企业风险管理师）

思考讨论题：

1.怎样进行项目风险评估？

2.怎样进行阶段风险评估？

3.怎样进行年度风险评估？

4.怎样进行风险管理框架构建？

5.怎样总结风险管理最佳实践？

6.怎样借鉴国外风险管理的做法和经验？

参考文献

1.马克思、恩格斯.《马克思恩格斯选集》.人民出版社，2012年9月第三版。

2.列宁.《列宁选集》.人民出版社，2012年9月第三版。

3.毛泽东.《毛泽东选集》.人民出版社，1991年6月第二版。

4.习近平.《习近平谈治国理政》.北京：外文出版社，2014年10月第一版。

5.罗斌.《世界哲学史》.北京燕山出版社，2011年4月第一版。

6.郑红峰.《中国哲学史》.北京燕山出版社，2011年4月第一版。

7.罗斌.《西方哲学史》.北京燕山出版社，2011年4月第一版。

8.肖前.《马克思主义哲学原理》.中国人民大学出版社,1994年1月第一版。

9.萧前、李秀林、汪永祥.《辩证唯物主义原理》.北京师范大学出版社，2012年5月第一版。

10.李达.《唯物辩证法大纲》.人民出版社，2014年4月第一版。

11.孙正聿.《哲学通论》.复旦大学出版社，2012年2月第二版。

12.韩树英.《通俗哲学》.中国青年出版社，2011年9月北京第三版。

13.林存吉等.《哲学对改革的指导功能》.山东人民出版社，1991年12月第一版。

14.林存吉等.《知识经济学》.山东人民出版社，2000年12月第一版。

15.林存吉等.《农业产业化概论》.山东人民出版社，1998年4月第一版。

16.刘岩.《风险社会理论新探》.中国社会科学出版社，2008年7月第一版。

17.唐钧.《政府风险管理》.中国人民大学出版社，2015年1月第一版。

18.毛通.《风险管理》.中国金融出版社，2010年7月第一版。

19.胡杰武、万里霜.《企业风险管理》.清华大学出版社、北京交通大学出版社，2012年8月第一版。

20.佘镜怀、马亚明.《企业风险管理》.中国金融出版社，2012年8月第一版。

21.李存建.《风险评估--理论与实践》.中国商务出版社，2012年11月第一版。

22.高立法.《企业全面风险管理务实》.经济管理出版社，2012年6月第二版。

23.白文华.《企业风险管理制度建设》.上海交通大学出版社，2014年5月第一版。

24.王晓霞.《企业风险审计》.中国时代经济出版社，2007年7月第二版。

25.黄霖.《企业风险管理案例分析》.北京理工大学出版社，2013年8月第一版。

26.杜莹芬.《企业全面风险管理理论与实践》.经济管理出版社，2014年12月第一版。

27.周德文、张建营、张振宇.《中小企业风险防范与危机管理》.中华工商联合出版社，2009年5月第一版。

28.项俊波.《中国风险管理报告》.人民日报出版社，2015年6月第一版。

29.Marvin Rausand（挪威）.《风险评估理论、方法与应用》.清华大学出版社，2013年6月第一版。

30.中华全国工商业联合会.《民营企业风险管理指引手册》.中华工商联合出版社，2009年10月第一版。

31.邹仲海等.《企业风险管理》.电子工业出版社，2016年4月出版社。

32.梁晟耀.《全面风险管理务实操作指南》.电子工业出版社，2015年5月第一版。

33.黄丽红、黄长全、李素鹏.《企业全面风险管理基础》.国际文化出版公司，2008年6月第一版。

34.李素鹏.《ISO风险管理标准全解》.人民邮电出版社，2012年10月第一版。

35.武艳、张晓峰、张静.《企业风险管理》.清华大学出版社，2011年8月第一版。

36.高晓红、崔艳武.《公共事务活动风险管理》.中国质检出版社、中国标准出版社，2014年3月第一版。

37.王周伟.《风险管理》.机械工业出版社，2012年1月第一版。

38.戴文良、王素华、陈科杰.《企业法律风险防范与管理》.法律出版社，2015年5月第一版。

39.张成福、唐钧《政府危机管理能力评估》中国人民大学出版社2009年11月第一版。

40.许谨良.《风险管理》.中国金融出版社，2011年3月第四版。

41.竹立家.《直面风险社会》.电子工业出版社，2013年10月第一版。

42.许芳.《如何进行危机管理》.北京大学出版社，2004年5月第一版。

43.吴金星、吴宝安.《如何进行风险管理》.北京大学出版社，2004年5月第一版。

44.艾学蛟.《企业危机管理全攻略》.浙江工商大学出版社，2011年1月第一版。

45.罗贤春.《企业危机管理的信息机制研究》.科学出版社，2009年1月第一版。

46.Janne Jorg Kipp、Rolf Momen.《即将来临的国家破产》.东方出版社，2012年2月第一版。

47.陈秋玲.《社会风险预警研究》.经济管理出版社，2010年2月第一版。

48.刘挺.《经济全球化与社会风险》.社会科学文献出版社，2007年5月第一版。

49.乌尔里希·贝克.《风险社会》.译林出版社，2004年7月第一版。

50.乌尔里希·贝克.《世界风险社会》.南京大学出版社，2004年5月第一版。

51.庄友刚.《跨越风险社会》.人民出版社，2008年2月第一版。

52.刘新立.《风险管理》.北京大学出版社，2006年3月第一版。

53.刘钧.《风险管理概论》.清华大学出版社，2008年6月第一版。

54.上海国家会计学院.《企业风险管理》.经济科学出版社，2012年6月第一版。

55.杜莹芬.《企业风险管理--理论、务实、案例》.经济管理出版社，2012年12月第一版。

56.[英]保罗·霍普金（Paul Hopkin).《风险管理--理解、评估和实施有效的风险管理》.中国铁道出版社，2014年8月第二版。

57.[美]亚德里安·斯莱沃斯基、卡尔·韦伯.《战略风险管理》.中信出版社，2007年10月第一版。

58.刘国新、王光杰.《创业风险管理》.武汉理工大学出版社，2004年12月第一版。

59.宋建波.《内部控制与风险管理》.中国人民大学出版社，2012年5月第一版。

60.吴江.《风险防控与应急管理》.党建读物出版社，2011年7月第一版。

61.李英、于迪.《国际投资政治风险的防范与救济》.知识产权出版社，2014年6月第一版。

62.沈建明.《项目风险管理》.机械工业出版社，2012年11月第二版。

63.龙永图.《经济与社会篇"一带一路"案例实践与风险防范》.海洋出版社，2017年5月第一版。

64.龙永图.《政治安全篇"一带一路"案例实践与风险防范》.海洋出版社，2017年5月第一版。

65.龙永图.《法律篇"一带一路"案例实践与风险防范》.海洋出版社，2017年5月第一版。

66.龙永图.《文化篇"一带一路"案例实践与风险防范》.海洋出版社，2017年5月第一版。

67.李伟.《"一带一路"沿线国家安全风险评估》.中国发展出版社，2015年12月第一版。

68.[美]劳伦斯·巴顿（Laurence Barton），许瀚予译.《危机管理》.东方出版社，2009年10月第一版。

69.薛晓源、周战超.《全球化与风险社会》.社会科学文献出版社，2005年3月第一版。

70.张铁仁、李茂松、潘双迪、王春艳等.《气象灾害风险管理》.气象出版社，2014年7月第一版。

71.周春生.《企业风险与危机管理》.北京大学出版社，2015年8月第二版。

72.温铁军等.《八次危机》.东方出版社，2013年1月第一版。

73.[美]戴伟·罗伊斯（David Royse）、布鲁斯·A.赛义（Bruce A Thyer）德博拉·K.帕吉特（DeBorah K Padgett）、T·K.洛根（T.K.Logan）著，王军霞、涂晓芳译.《公共项目评估导论》.中国人民大学出版社，2007年7月第一版。

74.[德]赖因哈德·施托克曼、沃尔夫冈·梅耶著，唐以志译.《评估学》.人民出版社，2012年11月第一版。

75.李科.《行业协会绩效评价研究》.武汉大学出版社，2013年12月第一版。

76.上海社会科学院政府绩效评估中心.《非营利组织绩效评估》.上海社会科学院出版社，2015年12月第一版。

77.王蕾.《政府监管政策绩效评估研究》.首都经济贸易大学出版社，2012年10月第一版。

78.邓国胜等.《民间组织评估体系：理论、方法与指标体系》.北京大学出版社，2007年8月第一版。

79.王名.《社会组织论纲》.社会科学文献出版社，2013年3月第一版。

80.陈瑜.《消费资本论：消费资本理论与应用》.中国统计出版社，2008年12月第一版。

81.[美]塞德希尔·穆来纳森（Sendhil Mullainathan）、埃尔德.沙菲尔（Eldar Shafir）著，魏薇、龙志勇译.《稀缺：我们是如何陷入贫穷与忙碌的》.浙江人民出版社，2014年11月第一版。

82.[英]诺思科特·帕金森（C. Northcote Parkinson）著，刘四元、叶凯译.《帕金森法则》.中国人民大学出版社，2007年10月第一版。

83.[美]克里斯·安德森著，蒋旭峰等译.《免费》.中信出版社，2012年10月第二版。

84.[美]克里斯·安德森著，乔江涛、石晓燕译.《长尾理论》.中信出版社，2012年9月第三版。

85.[英] 杰姬·芬恩 (Jackie Fenn)/[英] 马克·拉斯金诺（Mark Raskino）著，朱晓明等译.《精准创新：如何在合适的时间选择合适的创新》.中国财富出版社，2015年4月第二版。

86.黄铁鹰.《海底捞你学不会》.中信出版集团，2015年10月第二版。